指导性案例实务指引丛书 ⑤

涉农检察
指导性案例实务指引

最高人民检察院法律政策研究室／组织编写

中国检察出版社

图书在版编目（CIP）数据

涉农检察指导性案例实务指引／最高人民检察院法律政策研究室组织编写. —北京：中国检察出版社，2020.11
ISBN 978-7-5102-2462-1

Ⅰ.①涉⋯ Ⅱ.①最⋯ Ⅲ.①检察机关-工作-案例-中国 Ⅳ.①D926.305

中国版本图书馆 CIP 数据核字(2020)第 124321 号

涉农检察指导性案例实务指引
最高人民检察院法律政策研究室　组织编写

出版发行：	中国检察出版社
社　　址：	北京市石景山区香山南路 109 号 （100144）
网　　址：	中国检察出版社（www.zgjccbs.com）
编辑电话：	(010)86423753
发行电话：	(010)86423726　86423727　86423728
	(010)86423730　68650016
经　　销：	新华书店
印　　刷：	北京宝昌彩色印刷有限公司
开　　本：	710 mm×960 mm　16 开
印　　张：	15.75
字　　数：	288 千字
版　　次：	2020 年 11 月第一版　2020 年 11 月第一次印刷
书　　号：	ISBN 978-7-5102-2462-1
定　　价：	52.00 元

检察版图书，版权所有，侵权必究
如遇图书印装质量问题本社负责调换

编写说明

党的十九大以来,党中央围绕打赢脱贫攻坚战、实施乡村振兴战略作出一系列重大部署,出台一系列政策举措,把解决好"三农"问题作为全党工作的重中之重。各级检察机关在最高人民检察院带领下,以实际行动贯彻落实党中央决策部署和工作要求,按照"讲政治、顾大局、谋发展、重自强"的工作思路,充分运用刑事、民事、行政、公益诉讼四大检察职能,找准服务"三农"工作的切入点、着力点和落脚点,依法打击扰乱农村生产生活秩序、侵害农民人身财产权益的各类坑农害农犯罪,促进完善农村地区生态环境保护体系,助力构建自治、法治、德治相结合的乡村治理体系,努力为农业农村改革发展和乡村振兴战略实施提供有力法治保障。

为贯彻落实党中央要求,在"十三五"规划目标任务即将完成,全面建成小康社会胜利在望的关键时期,更好地推进检察机关服务保障"三农"工作,最高人民检察院围绕涉农检察工作主题发布第十六批指导性案例,彰显了涉农检察的力量。同时,为进一步发挥指导性案例的示范、引领作用,加强对涉农检察领域共性、普遍性法律问题的归纳整理,我们将调研过程中收集的有关材料、调研报告以及典型案例等予以汇编,并对相关信息进行技术处理后出版。希望借此推动各级检察机关更加重视涉农检察工作,进一步把服务"三农"工作作为服务大局、保障民生的重要内容,不断满足人民群众特别是广大农民在民主、法治、公平、正义、安全、环境等方面内涵更丰富、更高水平的需求。

编　者

2020 年 9 月

目 录

一、第十六批指导性案例

刘强非法占用农用地案 …………………………………………………… (3)
王敏生产、销售伪劣种子案 ……………………………………………… (10)
南京百分百公司等生产、销售伪劣农药案 ……………………………… (15)
湖北省天门市人民检察院诉拖市镇政府不依法履行职责行政公益诉讼案
………………………………………………………………………………… (20)

二、指导性案例解读

《最高人民检察院第十六批指导性案例》解读………… 高景峰　张　杰 (27)
第十六批指导性案例问与答 ……………………………………………… (36)

三、调研报告

检察机关服务和保障脱贫攻坚战实践探索研究
　　…………………………………… 杜树生　陈红伍　范思力 (43)
新时代脱贫攻坚背景下开展涉农检察工作研究 ………………… 李吉鹏 (52)
当前非法占用农用地犯罪问题研究 ……………… 陈玲玲　王玲玲 (57)
历史遗留、基层乱象与证据收集瑕疵等冲突下的非法占用农用地犯罪
　　问题调查报告
　　——以科尔沁左翼后旗人民检察院审查起诉案件为例 ……… 李秀梅 (62)
检察机关预防和打击涉农领域黑恶势力犯罪的认识与思考 …… 黄桂林 (68)
乡村振兴战略视野下民事检察的价值与路径 …………………… 谢鸿图 (74)

公益诉讼服务"三农"发展的新探索
　　——以广东省茂名市茂南区人民检察院开展农村土地丢荒检察
　　　监督为例 ………………………………………………… 吴日富（81）
基层涉农检察工作的难点、成因及对策
　　——以四川省宜宾市检察机关涉农检察工作为样本 … 李　杨　江政沅（87）

四、涉农检察典型案例（刑事）

陕西省蒲城县人民检察院诉王某、姜某投放危险物质案 …………………（95）
江苏省高邮市人民检察院诉倪某松等生产、销售伪劣产品案 ……………（98）
山西省永济市人民检察院诉陈某销售伪劣产品案 …………………………（101）
黑龙江省鹤北人民检察院诉许某文销售伪劣产品案 ………………………（104）
四川省天全县人民检察院诉彭某波、李某芬生产、销售有毒、
　有害食品案 …………………………………………………………………（108）
河北省献县人民检察院诉王某江、王某强非法吸收公众存款案 …………（111）
广西壮族自治区西林县人民检察院诉黄某丰等三人职务侵占案 …………（114）
江苏省无锡市新吴区人民检察院诉应某明职务侵占、非国家工
　作人员受贿案 ………………………………………………………………（118）
辽宁省建平县人民检察院诉荆某亮假冒注册商标案 ………………………（122）
上海市青浦区人民检察院诉孙某敏诈骗案 …………………………………（126）
江苏省连云港市赣榆区人民检察院诉某食品公司、吕某广拒不
　支付劳动报酬案 ……………………………………………………………（128）
重庆市綦江区人民检察院对傅某寿拒不支付劳动报酬不起诉案 …………（131）
北京市顺义区人民检察院诉冯某等三人寻衅滋事案 ………………………（134）
天津市蓟州区人民检察院诉王某安等三人寻衅滋事案 ……………………（137）
河南省中牟县人民检察院诉朱某秀非法占用农用地刑事附带
　民事公益诉讼案 ……………………………………………………………（141）
江苏省扬州市邗江区人民检察院诉某建筑公司、王某发等人
　非法占用农用地刑事附带民事公益诉讼案 ………………………………（143）
北京市顺义区人民检察院诉李某良贪污案 …………………………………（147）
天津市津南区人民检察院诉王某陆受贿、贪污、玩忽职守案 ……………（150）
浙江省东阳市人民检察院诉吕某微、吕某福诈骗、贪污案 ………………（154）
广东省兴宁市人民检察院诉杨某清滥用职权案 ……………………………（158）

五、涉农检察典型案例（民事）

北京市怀柔区人民检察院依申请就马某柱等十二名农民工
  与王某宝劳务合同纠纷支持起诉案 ………………………（165）
江苏省泰州市高港区人民检察院支持胡某某等八名农民工
  起诉追索劳动报酬案 ……………………………………（168）
内蒙古自治区人民检察院依申请抗诉沙某等五户牧民与达某等人
  草场承包经营权纠纷案 …………………………………（171）
四川省成都市人民检察院依申请抗诉吕某某与某包装厂劳动纠纷案 …（175）
广东省始兴县人民检察院不支持赖某丽、江某菁与村小组侵害
  集体经济组织成员权益纠纷抗诉案 ……………………（179）

六、涉农检察典型案例（行政）

吉林省人民检察院依申请抗诉郑某与九台市人民政府林权登记纠纷案 …（185）
上海市人民检察院依申请抗诉何某富与区人力资源和社会保障局
  工伤认定纠纷案 …………………………………………（189）
河南省人民检察院依申请抗诉冯某国等人与长垣市公安局治安
  管理处罚纠纷案 …………………………………………（193）
福建省永春县人民检察院督促县工商行政管理局依法解除超期
  查封案 ……………………………………………………（197）
贵州省贞丰县人民检察院督促县人社局依法履行农民工劳动
  报酬保障监管职责案 ……………………………………（200）
湖北省丙市人民检察院监督丙市人民法院行政非诉执行违法案 ………（204）

七、涉农检察典型案例（公益诉讼）

北京市朝阳区人民检察院督促黑庄户乡政府依法履行农用地
  监管职责案 ………………………………………………（211）
辽宁省喀左县人民检察院督促凌河保护区管理局依法履行护岸
  堤坝修复职责案 …………………………………………（214）
北京市石景山区人民检察院督促区水务局依法履行河道监管职责案 …（217）

辽宁省东港市人民检察院督促东港市自然资源局、有关乡（镇）
　　人民政府依法履行土地监管职责案 …………………………（221）
上海市浦东新区人民检察院督促惠南镇人民政府依法履行环境
　　保护监管职责案 ……………………………………………（224）
天津市宝坻区人民检察院督促郝各庄镇人民政府等单位依法履行
　　环境监管职责案 ……………………………………………（226）
吉林省双辽市人民检察院诉兴隆镇人民政府怠于履行环境监管
　　职责行政公益诉讼案 ………………………………………（228）
陕西省渭南市华州区人民检察院诉临渭区桥南镇人民政府怠于
　　履行环境监管职责行政公益诉讼案 ………………………（231）
内蒙古自治区扎兰屯市人民检察院督促市环境保护局、卫生
　　和计划生育局依法履行乡镇医疗垃圾监管职责案 ………（235）
福建省安溪县人民检察院督促县农业机械管理站依法履行农机
　　购置补贴资金监管职责案 …………………………………（238）
上海市金山区人民检察院督促区农业农村委员会依法履行
　　对农业机械购置补贴专项资金监管职责案 ………………（241）

一、第十六批指导性案例

刘强非法占用农用地案

(检例第60号)

【关键词】

非法占用农用地罪　永久基本农田　"大棚房"　非农建设改造

【要旨】

行为人违反土地管理法规，在耕地上建设"大棚房""生态园""休闲农庄"等，非法占用耕地数量较大，造成耕地等农用地大量毁坏的，应当以非法占用农用地罪追究实际建设者、经营者的刑事责任。

【基本案情】

被告人刘强，男，1979年10月出生，北京大道千字文文化发展有限公司法定代表人。2008年1月，因犯敲诈勒索罪被北京市海淀区人民法院判处有期徒刑二年，缓刑二年。

2016年3月，被告人刘强经人介绍以人民币1000万元的价格与北京春杰种植专业合作社（以下简称合作社）的法定代表人池杰商定，受让合作社位于延庆区延庆镇广积屯村东北蔬菜大棚377亩集体土地使用权。同年4月15日，刘强指使其司机刘广岐与池杰签订转让意向书，约定将合作社土地使用权及地上物转让给刘广岐。同年10月21日，合作社的法定代表人变更为刘广岐。其间，刘强未经国土资源部门批准，以合作社的名义组织人员对蔬菜大棚园区进行非农建设改造，并将园区命名为"紫薇庄园"。截至2016年9月28日，刘强先后组织人员在园区内建设鱼池、假山、规划外道路等设施，同时将原有蔬菜大棚加高、改装钢架，并将其一分为二，在其中各建房间，每个大棚门口铺设透水砖路面，外垒花墙。截至案发，刘强组织人员共建设"大棚房"260余套（每套面积350平方米至550平方米不等，内部置橱柜、沙发、藤椅、马桶等各类生活起居设施），并对外出租。经北京市国土资源局延庆分局组织测绘鉴定，该项目占用耕地28.75亩，其中含永久基本农田22.84亩，造成耕地种植条件被破坏。

截至2017年4月，北京市规划和国土资源管理委员会、延庆区延庆镇人民政府先后对该项目下达《行政处罚决定书》《责令停止建设通知书》《限期拆除决定书》，均未得到执行。2017年5月，延庆区延庆镇人民政府组织有关部门将上述违法建设强制拆除。

【指控与证明犯罪】

2017年5月10日，北京市国土资源局延庆分局向北京市公安局延庆分局移送刘广岐涉嫌非法占用农用地一案，5月13日，北京市公安局延庆分局对刘广岐涉嫌非法占用农用地案立案侦查，经调查发现刘强有重大嫌疑。2017年12月5日，北京市公安局延庆分局以刘强涉嫌非法占用农用地罪，将案件移送北京市延庆区人民检察院审查起诉。

审查起诉阶段，刘强拒不承认犯罪事实，辩称：1.自己从未参与紫薇庄园项目建设，没有实施非法占地的行为。2.紫薇庄园项目的实际建设者、经营者是刘广岐。3.自己与紫薇庄园无资金往来。4.蔬菜大棚改造项目系设施农业，属于政府扶持项目，不属于违法行为。刘广岐虽承认自己是合作社的法定代表人、项目建设的出资人，但对于转让意向书内容、资金来源、大棚内施工建设情况语焉不详。

为进一步查证紫薇庄园的实际建设者、经营者，北京市延庆区人民检察院将案件退回公安机关补充侦查，要求补充查证：1.调取刘强、刘广岐、池杰、张红军（工程承包方）之间的资金往来凭证，核实每笔资金往来的具体操作人，对全案账目进行司法会计鉴定，了解资金的来龙去脉，查实资金实际出让人和受让人。2.寻找关键证人会计李祥彬，核实合作社账目与刘强个人账户的资金往来，确定刘强、刘广岐在紫薇庄园项目中的地位作用。3.就测量技术报告听取专业测量人员的意见，查清所占耕地面积。

经补充侦查，北京市公安局延庆分局收集到证人李祥彬的证言，证实了合作社是刘强出资从池杰手中购买，李祥彬受刘强邀请负责核算合作社的收入和支出。会计师事务所出具的司法鉴定意见书，证实了资金往来去向。在补充侦查过程中，侦查机关调取了紫薇庄园临时工作人员胡楠等人的证言，证实刘广岐是刘强的司机；刘广岐受刘强指使在转让意向书中签字，并担任合作社法定代表人，但其并未与刘强共谋参与非农建设改造事宜。针对辩护律师对测量技术报告数据的质疑，承办检察官专门听取了参与测量人员的意见，准确掌握所占耕地面积。

2018年5月23日，北京市延庆区人民检察院以刘强犯非法占用农用地罪向北京市延庆区人民法院提起公诉。7月2日，北京市延庆区人民法院公开开庭审理了本案。

法庭调查阶段，公诉人宣读起诉书，指控被告人刘强违反土地管理法规，非法占用耕地进行非农建设改造，改变被占土地用途，造成耕地大量毁坏，其行为构成非法占用农用地罪。针对以上指控的犯罪事实，公诉人向法庭出示了四组证据予以证明：

一是现场勘测笔录、《测量技术报告书》《非法占用耕地破坏程度鉴定意见》、现场照片78张等，证明紫薇庄园园区内存在非法占地行为，改变被占土地用途且数量较大，造成耕地大量毁坏。

二是合作社土地租用合同，设立、变更登记材料，转让意向书，合作社大棚改造工程相关资料，延庆镇政府、北京市国土资源局延庆分局提供的相关书证等证据，证明合作社土地使用权受让相关事宜，以及未经国土资源部门批准，刘强擅自对园区土地进行非农建设改造，并拒不执行行政处罚。

三是司法鉴定意见书、案件相关银行账户的交易流水及凭证、合作社转让改造项目的参与人证言及被告人的供述与辩解等证据材料，证明刘强是紫薇庄园非农建设改造的实际建设者、经营者及合作社改造项目资金来源、获利情况等。

四是紫薇庄园宣传材料、租赁合同、大棚房租户、池杰、李祥彬证人证言等，证明刘强修建大棚共196个，其中东院136个，西院60个，每个大棚都配有耳房，面积约10至20平方米；刘强将大棚改造后，命名为"紫薇庄园"对外宣传，"大棚房"内有休闲、娱乐、居住等生活设施，对外出租，造成不良社会影响。

被告人刘强对公诉人指控的上述犯罪事实没有异议，当庭认罪。

法庭辩论阶段，公诉人发表了公诉意见，指出刘强作为合作社的实际建设者、经营者，在没有行政批准的情况下，擅自对园区内农用地进行非农建设改造并对外出租，造成严重危害，应当追究刑事责任。

辩护人提出：1. 刘强不存在主观故意，社会危害性小。2. 建造蔬菜"大棚房"符合设施农业政策。3. 刘强认罪态度较好，主动到公安机关投案，具有自首情节。4. 起诉书中指控的假山、鱼池等设施，仅在测量报告中有描述且描述模糊。5. 相关设施已被有关部门拆除。请求法庭对被告人刘强从轻处罚。

公诉人针对辩护意见进行答辩：

第一，刘强受让合作社时指使司机刘广岐代其签字，证明其具有规避法律责任的行为，主观上存在违法犯罪的故意，刘强非法占用农用地，造成大量农用地被严重毁坏，其行为具有严重社会危害性。

第二，关于符合国家政策的说法不实，农业大棚与违法建造的非农"大棚房"存在本质区别，刘强建设的"大棚房"集休闲、娱乐、居住为一体，对农用地进行非农改造，严重违反土地管理法和永久基本农田保护政策。该项目因违法建设受到行政处罚，但刘强未按照处罚决定积极履行耕地修复义务，直至案发，也未缴纳行政罚款，其行为明显违法。

第三，刘强直到开庭审理时才表示认罪，不符合自首条件。

第四，测量技术报告对案发时合作社建设情况作了详细的记录和专业说明，现场勘验笔录和现场照片均证实了蔬菜大棚改造的实际情况，另有相关证人证言也能证实假山、鱼池存在。

第五，违法设施应由刘强承担拆除并恢复原状的责任，有关行政部门进行拆除违法设施，恢复耕地的行为，不能成为刘强从轻处罚的理由。

法庭经审理，认为公诉人提交的证据能够相互印证，予以确认。对辩护人提出的被告人当庭认罪态度较好的辩护意见予以采纳，其他辩护意见缺乏事实依据，不予采纳。2018年10月16日，北京市延庆区人民法院作出一审判决，以非法占用农用地罪判处被告人刘强有期徒刑一年六个月，并处罚金人民币五万元。一审宣判后，被告人刘强未上诉，判决已生效。

刘广岐在明知刘强是合作社非农建设改造的实际建设者、经营者，且涉嫌犯罪的情况下，故意隐瞒上述事实和真相，向公安机关做虚假证明。经北京市延庆区人民检察院追诉，2019年3月13日，北京市延庆区人民法院以包庇罪判处被告人刘广岐有期徒刑六个月。一审宣判后，被告人刘广岐未上诉，判决已生效。

本案中，延庆镇规划管理与环境保护办公室虽然采取了约谈、下发《责令停止建设通知书》和《限期拆除决定书》等方式对违法建设予以制止，但未遏制住违法建设，履职不到位，北京市延庆区监察委员会给予延庆镇副镇长等3人行政警告处分，1人行政记过处分，广积屯村村党支部给予该村党支部书记党内警告处分。

【指导意义】

十分珍惜、合理利用土地和切实保护耕地是我国的基本国策。近年来，随着传统农业向产业化、规模化的现代农业转变，以温室大棚为代表的设施农业快速发展。一些地区出现了假借发展设施农业之名，擅自或者变相改变农业用途，在耕地甚至永久基本农田上建设"大棚房""生态园""休闲农庄"等现象，造成土地资源被大量非法占用和毁坏，严重侵害农民权益和农业农村的可持续发展，在社会上造成恶劣影响。2018年，自然资源部和农业农村部在全国开展了"大棚房"问题专项整治行动，推进落实永久基本农田保护制度和最严格的耕地保护政策。在基本农田上建设"大棚房"予以出租出售，违反《中华人民共和国土地管理法》，属于破坏耕地或者非法占地的违法行为。非法占用耕地数量较大或者造成耕地大量毁坏的，应当以非法占用农用地罪追究实际建设者、经营者的刑事责任。

该类案件中，实际建设者、经营者为逃避法律责任，经常隐藏于幕后。对此，检察机关可以通过引导公安机关查询非农建设项目涉及的相关账户交易信息、资金走向等，辅以相关证人证言，形成严密证据体系，查清证实实际建设者、经营者的法律责任。对于受其操控签订合同或者作假证明包庇，涉嫌共同犯罪或者伪证罪、包庇罪的相关行为人，也要一并查实惩处。对于非法占用农用地面积这一关键问题，可由专业机构出具测量技术报告，必要时可申请测量人员出庭作证。

【相关规定】

《中华人民共和国刑法》第三百一十条、第三百四十二条

《全国人民代表大会常务委员会关于〈中华人民共和国刑法〉第二百二十八条、第三百四十二条、第四百一十条的解释》

《中华人民共和国土地管理法》第七十五条

《最高人民法院关于审理破坏土地资源刑事案件具体应用法律若干问题的解释》第三条

《最高人民检察院、公安部关于公安机关管辖的刑事案件立案追诉标准的规定（一）》第六十七条

附：刘强非法占用农用地案相关照片

图一　刘强改造后的"大棚房"内部生活设施

图二　刘强改造后的"大棚房"外部情况

图三　刘强所修建的假山、鱼池及硬化道路

图四　刘强对外发布的宣传广告

王敏生产、销售伪劣种子案

（检例第 61 号）

【关键词】

生产、销售伪劣种子罪　假种子　农业生产损失认定

【要旨】

以同一科属的此品种种子冒充彼品种种子，属于刑法上的"假种子"。行为人对假种子进行小包装分装销售，使农业生产遭受较大损失的，应当以生产、销售伪劣种子罪追究刑事责任。

【基本案情】

被告人王敏，男，1991 年 3 月出生，江西农业大学农学院毕业，原四川隆平高科种业有限公司（以下简称隆平高科）江西省宜春地区区域经理。

2017 年 3 月，江西省南昌县种子经销商郭宝珍询问隆平高科的经销商之一江西省丰城市"民生种业"经营部的闵生如、闵蜀蓉父子（以下简称闵氏父子）是否有"T 优 705"水稻种子出售，在得到闵蜀蓉的肯定答复并报价后，先后汇款共 30 万元给闵生如用于购买种子。

闵氏父子找到王敏订购种子，王敏向隆平高科申报了"陵两优 711"稻种计划，后闵生如汇款 20 万元给隆平高科作为订购种子款（单价 13 元/公斤）。王敏找到金海环保包装有限公司的曹传宝，向其提供制版样式，印制了标有"四川隆平高科种业有限公司""T 优 705"字样的小包装袋 29850 个。收到隆平高科寄来的"陵两优 711"散装种子后，王敏请闵氏父子帮忙雇工人将运来的散装种子分装到此前印好的标有"T 优 705"的小包装袋（每袋 1 公斤）内，并将分装好的 24036 斤种子运送给郭宝珍。郭宝珍销售给南昌县等地的农户。农户播种后，禾苗未能按期抽穗、结实，导致 200 余户农户 4000 余亩农田绝收，造成直接经济损失 460 余万元。

经查，隆平高科不生产"T 优 705"种子，其生产的"陵两优 711"种子也未通过江西地区的审定，不能在江西地区进行终端销售。

【指控与证明犯罪】

2018年5月8日,江西省南昌县公安局以王敏涉嫌销售伪劣种子罪,将案件移送南昌县人民检察院审查起诉。

审查起诉阶段,王敏辩称自己的行为不构成犯罪,不知道销售的种子为伪劣种子。王敏还辩解:1. 印制小包装袋经过隆平高科的许可。2. 自己没有请工人进行分装,也没有进行技术指导。3. 没有造成大的损失。

检察机关审查认为,现有证据足以认定犯罪嫌疑人王敏将"陵两优711"冒充"T优705"销售给农户,但其是否明知为伪劣种子、"陵两优711"是如何变换成"T优705"的、隆平高科是否授权王敏印刷小包装袋、造成的损失如何认定、哪些人员涉嫌犯罪等问题,有待进一步查证。针对上述问题,南昌县人民检察院两次退回公安机关补充侦查,要求公安机关补充收集订购种子的货运单、合同、签收单、交易记录等书证;核实印制小包装袋有无得到隆平高科的授权,是否有合格证等细节;种子从四川发出,中途有无调换等,"陵两优711"是怎么变换成"T优705"的物流情况;对于损失认定,充分听取辩护人及受害农户的意见,收集受害农户订购种子数量的原始凭证等。

经补充侦查,南昌县公安局进一步收集了物流司机等人的证言、农户购买谷种小票、农作物不同生长期照片、货运单、王敏任职证明等证据。物流司机证言证明货物没有被调换,但货运单上只写了种子,并没有写明具体的种子品名;隆平高科方面一致声称王敏订购的是"陵两优711",出库单上也注明是"陵两优711"(散子),散子销售不受区域限制,并且该公司从不生产"T优705";而闵氏父子辩称自己是应农户要求订购"T优705",到货也是应王敏要求提供场地,王敏代表公司进行分装。因双方没有签订种子订购合同且各执一词,无法查实闵氏父子订购的是哪种种子。但可以明确的是2010年5月17日广西农作物品种审定委员会对"陵两优711"审定通过,可在桂南稻作区或者桂中稻作区南部适宜种植感光型品种的地区作为晚稻种植,在江西省未审定通过。王敏作为隆平高科的区域经理,对公司不生产"T优705"种子应该明知,对"陵两优711"在江西省未被审定通过也应明知。另查实,隆平高科从未授权王敏进行设计、印制"T优705"小包装袋。

针对损失认定,公安机关补充收集了购种票据、证人证言等,认定南昌县及其他地区受害农户合计205户,绝收面积合计4000余亩。为评估损失,公安机关开展现场勘查,邀请农科院土肥、农业、气象方面专家进行评估。评估认定:1. 南昌县部分稻田种植的"陵两优711"尚处始穗期,已无法正常结实,导致绝收。2. 2017年10月下旬评估时,部分稻田种植的"陵两优711"处于齐穗期,但南昌地区晚稻的安全齐穗期是9月20日左右,根据南昌往年气象资料，10月下旬齐穗的水稻将会受到11月份低温影响，无法正常结实，严重时会绝收。3. 根据种子包装袋上注明的平均亩产444.22公斤的数据，结合南昌县往年晚稻平均亩产量，考虑到晚稻因品种和种植方式不同存在差异，产量评估可以以种子包装袋上注明的平均亩产444.22公斤为依据，结合当年晚稻平均单价2.60元/公斤计算损失。205户农户因种植假种子造成的经济损失为444.22公斤/亩×2.60元/公斤×4000亩=4619888元。

综合上述证据情况，检察机关采信评估意见，认定损失为461万余元，王敏及辩护人对此均不再提出异议。

2018年7月16日，南昌县人民检察院以被告人王敏犯生产、销售伪劣种子罪向南昌县人民法院提起公诉。9月10日，南昌县人民法院公开开庭审理了本案。

法庭调查阶段，公诉人宣读起诉书指控被告人王敏身为隆平高科宜春地区区域经理，负有对隆平高科销售种子的质量进行审查监管的职责，其将未通过江西地区审定的"陵两优711"种子冒充"T优705"种子，违背职责分装并销售，使农业生产遭受特别重大损失，其行为构成生产、销售伪劣种子罪。针对以上指控的犯罪事实，公诉人向法庭出示了四组证据予以证明：

一是被告人王敏的立案情况及任职身份信息，证明王敏从农业大学毕业后就从事种子销售业务，有着多年的种子销售经验。2015年8月至2018年2月在隆平高科从事销售工作，身份是江西宜春地区区域经理，职责是介绍和推广公司种子，并代表公司销售种子，对所销售的种子品种、质量负责。

二是相关证人证言，证明王敏接受闵氏父子种子订单，并向公司订购了"陵两优711"种子，印制"T优705"小包装袋分装种子并予以冒充销售。其中，闵蜀蓉证言证明郭宝珍需要"T优705"种子，自己向王敏提出采购种子计划，王敏表示有该种种子，并承诺有提成；证人曹传宝等的证言，证明其按王敏要求印制了"T优705"种子小包装袋，王敏予以签字确认。证人闵生如的证言，证明王敏明知印制"T优705"小包装袋用于包装"陵两优711"种子，仍予以签字确认。

三是相关证人证言，证明四川隆平高科研发、运送"陵两优711"到江西丰城等情况。其中，四川隆平高科副总张友强证言证明：王敏向隆平高科江西省级负责人杨剑辉报购了订购"陵两优711"计划；杨剑辉证言证明公司收到"陵两优711"计划并向江西发出"陵两优711"散子，该散子可以销往江西，由江西有资质的经销商卖到广西，但不能在江西直接销售。隆平高科票据显示收到王敏订购"陵两优711"计划并发货至江西。

四是造成损失情况、相关鉴定意见及被害人陈述、证人证言等，证明农户购买种子后造成绝收等损失。

王敏对以上证据无异议，但提出在小包装袋印制版式上签字是闵生如让他签的。

法庭辩论阶段，被告人王敏及其辩护人认为王敏没有主观犯罪故意，其行为不构成犯罪。

公诉人针对辩护意见进行答辩：

第一，从主观方面看，王敏明知公司不生产"T优705"种子，却将其订购的"陵两优711"分装成"T优705"予以销售。王敏主观上明知销售的种子不是订购时的种子，仍对种子进行名实不符的分装，具有销售伪劣种子的主观故意。

第二，从职责角度看，不论王敏还是四川隆平高科的工作人员，都证明所有种子订购，是由经销商报单给区域经理，区域经理再报单给公司，公司发货后，由区域经理分销。王敏作为四川隆平高科宜春地区区域经理，具有对种子质量进行审查的职责，其明知隆平高科不生产"T优705"种子，出于牟利，仍以此种子冒充彼种子进行包装、销售，具备犯罪故意，社会危害性大。

第三，王敏的供述证明，其实施了"在百度上搜索'T优705'及'T优705'审定公告内容"的行为，并将手机上搜索到的"T优705"种子包装袋版式提供给印刷商，后在"T优705"包装袋版式上签字；曹传宝和李亚东（江西运城制版有限公司设计师）都证实"T优705"小包装袋的制版、印刷都是王敏主动联系，还拿出公司的授权书给他们看，并特别交代要在印刷好的袋子上打一个洞，说种子要呼吸；刘英（隆平高科在南昌县的经销商）也证实，从种子公司运过来的种子不可以换其他品种的包装袋卖，这是犯法的事。王敏能够认识"在包装袋印制版式上签字就是对种子的种类、质量负责"的法律意义，仍予以签字。

第四，王敏作为隆平高科的区域经理，实施申报销售计划、设计包装规格、寻找印刷点、签字确认、指导分包作业等行为，均表明王敏积极实施生产、销售伪劣种子犯罪行为，王敏提出是闵生如让他签字，与事实不符，其辩护理由无法成立。

法庭经审理，认为公诉人提交的证据能够相互印证，予以确认。2018年10月25日，江西省南昌县人民法院作出一审判决，以生产、销售伪劣种子罪判处被告人王敏有期徒刑八年，并处罚金人民币十五万元。

王敏不服一审判决，提出上诉。其间，王敏及其家属向南昌县农业局支付460万元用于赔偿受害农民损失。2018年12月26日，南昌市中级人民法院作出终审判决，维持一审法院对上诉人王敏的定性，鉴于上诉期间王敏已积极赔偿损失，改判其有期徒刑七年，并处罚金人民币十五万元。

【指导意义】

生产、销售伪劣种子的行为严重危害国家农业生产安全，损害农民合法利益，及时、准确打击该类犯罪，是检察机关保护农民权益，维护农村稳定的职责。检察机关办理该类案件，应注意把握两方面问题：

（一）以此种子冒充彼种子应认定为假种子

根据刑法第一百四十七条规定，生产、销售假种子，使生产遭受较大损失的，应认定为生产、销售伪劣种子罪。假种子有不符型假种子（种类、名称、产地与标注不符）和冒充型假种子（以甲冒充乙、非种子冒充种子）。现实生活中，完全以非种子冒充种子的，比较少见。犯罪嫌疑人往往抓住种子专业性强、农户识别能力低的弱点，以此种子冒充彼种子或者以不合格种子冒充合格种子进行销售。因农作物生产周期较长，案发较为隐蔽，冒充型假种子往往造成农民投入种植成本，得不到应有收成回报，严重影响农业生产，应当依据刑法予以追诉。

（二）对伪劣种子造成的损失应予综合认定

伪劣种子造成的损失是涉假种子类案件办理时的疑难问题。实践中，可由专业人员根据现场勘查情况，对农业生产产量及其损失进行综合计算。具体可考察以下几方面：一是根据现场实地勘察，邀请农业、气象、土壤等方面专家，分析鉴定农作物生育期异常的原因，能否正常结实，是减产还是绝收等，分析减产或者绝收面积、产量。二是通过审定的农作物区试平均产量与根据现场调查的往年产量，结合当年可能影响产量的气候、土肥等因素，综合评估平均产量。三是根据农作物市场行情及平均单价等，确定直接经济损失。

【相关规定】

《中华人民共和国刑法》第一百四十七条

《中华人民共和国种子法》第四十九条、第九十一条

《最高人民法院、最高人民检察院关于办理生产、销售伪劣商品刑事案件具体应用法律若干问题的解释》第七条

《最高人民检察院、公安部关于公安机关管辖的刑事案件立案追诉标准的规定（一）》第二十三条

《农作物种子生产经营许可管理办法》第三十三条

南京百分百公司等生产、销售伪劣农药案

（检例第 62 号）

【关键词】
生产、销售伪劣农药罪　借证生产农药　田间试验

【要旨】
1. 未取得农药登记证的企业或者个人，借用他人农药登记证、生产许可证、质量标准证等许可证明文件生产、销售农药，使生产遭受较大损失的，以生产、销售伪劣农药罪追究刑事责任。

2. 对于使用伪劣农药造成的农业生产损失，可采取田间试验的方法确定受损原因，并以农作物绝收折损面积、受害地区前三年该类农作物的平均亩产量和平均销售价格为基准，综合计算认定损失金额。

【基本案情】
被告单位南京百分百化学有限责任公司（以下简称百分百公司）。

被告单位中土化工（安徽）有限公司（以下简称中土公司）。

被告单位安徽喜洋洋农资连锁有限公司（以下简称喜洋洋公司）。

被告人许全民，男，1971 年 12 月出生，喜洋洋公司法定代表人、百分百公司实际经营人。

被告人朱桦，男，1971 年 3 月出生，中土公司副总经理。

被告人王友定，男，1970 年 10 月出生，安徽久易农业股份有限公司（以下简称久易公司）市场运营部经理。

2014 年 5 月，被告单位喜洋洋公司、百分百公司准备从事 50% 吡蚜酮农药（以下简称吡蚜酮）经营活动，被告人许全民以百分百公司的名义与被告人王友定商定，借用久易公司吡蚜酮的农药登记证、生产许可证、质量标准证（以下简称"农药三证"）。双方约定：王友定提供吡蚜酮"农药三证"及电子标签，并对百分百公司设计的产品外包装进行审定，百分百公司按久易公司

的标准生产并对产品质量负责。经查,王友定擅自出借"农药三证",久易公司并未从中营利。

2014年5月18日、6月16日,许全民代表百分百公司与中土公司负责销售的副总经理朱桦先后签订4吨(单价93000元)、5吨(单价87000元)采购合同,向朱桦采购吡蚜酮,并约定质量标准、包装标准、付款方式等内容,合同金额计813000元。

2014年5月至6月,中土公司在未取得吡蚜酮"农药三证"的情况下,由朱桦负责采购吡蚜酮的主要生产原料,安排人员自研配方,生产吡蚜酮。许全民联系设计吡蚜酮包装袋,并经王友定审定,提供给中土公司分装。该包装袋印制有百分百公司持有的"金鼎"商标,久易公司获得批准的"农药三证",生产企业标注为久易公司。同年6月至8月,中土公司先后向百分百公司销售吡蚜酮计2324桶(6.972吨),销售金额计629832元。百分百公司出售给喜洋洋公司,由喜洋洋公司分售给江苏多家农资公司,农资公司销售给农户。泰州市姜堰区农户使用该批农药后,发生不同程度的药害,水稻心叶发黄,秧苗矮缩,根系生长受抑制。经调查,初步认定发生药害水稻面积5800余亩,折损面积计2800余亩,造成经济损失计270余万元。经检验,药害原因是因农药中含有烟嘧磺隆(除草剂)成分。但对涉案农药为何混入烟嘧磺隆,被告人无法给出解释,且农药生产涉及原料收购、加工、分装等一系列流程,客观上亦无法查证。

案发后,许全民自动投案并如实供述犯罪事实,朱桦、王友定到案后如实供述犯罪事实。久易公司及王友定向姜堰区农业委员会共同缴纳赔偿款150万元,中土公司缴纳赔偿款150万元,喜洋洋公司缴纳赔偿款55万元,百分百公司及许全民缴纳赔偿款95万元,朱桦缴纳赔偿款80万元,合计530万元。

【指控与证明犯罪】

本案由泰州市姜堰区农业委员会于2015年8月12日移送至姜堰区公安局。8月14日,姜堰区公安局立案侦查。2016年5月13日,泰州市姜堰区公安局以许全民等涉嫌生产、销售伪劣农药罪移送泰州市姜堰区人民检察院审查起诉。11月1日,泰州市姜堰区人民检察院以被告单位及被告人涉嫌生产、销售伪劣农药罪向泰州市姜堰区人民法院提起公诉。12月14日,泰州市姜堰区人民法院公开开庭审理了本案。

法庭调查阶段,公诉人宣读起诉书,指控被告人及被告单位在无"农药三证"的情况下,生产、销售有药害成分的农药,并造成特别重大损失,其行为构成生产、销售伪劣农药罪。针对以上指控的犯罪事实,公诉人向法庭出示了三组证据予以证明：

一是销售合同、出库清单、协议书等证据，证明被告单位、被告人借证生产、销售农药的事实。

二是田间试验公证书、农作物生产事故技术鉴定书、检验报告等证据，证明被告单位、被告人生产、销售的吡蚜酮中含有烟嘧磺隆（除草剂）成分，是造成水稻受损的直接原因。

三是证人证言、被害人陈述、被告人供述和辩解等证据，证明被告单位、被告人共谋借用"农药三证"，违法生产、销售伪劣农药，造成水稻大面积受损，及农户损失已经得到赔偿的事实。

法庭辩论阶段，被告人及辩护人提出：1. 涉案农药不应认定为伪劣农药，行为人不具有生产伪劣农药的故意。2. 盐城市产品质量监督检验所并非司法鉴定机构，其出具的检验报告不具有证据效力；泰州市农作物事故技术鉴定书是依据农药检测报告等作出的，不应作为定案依据。3. 水稻受损原因不明，不能排除天气、施药方法等因素导致。

公诉人针对辩护意见进行答辩：

第一，虽然因客观原因无法查证涉案农药吡蚜酮如何混入烟嘧磺隆（除草剂）成分，但现有证据足以证明，涉案吡蚜酮含有烟嘧磺隆（除草剂）成分，并造成水稻大面积减产的危害后果，可以认定为伪劣农药。被告单位、被告人无"农药三证"，未按照经国务院农业主管部门审批获得登记的农药配方进行生产，生产完成后未进行严格检验即出厂销售，主观上具有生产、销售伪劣农药的故意。

第二，盐城市产品质量监督检验所具有农药成分检验资质，其出具的检验报告符合书证有关要求，可证明涉案吡蚜酮含有烟嘧磺隆（除草剂）成分这一事实。泰州市农业委员会依据该检验报告和田间试验结果出具的《农作物事故技术鉴定书》，系按照《江苏省农作物生产事故技术鉴定实施办法》组成专家组开展鉴定后作出的，符合证据规定，能证明受害水稻受损是使用涉案吡蚜酮导致。

第三，为科学确定水稻受损原因，田间试验结果系由泰州市新农农资有限公司申请，在泰州市姜堰公证处的全程监督下，进行拍照、摄像固定取得的。"七种配方，八块试验田"的试验方法，是根据农户将吡蚜酮与阿维氟铃脲、戊唑醇、咪鲜三环唑混合施用的实际情况，并考虑涉案吡蚜酮仅存在于两个批次，确定第一到第四块试验田分别施用两个批次、不同剂量（20克和40克）的吡蚜酮；第五和第六块试验田分别将两个批次吡蚜酮与其他农药混合施用；第七块试验田混合施用不含吡蚜酮的其他农药；第八块试验田未施用农药。结果显示凡施用涉案农药的试验田，水稻均出现典型的除草剂药害情况，排除了天气等因素影响，证明水稻受害系因农户使用的涉案农药吡蚜酮中含有烟嘧磺隆造成。

法庭经审理，认为公诉人提交的证据能够相互印证，予以确认。因被告人许全民自动投案，如实供述罪行，且判决前主动足额赔付了农户损失，达成了谅解，构成自首，依法减轻处罚，2017年9月19日，江苏省泰州市姜堰区人民法院作出一审判决，以生产、销售伪劣农药罪判处被告单位百分百公司罚金五十万元，中土公司罚金四十万元，喜洋洋公司罚金三十五万元；以生产、销售伪劣农药罪判处被告人许全民有期徒刑三年，缓刑五年，并处罚金八万元；因被告人朱桦及王友定系从犯，如实供述，积极赔偿损失，依法减轻处罚，以生产、销售伪劣农药罪判处被告人朱桦有期徒刑三年，缓刑四年，并处罚金五万元；以生产、销售伪劣农药罪判处被告人王友定有期徒刑三年，缓刑三年，并处罚金人民币二万元。一审宣判后，被告单位及被告人均未上诉，判决已生效。

【指导意义】

（一）借用或通过非法转让获得他人"农药三证"生产农药，并经检验鉴定含有药害成分，使生产遭受较大损失的，应予追诉

根据我国《农药管理条例》规定，农药生产销售应具备"农药三证"。一些企业通过非法转让或者购买等手段非法获取"农药三证"生产不合格农药，扰乱农药市场，往往造成农业生产重大损失，危害农民利益。借用或者通过非法转让获得"农药三证"生产不符合资质农药，经检验鉴定含有药害成分，致使农业生产遭受损失二万元以上的，应当依据刑法予以追诉。农药生产企业将"农药三证"出借给未取得生产资质的企业或者个人，且明知借用方生产、销售伪劣农药的，构成生产、销售伪劣农药罪共同犯罪。其中使农业生产遭受损失五十万元以上，销售金额不满二百万元的，依据刑法第一百四十七条生产、销售伪劣农药罪追诉；销售金额二百万元以上的，依据刑法第一百四十九条从重处罚原则，以生产、销售伪劣产品罪予以追诉。

（二）生产损失认定方法

生产、销售伪劣农药罪为结果犯，需以"使生产遭受较大损失"为前提。办理此类案件，可以采用以下方法认定生产损失：一是运用田间试验确定涉案农药与生产损失的因果关系。可在公证部门见证下，依据农业生产专家指导，根据农户对受损作物实际使用的农药种类，合理确定试验方法和试验所需样本田块数量，综合认定农药使用与生产损失的因果关系。二是及时引导侦查机关

收集、固定受损作物折损情况证据。检察机关应结合农业生产具有时令性的特点，引导侦查机关走访受损农户了解情况，实地考察受损农田，及时收集证据，防止作物收割、复播影响生产损失的认定。三是综合评估损害数额。农业生产和粮食作物价格具有一定的波动性，办案中对损害具体数额的评估，应以绝收折损面积为基准，综合考察受损地区前三年农作物平均亩产量和平均销售价格，计算损害后果。

【相关规定】

《中华人民共和国刑法》第一百四十七条、第一百四十九条、第一百五十条

《最高人民法院、最高人民检察院关于办理生产、销售伪劣商品刑事案件具体应用法律若干问题的解释》第七条、第九条

《最高人民检察院、公安部关于公安机关管辖的刑事案件立案追诉标准的规定（一）》第二十三条

《农药管理条例》第四十五条、第四十七条、第五十二条

《农药登记管理办法》第二条

《农药生产许可管理办法》第五条、第二十八条

湖北省天门市人民检察院诉拖市镇政府不依法履行职责行政公益诉讼案

（检例第63号）

【关键词】

行政公益诉讼　行政监管职责　违法建设　农村垃圾治理

【要旨】

一级政府对本行政区域的环境质量保护负有法定职责。政府在履行农村环境综合整治职责中违法行使职权或者不作为，损害社会公共利益的，检察机关可以发出检察建议督促其依法履职。对于行政机关作出的整改回复，检察机关应当跟进调查；对于无正当理由未整改到位的，可以依法提起行政公益诉讼。

【基本案情】

2005年4月，湖北省天门市拖市镇人民政府（以下简称拖市镇政府）违反《中华人民共和国土地管理法》，未办理农用地转为建设用地相关手续，也未按照《中华人民共和国环境保护法》开展环境影响评价，与天门市拖市镇拖市村村民委员会签订《关于垃圾场征用土地的协议》，租用该村5.1亩农用地建设垃圾填埋场，用于拖市镇区生活垃圾的填埋。该垃圾填埋场于同年4月投入运行，至2016年10月停止。该垃圾填埋场在运行过程中，违反污染防治设施必须与主体工程同时设计、同时施工、同时投产使用的"三同时"规定，未按照规范建设防渗工程等相关污染防治设施，对周边环境造成了严重污染。

【诉前程序】

2017年2月，天门市人民检察院发现拖市镇政府在没有申报审批获得合法手续的情况下，未建设必要配套环境保护设施，以"以租代征"的形式，违法建设、运行生活垃圾填埋场，在运行过程中存在对周边环境造成严重污染、损害公益的行为，决定立案审查。

调查核实过程中，检察机关查阅了拖市镇政府关于租用拖市村集体土地建设垃圾填埋场的会议纪要、文件、协议等档案材料；督促天门市环境保护局进行了现场勘查；采集了现场影像资料，询问了相关人员。基本查明：拖市镇政府未办理用地审批、环境评价等法定手续，建设并运行生活垃圾填埋场，未建设防渗工程、垃圾渗滤液疏导、收集和处理系统、雨水分流系统、地下水导排和监测设施等必要配套环境保护设施，垃圾填埋场在运行过程中对周边环境造成严重污染。根据《中华人民共和国地方各级人民代表大会和地方各级人民政府组织法》《中华人民共和国环境保护法》等相关法律规定，拖市镇政府作为一级人民政府，对本行政区域负有环境保护职责，应当对自身违法行使职权造成环境污染的行为予以纠正，并及时治理污染，修复生态环境。

2017年3月6日，天门市人民检察院向拖市镇政府发出检察建议，督促其依法履职，纠正违法行为并采取补救措施，修复区域生态环境，恢复农用地功能。检察建议书发出后，天门市人民检察院多次与拖市镇政府进行沟通，督促整改。3月22日，拖市镇政府针对检察建议书作出书面回复称：其已将该垃圾填埋场的垃圾清运至天门市垃圾处理场进行集中处理，并投入资金、落实专人对垃圾场周围进行了清理、消毒，运送土壤进行了回填处理，杜绝了垃圾污染，且在该处设立了禁止倾倒垃圾的警示牌。

4月12日，天门市人民检察院对拖市镇政府的整改情况进行跟进调查时发现，拖市镇政府虽然采取了一些整改措施，但整改后的垃圾填埋场表层覆土不到1米，覆土下仍有大量垃圾。天门市人民检察院委托湖北省环境科学研究院对垃圾填埋场垃圾渗滤液及周边地下水样进行检测。检测结果表明，拖市镇垃圾填埋场周边地下水样中铬、铅超标严重，渗滤液中含有重金属、氨氮、磷等污染物。经专家检测评价认为，该垃圾填埋场周边水质显示出典型的垃圾渗滤液污染特性，严重影响当地居民的健康和生态安全；现存垃圾随着时间推移还会产生大量渗滤液，若不采取措施将会对周边水体和汉江造成持续15—20年的长期生态污染风险；建议采取清理转移的方法，将垃圾清挖送到市区垃圾处理场，垃圾渗滤液抽取送城区污水处理厂处理，原址采用回填土壤绿化。

【诉讼过程】

(一) 提起诉讼

通过诉前调查取证，天门市人民检察院固定了相关证据，认定拖市镇政府采取有限整改措施后，其违法行政行为造成的公益侵害仍在持续。经湖北省人民检察院批准，2017年6月29日，天门市人民检察院向天门市人民法院提起行政公益诉讼，请求判令：1.确认拖市镇政府建立、运行该垃圾填埋场，造成周边环境污染的行政行为违法。2.判令拖市镇政府继续履行职责，对关停后的该垃圾填埋场环境进行综合整治，消除污染，修复生态。

(二) 法庭审理

2017年12月22日,天门市人民法院公开开庭审理了本案。

法庭审理过程中,拖市镇政府答辩认为:1. 只有县级以上政府及其环保部门才是具有环境保护职责的行政机关,其作为镇政府,不具有该项职责;2. 检察机关关于垃圾填埋场污染周边环境的证据不充分;3. 镇政府建设垃圾填埋场的行为并非行政行为,在行政诉讼中不具有可诉性。

针对镇政府答辩意见,天门市人民检察院向法院提交了《天门市委办公室、市政府办公室关于印发乡镇综合配套改革三个配套文件的通知》《市环保局关于拖市镇垃圾填埋场环境问题的复函》、湖北省环境科学研究院《检测报告》、相关专家出具的《关于天门市拖市镇区垃圾填埋场污染潜在生态风险的评估意见》、垃圾填埋场现场照片等证据。天门市人民检察院认为,《中华人民共和国环境保护法》第六条第二款规定,地方各级人民政府应当对本行政区域的环境质量负责;第三十三条第二款规定,县级、乡级人民政府应当提高农村环境保护公共服务水平,推动农村环境综合整治;第三十七条规定,地方各级人民政府应当采取措施,组织对生活废弃物的分类处置、回收利用。本案中,镇政府与村委会签订征地协议,建设、运行垃圾填埋场,目的是处置镇区生活垃圾,履行农村环境综合整治职责,是行使职权的行政行为。但其履职不到位,未办理用地审批、环境评价,未建设防渗工程、渗滤液处理、地下水导排监测等必要配套设施,导致周边环境严重污染,造成社会公共利益受到损害,应当依法履职,采取积极措施治理污染,修复生态;拖市镇政府在收到检察建议后,虽然对该垃圾填埋场做了覆土处理,但未完全进行治理,检察机关经跟进调查和委托检测,确认社会公共利益仍处于受侵害状态。综上,拖市镇政府答辩理由不成立。

(三) 审理结果

2018年3月19日,天门市人民法院作出判决,支持了检察机关全部诉讼请求,认定拖市镇政府作为一级政府,具有环境保护的法定职责;拖市镇政府建设垃圾填埋场是履行职权行政行为;根据现有证据,该垃圾填埋场存在潜在污染风险;拖市镇政府治理垃圾填埋场是其违法后应当承担的法律义务,其应当继续履行整治义务。判决如下:1. 确认被告拖市镇政府建设、运行垃圾填埋场的行政行为违法。2. 责令被告拖市镇政府对垃圾填埋场采取补救措施,继续进行综合整治。

(四) 案件办理效果

该案判决后,拖市镇政府积极履职,组织清运原垃圾填埋场覆土下的各类垃圾 1000 余立方并进行了无害处理。经湖北省相关部门审批同意，2018 年 4 月至 12 月，在垃圾填埋场原址上新建污水处理厂一座，设计产能日处理污水 500 吨。目前该污水处理厂已投入使用。

该案办理后，天门市人民检察院摸排发现全市乡镇垃圾填埋场普遍存在环境污染风险问题。经过全面调查分析，天门市人民检察院向天门市委、市政府报送《关于建议进一步加强对全市乡镇垃圾填埋场进行整治的报告》，提出了将乡镇垃圾填埋场整治工作纳入天门市污染防治工作总体规划、进行清挖转运以及覆土植绿等建议。天门市委、市政府高度重视，相关职能部门迅速组织力量，对全市乡镇 27 个非正规垃圾填埋场、堆放点进行了专项重点督查，整治恢复土地近 8.5 万平方米。

【指导意义】

改善农村人居环境是以习近平同志为核心的党中央作出的重大决策，是实施乡村振兴战略的重要内容。加强农村生活垃圾治理，是改善农村人居环境的重要环节，也是推进乡村生态振兴的关键之举，对于促进乡村治理具有重大意义。

（一）基层人民政府应当对本行政区域的环境质量负责，其在农村环境综合整治中违法行使职权或者不作为，导致环境污染损害社会公共利益的，检察机关可以督促其依法履职

《中华人民共和国地方各级人民代表大会和地方各级人民政府组织法》《中华人民共和国环境保护法》《村庄和集镇规划建设管理条例》等法律法规规定了基层人民政府对农村环境保护、农村环境综合整治等具有管理职责。其在履行上述法定职责时，存在违法行使职权或者不作为，造成社会公共利益损害的，符合《中华人民共和国行政诉讼法》第二十五条第四款规定的情形，检察机关可以向其发出检察建议，督促依法履行职责。对于行政机关作出的整改回复，检察机关应当跟进调查，对于无正当理由未整改到位的，依法提起行政公益诉讼。

（二）涉及多个行政机关监管职责的公益损害行为，检察机关应当综合考虑各行政机关具体监管职责、履职尽责情况、违法行使职权或者不作为与公益受损的关联程度、实施公益修复的有效性等因素确定重点监督对象

农村违法建设垃圾填埋场可能涉及的行政监管部门包括规划、环保、国土、城建、基层人民政府等多个行政机关，而基层人民政府一般在农村环境治理、生活垃圾处置方面起主导作用。如果环境污染行为与基层人民政府违法行

使职权直接相关,检察机关可以重点监督基层人民政府,督促其依法全面履职,根据需要也可以同时督促环保部门发挥监管职责,以形成合力,促使环境污染行为得到有效纠正。检察机关通过办案发现本地普遍存在类似环境污染行为的,可以经过深入调查,向当地党委、政府提出建议,以引起重视,促使问题"一揽子"解决。

【相关规定】

《中华人民共和国行政诉讼法》第二十五条

《中华人民共和国地方各级人民代表大会和地方各级人民政府组织法》第六十一条

《中华人民共和国环境保护法》第六条、第十九条、第三十三条、第三十七条、第四十一条

《中华人民共和国土地管理法》第四十四条

《最高人民法院、最高人民检察院关于检察公益诉讼案件适用法律若干问题的解释》第二十一条

《村庄和集镇规划建设管理条例》第三十九条

二、指导性案例解读

《最高人民检察院第十六批指导性案例》解读

高景峰　张　杰*

近年来,按照中央部署,各级检察机关立足检察职能,主动服务大局,在服务保障农业农村发展,维护农民权益等方面积极工作,彰显了涉农检察的力量和作为。为进一步推进检察机关加强涉农检察工作,服务实施乡村振兴战略,经第十三届检察委员会第二十八次会议审议通过,最高人民检察院发布以涉农检察为主题的第十六批指导性案例,包括刘强非法占用农用地案等四件案例。对其理解与适用,作出如下解读。

一、第十六批指导性案例发布的背景和意义

以习近平同志为核心的党中央高度重视"三农"工作。习近平总书记指出,小康不小康,关键看老乡。脱贫攻坚质量怎么样、小康成色如何,很大程度上要看"三农"工作成效。抓好"三农"工作,是历年来党中央高度重视、以"一号文件"进行部署的重点工作。2020年2月,中共中央又下发《关于抓好"三农"领域重点工作确保如期实现全面小康的意见》,对2020年做好"三农"工作提出新的任务要求。2020年2月23日,习近平总书记在"统筹推进新冠肺炎疫情防控和经济社会发展工作部署会议"上的重要讲话指出:要"不失时机抓好春季农业生产"。2月25日,习近平总书记对全国春季农业生产工作作出重要指示强调:"在严格落实分区分级差异化疫情防控措施的同时,全力组织春耕生产,确保不误农时,保障夏粮丰收。"

按照党中央决策部署,各级人民检察院始终把涉农检察工作摆在突出位置,充分运用刑事、民事、行政、公益诉讼四大检察职能,精准服务保障新时代乡村振兴战略实施,不断满足人民群众特别是广大农民对民主、法治、公平、正义、安全、环境等方面内涵更丰富、更高水平的需求,主动服务大局,在服务保障农业农村发展、维护农民合法权益方面积极开展工作,彰显了涉农检察的力量和作为。最高人民检察院围绕涉农检察工作主题发布第十六批指导

---

* 作者单位:最高人民检察院法律政策研究室。

性案例,具有三个方面的意义。

一是彰显检察机关服务保障党和国家工作大局的决心和作为。中央"一号文件"强调指出:做好2020年"三农"工作,要对标对表全面建成小康社会目标,强化举措,狠抓落实,集中力量打赢脱贫攻坚战和补上全面小康"三农"领域突出短板两大重点任务。各级检察机关按照"讲政治、顾大局、谋发展、重自强"工作思路要求,认真做好涉农检察工作,对于服务保障经济社会发展大局稳定发挥了应有的职能作用。围绕涉农检察主题制发指导性案例,有利于推动各级检察机关深刻领会中央关于新时期"三农"工作的部署要求,进一步把服务"三农"工作作为服务大局、保障民生的重要内容,找准切入点和着力点,更加重视做好涉农检察工作,积极参与乡村基层治理和法治建设,努力为农业农村改革发展和乡村振兴战略实施提供有力法治保障。

二是积极推进检察工作深入发展。涉农检察工作,涉及刑事、民事、行政、公益诉讼"四大检察"各个领域。围绕涉农检察工作发布指导性案例,目的是更好地发挥指导性案例的示范、引领作用,推进各级人民检察院进一步认识当前涉农检察工作的重点难点,充分运用各项法律监督职能,依法打击扰乱农村生产生活秩序、危害农民生命财产安全的各类坑农害农犯罪;积极参与美丽乡村建设,综合运用督促履职、公益诉讼等方式,促进完善农村地区生态环境保护体系,推动检察工作在新形势下进一步取得新成绩。

三是促进法律适用疑难问题的解决。当前涉农检察工作中,非法侵占耕地、假农药、假化肥、假种子等传统犯罪仍呈多发态势,农村人居环境改善涉公益诉讼等新类型案件不断出现,其中涉及的一些法律适用疑难复杂问题,亟须统一认识。最高人民检察院向各级人民检察院开展了案例征集。逐案调阅卷宗、核实关键问题,深入挖掘在证据运用、事实认定、法律适用、政策把握等方面具有疑难性、创新性、典型性的案例,并征求了最高人民法院、自然资源部、农业农村部,法学专家和地方各级人民检察院意见,全面总结分析涉农案件中的法、理、情因素,针对涉农案件办理中的疑难复杂问题提炼出案件办理的规则和经验,为今后办理类似案件提供具体参考示范。

二、第十六批指导性案例的主要情况

第十六批指导性案例,包括刘强非法占用农用地案等四件案例。四件案例具体案情及阐明的要旨简要说明如下:

(一)刘强非法占用农用地案

该案要旨:行为人违反土地管理法规,在耕地上建设"大棚房""生态园""休闲农庄"等，非法占用耕地数量较大，造成耕地等农用地大量毁坏的，应当以非法占用农用地罪追究实际建设者、经营者的刑事责任。

该案基本案情：2016年3月，被告人刘强经人介绍以人民币1000万元的价格与北京春杰种植专业合作社签订协议，受让合作社位于延庆区延庆镇广积屯村东北蔬菜大棚377亩集体土地使用权。其后，刘强未经国土资源部门批准，以合作社的名义组织人员对蔬菜大棚园区进行非农建设改造，并将园区命名为"紫薇庄园"。截至2016年9月28日，刘强先后组织人员在园区内建设鱼池、假山、暖房、规划外道路等设施，同时将原有蔬菜大棚加高、改装钢架，并将其一分为二，在其中各建房间，每个大棚门口铺设透水砖路面，外垒花墙。截至案发，刘强组织人员共建设"大棚房"260余套（每套面积350平方米至550平方米不等，内部置橱柜、沙发、藤椅、马桶等各类生活起居设施）并对外出租。经北京市国土资源局延庆分局组织测绘鉴定，该项目占用耕地28.75亩，其中含永久基本农田22.84亩，造成耕地种植条件被破坏。

截至2017年4月，北京市规划和国土资源管理委员会、延庆区延庆镇人民政府先后对该项目下达《行政处罚决定书》《责令停止建设通知书》《限期拆除决定书》，均未得到执行。2017年5月，延庆区延庆镇人民政府组织有关部门将上述违法建设强制拆除。

该案办理中，刘强拒不承认犯罪事实，作出一系列辩解。检察机关经缜密工作，认真审查了一系列证据，通过严密证据指控被告人刘强违反土地管理法规，非法占用耕地进行非农建设改造，改变被占土地用途，造成耕地被大量毁坏的犯罪事实。2018年10月16日，刘强被以非法占用农用地罪判处有期徒刑1年6个月，并处罚金人民币5万元。

本案中，延庆镇规划管理与环境保护办公室虽然采取了约谈、下发《责令停止建设通知书》和《限期拆除决定书》等方式对违法建设予以制止，但未遏制住违法建设。因履职不到位，北京市延庆区监察委员会给予延庆镇副镇长等4人党纪政纪处分。

近年来，随着传统农业向产业化、规模化的现代农业转变，以温室大棚为代表的设施农业快速发展。一些地区出现了假借发展设施农业之名，擅自或者变相改变农业用途，在耕地甚至永久基本农田上建设"大棚房""生态园""休闲农庄"等现象，造成土地资源被大量非法占用和毁坏，严重侵害农民权益和农业农村的可持续发展，在社会上造成恶劣影响。2018年，自然资源部和农业农村部在全国开展了"大棚房"问题专项整治行动，推进落实永久基本农田保护制度和最严格的耕地保护政策。该案告诉我们：十分珍惜、合理利用土地和切实保护耕地是我国的基本国策。在基本农田上建设"大棚房"予以出租出售,违反土地管理法,属于破坏耕地或者非法占地的违法行为。非法占用耕地数量较大或者造成耕地大量毁坏的,应当以非法占用农用地罪追究实际建设者、经营者的刑事责任。

(二) 王敏生产、销售伪劣种子案

该案要旨:以同一科属的此品种种子冒充彼品种种子,属于刑法上的"假种子"。行为人对假种子进行小包装分装销售,使农业生产遭受较大损失的,应当以生产、销售伪劣种子罪追究刑事责任。

该案基本案情:2017年3月,江西省南昌县种子经销商郭宝珍询问隆平高科的经销商之一江西省丰城市"民生种业"经营部的闵生如、闵蜀蓉父子是否有"T优705"水稻种子出售,在得到闵蜀蓉的肯定答复并报价后,先后汇款共30万元给闵生如用于购买种子。

闵氏父子找到隆平高科宜春地区区域经理王敏订购种子,王敏向隆平高科申报了"陵两优711"稻种计划,后闵生如汇款20万元给隆平高科作为订购种子款(单价13元/公斤)。王敏找到金海环保包装有限公司的曹传宝,向其提供制版样式,印制了标有四川隆平高科种业有限公司"T优705"字样的小包装袋29850个。收到隆平高科寄来的"陵两优711"散装种子后,王敏请闵氏父子帮忙雇工人将运来的散装种子分装到此前印好的标有"T优705"的小包装袋(每袋1公斤)内,并将分装好的24036斤种子运送给郭宝珍。郭宝珍销售给南昌县等地的农户。农户播种后,禾苗未能按期抽穗、结实,导致200余户农户4000余亩农田绝收,造成直接经济损失460余万元。

该案办理中,检察机关重点查清了被告人王敏负刑事责任的根据和农民损失的认定情况。检察机关通过引导公安机关收集物流司机等人的证言、货运单、农户购买谷种小票、农作物不同生长期照片、王敏任职证明等证据,查清并指控证明了王敏作为隆平高科的区域经理,负有对隆平高科销售种子的质量进行审查监管的职责,却将未通过江西地区审定的"陵两优711"种子冒充"T优705"种子,违背职责分装并销售,使农业生产遭受特别重大损失,其行为构成生产、销售伪劣种子罪的事实。

针对损失认定,检察机关引导公安机关开展了科学的评估认定,经过开展现场勘查,邀请农科院土肥、农业、气象方面专家进行评估,认定损失为461万余元。该案王敏后被以生产、销售伪劣种子罪判处有期徒刑7年,并处罚金人民币15万元。

该案指导意义在于两个方面:一是以此种子冒充彼种子应认定为假种子。二是对伪劣种子造成的损失,可由专业人员根据现场勘查情况结合亩产产量、市场行情等因素予以综合计算。

(三) 南京百分百公司等生产、销售伪劣农药案

该案要旨：(1) 未取得农药登记证的企业或者个人，借用他人农药登记证、生产许可证、质量标准证等许可证明文件生产、销售农药，使生产遭受较大损失的，以生产、销售伪劣农药罪追究刑事责任。(2) 对于使用伪劣农药造成的农业生产损失，可采取田间试验的方法确定受损原因，并以农作物绝收折损面积、受害地区前3年该类农作物的平均亩产量和平均销售价格为基准，综合计算认定损失金额。

该案基本案情：2014年5月，被告单位喜洋洋公司、百分百公司准备从事除草剂农药经营活动。被告人许全民以百分百公司的名义与被告人王友定商定，借用久易公司吡蚜酮的农药登记证、生产许可证、质量标准证（以下简称"农药三证"）生产除草剂。后如期生产，因质量不过关，除草剂中混入了杀虫剂成分，含有药害成分的农药由喜洋洋公司分售给江苏多家农资公司，农资公司销售给农户。泰州市姜堰区农户使用该批农药后，发生不同程度的药害。经调查，初步认定发生药害水稻面积5800余亩，折损面积计2800余亩，造成经济损失计270余万元。

该案办理中，检察机关重点查清了两个方面的问题：一是通过系列证据，证明被告人及被告单位在无"农药三证"的情况下，生产、销售有药害成分的农药，并造成特别重大损失，其行为构成生产、销售伪劣农药罪。二是针对农药含有药害成分与作物受损因果关系这一疑难问题，检察机关积极引导公安机关运用"七种配方，八块试验田"的试验方法，科学确定水稻受损原因。

根据我国法律规定，农药生产销售应具备"农药三证"。实践中，取得"农药三证"不仅要逐级上报，还要有大田试验、毒理试验等步骤，手续办理环节多、时间长，借证或者通过非法转让获得"农药三证"生产农药行为常见多发。一些企业通过非法转让或者购买等手段非法获取"农药三证"生产不合格农药，不仅极大扰乱了农药市场，影响知名企业声誉，而且易造成农业减产，危害农民利益。该案以案释法，警示不依法依规生产农药及违法违规出借"农药三证"者，可能触及刑律，受到刑事追究。

(四) 湖北省天门市人民检察院诉拖市镇政府不依法履行职责行政公益诉讼案

该案要旨：一级政府对本行政区域的环境质量保护负有法定职责。政府在履行农村环境综合整治职责中违法行使职权或者不作为，损害社会公共利益的，检察机关可以发出检察建议督促其依法履职。对于行政机关作出的整改回复，检察机关应当跟进调查；对于无正当理由未整改到位的，可以依法提起行

政公益诉讼。

该案基本案情：2005年4月，湖北省天门市拖市镇人民政府未办理农用地转为建设用地相关手续，也未开展环境影响评价，与天门市拖市镇拖市村村民委员会签订《关于垃圾场征用土地的协议》，租用该村5.1亩农用地建设垃圾填埋场，用于拖市镇区生活垃圾的填埋。该垃圾填埋场于同年4月投入运行，至2016年10月停止。该垃圾填埋场在运行过程中，违反污染防治设施必须与主体工程同时设计、同时施工、同时投产使用的"三同时"规定，未按照规范建设防渗工程等相关污染防治设施，对周边环境造成了严重污染。

该案办理中，检察机关在诉前程序中，通过调查核实，查清了拖市镇政府作为一级人民政府，对本行政区域负有环境保护职责，应当对自身违法行使职权造成环境污染的行为予以纠正，并及时治理污染，修复生态环境并依法发出检察建议，但并未取得理想效果，后提起行政公益诉讼。诉讼过程中，天门市人民检察院通过系列证据证明了拖市镇政府行政行为的违法性。镇政府与村委会签订征地协议，建设、运行垃圾填埋场，目的是处置镇区生活垃圾，履行农村环境综合整治职责，是行使职权的行政行为。但其履职不到位，未办理用地审批、环境评价，未建设防渗工程、渗滤液处理、地下水导排监测等必要配套设施，导致周边环境严重污染，造成社会公共利益受到损害，其行政行为违法。这一诉讼请求得到支持。

值得说明的是，该案办理取得双赢多赢共赢的法律监督良好效果。该案判决后，拖市镇政府积极履职，组织清运原垃圾填埋场覆土下的各类垃圾1000余立方并进行了无害处理。案件办理后，天门市人民检察院摸排发现全市乡镇垃圾填埋场普遍存在环境污染风险问题。经过全面调查分析，天门市人民检察院向天门市委、市政府报送《关于建议进一步加强对全市乡镇垃圾填埋场进行整治的报告》，提出了将乡镇垃圾填埋场整治工作纳入天门市污染防治工作总体规划、进行清挖转运以及覆土植绿等建议。天门市委、市政府高度重视，相关职能部门迅速组织力量，对全市乡镇27个非正规垃圾填埋场、堆放点进行了专项重点督查，整治恢复土地近8.5万平方米。

三、应用指导性案例加大涉农案件办理力度

2018年10月26日，第十三届全国人民代表大会常务委员会第六次会议修订的《人民检察院组织法》第23条第2款规定："最高人民检察院可以发布指导性案例。"人民检察组织法以法律的形式明确赋权最高人民检察院发布指导性案例。近年来，最高人民检察院高度重视运用指导性案例的形式解决检察工作中的疑难问题，加大对办案工作的指导力度。

2019年，最高人民检察院修订《关于案例指导工作的规定》，其第15条明确要求："各级人民检察院应当参照指导性案例办理类似案件，可以引述相关指导性案例进行释法说理，但不得代替法律或者司法解释作为案件处理决定的直接依据。各级人民检察院检察委员会审议案件时，承办检察官应当报告有无类似指导性案例，并说明参照适用情况。"各级人民检察院在适用第十六批指导性案例，加大对涉农检察案件办理力度时，有以下几方面问题值得注意：

（一）严格区分设施农业和非农建设的界限

合理利用土地和切实保护耕地是我国的基本国策。近年来，国家不断鼓励和扶持传统农业向产业化、规模化的现代农业转变，以温室大棚为代表的设施农业快速发展。但一些地区出现了假借发展设施农业之名，擅自或者变相改变农业用途，在耕地甚至基本农田上建设"大棚房""生态园""休闲农庄"等现象，造成土地资源被大量非法占用和毁坏，严重侵害农民权益和农业农村的可持续发展。2020年1月1日起施行的土地管理法进一步明确了最严格的耕地保护制度，明确将"基本农田"修改为"永久基本农田"，予以保护。非法占用农用地，导致农用地特别是耕地资源锐减，国家粮食安全受到严重威胁，同时，还损害农民利益，损害党和政府公信力，危及社会和谐稳定，必须依法予以严惩。

检察机关办理此类案件时，要根据案情依法予以区分，既保障现代农业的有序发展，又严厉打击破坏农业生产的犯罪行为。区分过程中需要把握的重点是，对经过批准且有利于农业生产的设施建设，应当予以保护；对未经批准、改变土地用途的建设行为，造成严重损失的，应当依法追究刑事责任。

例如，在刘强非法占用农用地案中，被告人受让集体土地使用权，未经国土资源部门批准，以合作社的名义组织人员对蔬菜大棚园区进行改造，建设鱼池、假山、暖房、规划外道路等设施，并在大棚内建房对外出租，造成耕地种植条件被破坏，并难以恢复，属于破坏耕地或者非法占地的违法行为，应当以非法占用农用地罪追究实际建设者、经营者的刑事责任。

（二）依法审查认定生产销售伪劣种子、农药的行为性质

生产销售伪劣种子、农药的行为严重危害农业生产，损害农民合法利益，及时准确打击该类犯罪，检察机关责无旁贷。司法实践中，该类犯罪隐蔽性较强，审查认定的难度较大，尤其是如何准确认定一般质量瑕疵与伪劣产品，一些被告人往往辩解，对生产销售的伪劣种子、农药不明知，不具有犯罪主观故意；还有的辩解称，生产、经营行为符合规范，产品质量存在瑕疵是因受天气、土肥等其他因素影响，自身不存在责任。对此，可以综合经

营资质、包装标识、从业经历等因素予以认定。对没有生产经营资质，未尽到质量注意义务，或者明知是不合格产品，而采用明示标明方式予以销售，造成农业生产遭受重大损失的，应依法以生产销售伪劣种子、农药罪追究相关人员刑事责任。

例如，在王敏生产、销售伪劣种子案中，被告人王敏作为四川隆平高科宜春地区经理，具有对种子质量进行审查的职责，其明知隆平高科不生产"T优705"种子，出于牟利，将"陵两优711"分装并标识为"T优705"进行销售，应当认定为以彼种子冒充此种子进行包装、销售，构成生产、销售伪劣种子罪。又如，在南京百分百公司等生产、销售伪劣农药案中，被告单位及被告人无生产经营资质，通过非法获取"三证"生产农药，生产完成后未进行严格检验即出厂销售，造成农作物减产，危害农民利益，应予依法惩处。

（三）科学认定并积极协助挽回涉农犯罪给农民造成的经济损失

生产、销售伪劣种子、农药犯罪是结果犯，办理此类案件需以"使生产遭受较大损失"为前提。科学认定损失是办案关键。首先，可以运用田间试验确定犯罪行为与生产损失的因果关系。如办理生产、销售伪劣农药案件，可在公证部门见证下，依据农业生产专家指导，根据农户对受损作物实际使用的农药种类，科学确定试验方法和试验所需样本田块数量，综合认定农药使用与生产损失的因果关系。其次，认定损失一般要由专业人员现场勘查，结合现场调查情况，对农作物产量及其损失进行综合计算。在此基础上，检察机关应当积极协调地方党委政府，共同推动督促被告人赔偿受害农户损失，最大限度地保障农民群众的利益。

例如，在南京百分百公司等生产、销售伪劣农药案中，鉴于农业生产和粮食作物价格具有一定的波动性，对损害具体数额的评估，应综合考察受损地区前3年农作物平均亩产量和平均销售价格，科学计算损害后果。检察机关正确评估损失，并采取实际行动帮助受害农户全部挽回了实际损失，得到了受害农户的认可。

（四）综合运用督促履职、公益诉讼手段推动乡村治理

改善农村人居环境是实施乡村振兴战略的重要内容。实践中，一些地区行政机关及职能部门，在农村环境综合整治中违法行使职权或者不作为，导致环境污染损害社会公共利益。但农村环境治理涉及多个行政监管主体，包括自然资源和规划、生态环境、城乡建设、基层人民政府等多个部门。如何选择履职主体是检察机关要解决的主要问题。按照法律法规规定，基层人民政府对本行

政区域的环境质量负责,并在农村环境治理、生活垃圾处置方面起主导作用。结合镇政府的法定职责,及其在污染治理和生态修复方面具有的统筹优势,如果环境污染行为与其违法行使职权直接相关,检察机关应当督促镇政府依法履职,对其作出的整改回复,应当密切跟进调查;对无正当理由不整改或整改不到位的,依法提起行政公益诉讼。

第十六批指导性案例问与答

2020年3月5日,最高人民检察院召开主题为"落实乡村振兴战略,彰显涉农检察力量"的新闻发布会,发布最高人民检察院第十六批指导性案例,通报检察机关开展涉农检察工作主要情况。

问题一 请问第十六批指导性案例是在什么背景下发布的,对推进"三农"工作具有什么样的意义?

万　春: 为贯彻落实党中央要求,在全面建成小康社会关键时期更好推进检察机关服务保障"三农"工作,最高人民检察院围绕涉农检察工作主题发布第十六批指导性案例,具有三个方面意义。

一是彰显检察机关服务保障党和国家工作大局的决心和作为。2020年中央"一号文件"强调指出:做好2020年"三农"工作,要对标对表全面建成小康社会目标,强化举措、狠抓落实,集中力量打赢脱贫攻坚战和补上全面小康"三农"领域突出短板两大重点任务。各级检察机关按照"讲政治、顾大局、谋发展、重自强"工作思路要求,认真做好涉农检察工作,对于服务保障经济社会发展大局稳定发挥了应有的职能作用。围绕涉农检察主题制发指导性案例,有利于推动各级检察机关深刻领会中央关于新时期"三农"工作的部署要求,进一步把服务"三农"工作作为服务大局、保障民生的重要内容,找准切入点和着力点,更加重视做好涉农检察工作,积极参与乡村基层治理和法治建设,努力为农业农村改革发展和乡村振兴战略实施提供有力法治保障。

二是积极推进检察工作深入发展。涉农检察工作,涉及刑事、民事、行政、公益诉讼"四大检察"各个领域。围绕涉农检察工作发布指导性案例,目的是更好地发挥指导性案例的示范、引领作用,推进各级人民检察院进一步认识当前涉农检察工作的重点难点,充分运用各项法律监督职能,依法打击扰乱农村生产生活秩序、危害农民生命财产安全的各类坑农害农犯罪;积极参与美丽乡村建设,综合运用督促履职、公益诉讼等方式,促进完善农村地区生态环境保护体系,推动检察工作在新形势下进一步取得新成绩。

三是促进法律适用疑难问题的解决。当前涉农检察工作中,非法侵占耕地、假农药、假种子等传统犯罪仍呈多发态势,农村人居环境改善涉公益诉讼等新类型案件不断出现,其中涉及的一些法律适用疑难复杂问题,亟须统一认识。最高人民检察院面向全国开展了案例征集，对推荐的案例逐案调阅卷宗、核实关键问题，深入挖掘在证据运用、事实认定、法律适用、政策把握等方面具有疑难性、创新性、典型性的案例，并征求了最高人民法院、自然资源部、农业农村部，法学专家和地方各级人民检察院意见，全面总结分析涉农案件中的法、理、情因素，针对涉农案件办理中的疑难复杂问题提炼出案件办理的规则和经验，为今后办理类似案件提供具体参考示范。

问题二 作为媒体记者，我们很关注涉农主题指导性案例对老百姓有哪些普法教育作用，请您谈谈这方面情况？

万　春：这次发布的四件指导性案例，都是"三农"领域常见多发的典型案件。这几件案例，不仅对检察机关办理类似案件具有指导意义，而且对社会公众具有普法意义。

刘强非法占用农用地案告诉人们，资金在流向设施农业时，一定要绷紧法律的红线，严格遵守刑法、土地管理法等各类法律规定，切不可在进行农业建设、非农改造时，触碰耕地保护的雷区。这次我们发布刘强非法占用农用地案，特地选取了案发时相关照片一并发布，大家通过照片可以更形象看到基本农田遭到侵占、破坏的现场景象。同时，刘强案也警示人们，一些城市居民出于享受田园生活的目的，低价购买所谓"大棚温室房"，存在巨大的法律风险，切不可贪一时小便宜，既助长了违法行为，又使自己的资金有去无回。

王敏生产、销售伪劣种子案的宣示意义在于，种子经销商、代理商等各类中间环节的经营者，应当从惠农利农的角度依法开展种子经销经营活动，切不可钻到钱眼里，为赚钱不择手段。种子是一类特殊的农资产品，如果种子经销商等以假种子冒充真种子，以不合格种子冒充合格种子，包括以此种子冒充彼种子，不仅扰乱农资产品经营秩序，而且严重危害国家粮食安全，损害农民合法利益。很多农民使用了假种子，一年到头，辛苦耕植，投入大量种植成本，却血本无归，欲哭无泪。这种黑心钱绝不能赚。当然，这个案例也告诉农民朋友，假冒伪劣种子客观存在，在购买种子时，要擦亮眼睛，增强识别能力。购买了假种子，要及时向农业、市场监管等相关部门举报，维护合法权益。

南京百分百公司等生产、销售伪劣农药案主要涉及生产销售伪劣农药的问题。根据《农药管理条例》规定，农药生产销售应具备"农药三证"。实践中，取得"农药三证"不仅要逐级上报，还要有大田试验、毒理试验等步骤，手续办理环节多、时间长，一些人赚钱心切，通过借证或者非法转让获得"农药三证"生产农药。这个案例告诉相关企业，"农药三证"再难取得，也不得以非法手段获取。同时，具有合法资质、拥有"农药三证"的企业，也不能随意出借"农药三证"，否则可能招来法律追究。

湖北省天门市人民检察院诉镇政府不依法履行职责行政公益诉讼案主要是向基层人民政府工作人员进行警示：作为乡镇一级人民政府，切不可以为环境保护只是上级政府环保部门的职责。根据法律规定，镇政府负有收集处理农村生活垃圾，保护本行政区域环境质量的法定职责。地方各级人民代表大会和地方各级人民政府组织法、环境保护法、《村庄和集镇规划建设管理条例》都规定了乡镇一级人民政府应当履行农村环境保护监督管理职责。基层人民政府怠于履行职权或者违法作为，导致污染环境，损害社会公共利益的，应当承担相应的法律责任，检察机关可以依法提出检察建议或者提起行政公益诉讼。

问题三 近年来，非法占用农用地案件屡有发生，请问非法占用农用地类案件有哪些特点？第十六批指导性案例对此如何回应？

苗生明：非法占用农用地案是近年来涉农领域常见多发案件。该类案件具有以下发案特征：

一是地域特征明显。城乡接合部、大城市周边等地区，非法占用农用地案件往往多发。如第十六批指导性案例中的刘强非法占用农用地案，就发生在北京郊区延庆地区。

二是行为方式多样。从已发案件形式来看，有的将农用地转为建设用地，如建厂、建房、建设水电站等；有的在农用地上进行矿产资源开发活动，如采矿、挖沙等；有的将耕地转为其他农用地，如开垦林地、挖塘养鱼等；还有的将农用地转为其他非农用途，如进行小产权房、大棚房开发等，刘强案就属于这种情形。

三是农村基层组织或自治组织如农村村民委员会等出于"政绩"冲动或营利动机，往往或明或暗支持这种行为。如刘强案案发地北京市延庆区延庆镇镇村干部，就对刘强非法占用农用地进行非农改造的行为睁只眼闭只眼，最终因该案受到党纪政纪处分。

四是隐蔽性强，办案难度大。该类案件中，行为人往往以合法形式掩盖非法目的，或假借发展设施农业之名大肆占用耕地进行非农改造，或隐藏于幕后，派无关人员充当傀儡。如刘强案中，刘强就让其司机在前台充当形式上的经营者，自己则隐藏于幕后充当指挥者和操控者。

2020年1月1日起施行的土地管理法进一步明确了最严格的耕地保护制度，明确将"基本农田"修改为"永久基本农田"予以保护。非法占用农用地，导致农用地特别是耕地资源锐减，国家粮食安全受到严重威胁，同时，还损害农民利益，损害党和政府公信力，危及社会和谐稳定，必须依法予以严惩。我们发布第十六批涉农检察主题指导性案例，第一个案例就是非法占用农用地的案例，这就是要严正宣示，合理利用土地和切实保护耕地是我国的基本国策，假借发展设施农业之名，擅自或者变相改变农业用途，在耕地甚至基本农田上建设"大棚房""生态园""休闲农庄"等，绝不允许。检察机关会依法重拳出击，严厉打击惩治该类犯罪。

问题四 当前涉农犯罪中，假农药、假种子类案件呈高发多发态势，请问在办理该类案件中有哪些难点问题？指导性案例如何做出回应？

高景峰：近年来，涉假农药、假种子类违法犯罪活动仍然多发，假劣农资坑农害农事件时有发生，涉假农药、假种子类农资犯罪与食品安全等其他犯罪往往相互交织，不仅危害极大，案件办理难度也大为增加。生产销售伪劣农药、种子类犯罪案件，具有以下发案特点：

一是隐蔽性强，审查认定难度较大。该类案件中，如何准确认定一般质量瑕疵与伪劣产品存在疑难，一些被告人往往辩解，对生产销售的伪劣农药、种子不明知，不具有犯罪主观故意；还有的辩称，生产、经营行为符合规范，产品质量存在瑕疵是因受其他因素影响，自身不存在责任。对此，最高人民检察院通过广泛调研，并研究典型案例，通过第十六批指导性案例中的王敏案说明，对生产、销售伪劣种子犯罪故意的认定，可以综合经营资质、包装标识、从业经历等因素予以认定。对没有生产经营资质，未尽到质量注意义务，或者明知是不合格产品，而采用明示标明方式予以销售，造成农业生产遭受重大损失的，应依法以生产、销售伪劣种子罪追究相关人员刑事责任。例如，在王敏案中，被告人王敏作为四川隆平高科宜春地区区域经理，具有对种子质量进行审查的职责，其明知隆平高科不生产"T优705"种子，出于谋利，将"陵两优711"分装并标识为"T优705"进行销售，应当认定为具有以彼种子冒充此种子进行包装、销售的犯罪故意，构成生产、销售伪劣种子罪。

二是假冒伪劣产品与农民损失之间因果关系认定难。生产销售伪劣种子、农药等犯罪是结果犯，办理此类案件需以"使生产遭受较大损失"为前提。科学认定损失是办案关键。第十六批指导性案例通过"南京百分百公司等生产、销售伪劣农药案"指出，对损失的认定，可以运用田间试验的方法确定犯罪行为与造成损失之间的因果关系。具体来说，可在公证部门见证下，依据农业生产专家指导，根据农户对受损作物实际使用的农药种类、剂量等，科学确定试验方法和试验所需样本田块数量，综合认定农药使用与生产损失之间的因果关系。

三是追赃挽损存在困难。伪劣农药、种子类案件中，检察机关不仅要办好案件，而且要在办案的基础上，积极协调相关职能部门，共同推动督促被告人赔偿受害农户损失，最大限度保护农民群众的利益。第十六批指导性案例中的王敏案及南京百分百公司案，都是追赃挽损效果较好的案例。王敏案中，被告人积极赔偿损失,获得了从宽处罚。南京百分百公司案中,检察机关听取农业部门意见,科学计算损害后果,帮助受害农户全部挽回了实际损失,得到农户认可。

问题五 我们注意到,第十六批指导性案例有一个检察机关督促基层镇政府依法履职实现农村垃圾治理的案例。请问,当前在实现乡村人居环境治理中,检察机关发挥了什么作用?

胡卫列:改善农村人居环境是以习近平同志为核心的党中央作出的重大决策,是实施乡村振兴战略的重要内容。加强农村生活垃圾治理,是改善农村人居环境的重中之重,也是推进乡村生态振兴的关键之举,对于促进乡村治理具有积极意义。近年来,检察机关高度重视公益诉讼检察工作,公益诉讼在实现乡村人居环境改善中发挥出独特的作用。

实践中,一些地方政府及职能部门,在农村环境综合整治中违法行使职权或者怠于履行职责,导致环境污染行为发生并损害社会公共利益。但农村环境治理涉及多个行政监管主体,包括规划、环保、国土、城建、农业等多个部门,也包括基层人民政府。如何在个案中确定监管主体是检察机关首先要解决的问题。按照法律法规规定,基层人民政府对本行政区域的环境质量负有监管责任,并在农村环境治理、生活垃圾处置等方面起主导作用。结合镇政府的法定职责,及其在污染治理和生态修复方面具有的统筹优势,如果环境污染行为与其违法行使职权直接相关,检察机关应当督促镇政府依法履职。

整改不仅要看承诺,更要看实际效果。对镇政府针对诉前检察建议作出的整改回复,检察机关应当密切跟进调查。对无正当理由不整改或整改不到位的,依法提起行政公益诉讼。当然,检察机关在办理该类公益诉讼案件中,仍然应当贯彻双赢多赢共赢的监督理念。能够通过检察建议的方式督促相关行政机关履职的,就应当通过诉前检察建议的方式督促履职。对于行政机关收到检察建议后仍不依法全面履职的,检察机关可以依法向人民法院提起行政公益诉讼。

此外,在办理该类案件中,检察机关还应当通过办案,促进建立本地区环境保护长效机制。案件办结后,检察机关应当做好"后半篇文章",结合办案中发现的农村人居环境治理中带有普遍性的问题开展调查,对于本地区具有普遍性的问题,可以以检察建议的形式,积极推进类案问题"一揽子"解决。

三、调研报告

检察机关服务和保障脱贫攻坚战实践探索研究*

杜树生　陈红伍　范思力**

贵州省作为全国脱贫攻坚战的主战场之一，当前已经到了夺取根本性胜利的阶段。为更好响应中央、省委打赢脱贫攻坚战的决策部署，落实最高人民检察院关于为打好"三大攻坚战"提供司法保障的要求，贵州省人民检察院先后出台《关于充分发挥检察职能服务和保障全省打赢脱贫攻坚战的实施意见》《贵州省检察机关充分发挥检察职能服务和保障打赢脱贫攻坚战专项工作实施方案》等工作方案，将检察职能注入农村地区经济社会发展，在全省范围内部署专项工作服务和保障脱贫攻坚战。贵州省检察机关主要从以下几个方面展开工作：

一、对脱贫攻坚领域犯罪案件切实做到打击犯罪与保障人权相统一

（一）精准打击破坏扰乱脱贫攻坚秩序的犯罪

稳定的扶贫工作秩序是保证脱贫攻坚顺利推进的前提，脱贫攻坚投入大、涉及面广，在资源分配、政策引领、产业发展等方面一旦缺乏秩序保障，容易妨碍中央扶贫政策落地兑现。比如，一些地方曾出现争抢扶贫物资、抢栽、抢种、抢建地上附着物及青苗"骗取"安置补偿等乱象。贵州毕节、铜仁、黔西南等地农村，部分村民对脱贫攻坚不够理解，对扶贫干部的工作不够支持，有的甚至为满足私欲、泄私愤，阻挠干扰当地扶贫工作。对这种行为不能简单将其视为"村霸"、宗族恶势力，要结合行为人在当地一贯表现准确判断。比如，贵州省玉屏县某村陈某某等人因对危房鉴定及经济补偿不满，阻挠鉴定人员开展工作，公安人员出警后还对其进行殴打。受理案件后，玉屏县检察院对陈某某等人日常表现、家庭成员情况进行了走访调查，对陈某某等人的行为既不降格处理，也不人为拔高，以妨害公务罪批捕起诉，既打击了妨害脱贫攻坚

---

* 本文系 2019 年度检察应用理论研究课题 "检察机关服务和保障脱贫攻坚战研究" 阶段性成果。

** 作者单位：贵州省人民检察院。

的行为，又及时稳定了当地危房改造的工作秩序。

针对借扶贫之机非法牟利的犯罪，贵州省检察机关结合贵州省开展的"贫困人口漏评错评、贫困人口错退、危房改造不到位、资金使用不规范、扶贫领域腐败和不正之风、驻村帮扶不扎实、政策落实不到位"专项治理工作，积极改进办案方式方法，与各部门建立协作配合机制。如贵州省人民检察院与扶贫主管部门在全国率先出台了加强协作配合的 17 条措施，建立了案件线索快速移送与协作配合处理机制、贫困涉案人员信息筛查核实反馈机制，实现了检察机关 12309 服务平台与 12317 扶贫监督举报平台有效衔接，第一时间受理和依法处理扶贫领域各类问题举报线索。贵州省各级检察机关与纪检监察机关纪检监察机关建立无缝衔接工作机制，实行检察长、副检察长带头办理扶贫领域纪检监察机关移送案件机制，提起公诉扶贫领域职务犯罪案件 38 件 61 人。贵州省各级检察机关与公安机关、纪检监察机关建立农村涉黑涉恶案件提前介入机制，第一时间介入乡村有组织犯罪案件侦查工作、乡村公职人员充当"保护伞"的职务犯罪案件调查工作。2019 年，贵州检察机关提前介入，办理利用宗族家族势力，把持基层政权、霸占集体资源、横行乡里、煽动村民闹事、公然对抗公权力、强揽工程、插手民间纠纷等涉黑涉恶案件 36 件 156 人。

（二）对涉案贫困人员给予矫正机会

对贫困农村地区的犯罪应把握司法尺度，做好后续工作，为脱贫攻坚营造良好氛围。对确属贫困户的涉案人员，要结合其所处社会环境、工作生活经历，合理评价其社会危险性，要结合案发背景和案件事实给予一定自我矫治、自我纠正的机会。贵州省检察机关在办理农村犯罪案件过程中，注重对涉案人员身份筛查对比，发现属于建档立卡贫困户的初犯，综合考量其家庭经济情况、案发事由、认罪悔罪态度、能否积极促成修复社会关系等因素，合理评价行为人的社会危险性。2019 年，全省检察机关对轻微侵财犯罪、因邻里纠纷导致的故意轻伤害等符合认罪认罚条件、能够刑事和解的案件，依法不批准逮捕 437 件 667 人。通过对贵州省涉农醉驾犯罪案件进行调研，发现相当部分涉农醉驾案件在犯罪情节上认定过严，没有结合农村具体环境进行考量，存在机械执法司法现象。部分涉案当事人在刑事司法各环节缺乏宽缓出罪机制，没有给其自我矫正机会，有的当事人甚至因案致贫返贫。发现这一情况后，贵州省检察院会同省法院、省公安厅着手研究制定关于办理醉酒驾驶案件的会议纪要，对贫困人员涉嫌危险驾驶罪的案件，认罪认罚的，尽量给予一定宽缓处理政策空间，防止其因案返贫致贫。

（三）在检察环节积极帮助农民工追索欠薪

在贫困地区，进城务工成为农村贫困人员脱贫致富的重要途径。大量进城务工人员由于法律意识淡薄、维权能力不足,被欠薪情况较严重。2014年,贵州省共为27.58万人追讨欠薪,其中农民工占比约为58%。① 加之工期、工种、支付方式等因素,农民工一旦被欠薪很容易返贫。贵州省作为劳动力输出大省,每年有大量进城务工人员,截至2018年底,贵州省户籍人口城镇化率达47.52%,仍低于全国平均水平(2018年中国常住人口城镇化率为59.58%)。可以预计,随着决胜脱贫攻坚的临近,贵州省进城务工人员还会大量增加。② 涉及恶意拖欠农民工工资的案件相应也有所增加。2017年全省检察机关起诉涉嫌拒不支付农民工劳动报酬案件23件24人,2018年为29件31人,2019年为42件44人。检察机关办理此类案件时不光要关注定罪量刑是否恰当,还要在检察环节做好犯罪嫌疑人工作,说服督促其尽快支付工资,防止被拖欠工资的农民工因案返贫。2019年,全省检察机关通过督促相关部门依法履职、支持起诉等方式,帮助5400名农民工追回被拖欠工资7323.7万元。如贞丰县某村易地扶贫搬迁安置点建设过程中由于施工方与劳务公司发生经济纠纷,导致1100余名农民工工资共600余万元未支付结清,县检察院了解情况后主动会同劳动监察部门、公安机关督促施工方缴纳农民工工资保证金690余万元,现场监督核准发放农民工工资679万余元,对涉嫌拒不支付劳动报酬犯罪的3名人员依法进行处理,切实维护农民工合法权益。

由于建档立卡贫困人口经济条件差,经济收入来源渠道脆弱,一旦遭受犯罪侵害往往容易返贫致贫,贵州检察机关积极延伸职能作用,开展国家司法救助工作。③ 2019年1月至11月,全省检察机关已向537位贫困受害人发放司法救助375.84万元,其中大部分属于农村地区因案致贫家庭。在救助金发放方面,考虑到因案致贫家庭对法律政策了解程度有限,贵州省检察机关切实提升司法人文关怀的"温度",尽量在检察环节完成司法救助金审批程序,能予以垫付的先行发放,发放的救助金尽可能符合被害人家庭实际需求。④ 除加大司法救助金的发放和使用力度外,贵州省检察机关还结合扶贫政策精神做了有益探索。各级检察机关与人社、教育等部门形成救助合力,探索建立了"司

---

① 参见《贵州省2014年人力资源和社会保障事业统计公报》。
② 国务院《国家新型城镇化规划》提出2020年要实现我国常住人口城镇化率达到60%左右。
③ 参见最高人民检察院、国务院扶贫开发领导小组办公室《关于检察机关国家司法救助工作支持脱贫攻坚的实施意见》。
④ 最高人民检察院《关于贯彻实施〈关于建立完善国家司法救助制度的意见(试行)〉的若干意见》要求:"要严格把握救助标准和条件,根据本地区救助标准,兼顾当事人实际情况和本地区同类案件救助数额,综合考虑相关情况,确定救助金具体数额,做到公开公正,公平合理救助,防止因救助不公引发新的矛盾。"

法救助金＋社会保险＋其他救助方式"的工作模式。如贵州省贵定县检察院在办理一起故意伤害致人死亡案件时，了解被害人家属因案致贫，家中小孩读书不便。县检察院除给予金钱救助外，还向教育局反映情况、对接联系，顺利安排被害人小孩到县小学免学杂费就读。

二、为贫困地区经济社会发展提供司法保障

（一）为农村经济组织的合法权益提供司法保护

贵州省因地理环境限制，主要依托农民合作社发展茶叶、蔬菜、食用菌等特色农业。按贵州发展计划，截至 2019 年，全省农民合作社将达到 61000 家。[①] 从全国各地农民合作社 10 余年发展历程看，合作社带有"人合性""互助性""自愿性"，[②] 入社门槛低，从管理人员到社员普遍缺乏商事经验，在市场竞争中容易处于弱势。加之部分农民合作社法律维权意识和能力不足，其合法权益容易遭他人侵害。为让农民合作社更好发挥拉动就业、带领农民致富的作用，维护产业发展秩序，检察机关需要加强对农民合作社等新型经营主体的司法保护。贵州省检察机关结合贵州省"龙头企业＋合作社＋农户"的产业发展模式，与工商联合作搭建平台，召开脱贫攻坚联席会议 44 次，召开"检察长·董事长"座谈会 96 次，发布维护企业合法权益典型案例。各级院检察长带头以案释法，各级检察院定期派遣检察官为扶贫企业、农民专业合作社进行合规经营"体检"，切实保护扶贫企业、农民合作社合法权益。

（二）积极推动乡村扶贫领域矛盾纠纷排查化解

随着脱贫攻坚深入推进，国家政策、资金、项目不断引入贫困地区，当地的物质条件和人际关系也会出现波动变化。扶贫干部与群众之间、贫困户与非贫困户之间、贫困户之间容易因政策理解不到位、执行细节把握不够、个人心理失衡等原因引发社会矛盾纠纷，处理不当还会造成群体性事件，影响当地扶贫工作秩序。反映在扶贫工作中，有的地方贫困户等靠要思想严重；有的人搭国家扶贫政策"便车"，故意隐瞒信息、转移财产，争当贫困户；有的贫困人员以贫穷为由，故意不履行赡养、扶养、抚养义务，与党委政府讨价还价，漫天要价。这些现象不仅败坏扶贫风气、扰乱扶贫工作秩序，还易滋生乡村贫困户之间、贫困户与非贫困户之间的矛盾纠纷。贵州省检察机关在开展定点帮

---

① 参见《贵州省发展农民专业合作社助推脱贫攻坚三年行动方案（2017—2019 年）》（黔府办发〔2017〕50 号）。

② 刘振伟：《准确把握农民专业合作社的本质特征》，载《中国人大》2017 年第 18 期。

扶、驻村帮扶过程中，不仅注重落实国家各项扶贫政策、助推产业项目落地，驻村检察官还主动担任贫困地区公益法律顾问，利用自身法律优势、沟通特长，主持参与调解一些扶贫中的矛盾纠纷。针对当地争当贫困户，对扶贫政策消极不作为，对驻村干部工作不理解、不支持等行为，一些基层检察院积极与地方党委联合，主动邀请律师参与化解涉贫困人口信访案件，通过驻村干部、检察官、律师三方共同参与矛盾纠纷化解，解开当事人心结，让国家扶贫政策、扶贫精神更深入人心。2019年，各级检察机关共邀请律师参与化解涉贫困人口涉法涉诉信访案件58件。全省选派检察干警担任贫困地区公益法律顾问423人，为贫困地区群众及参与扶贫企业提供法律咨询服务、帮助1297次3743人，依法妥善处理征地拆迁、土地权属等纠纷127件869人。

三、延伸监督触角防范化解脱贫攻坚领域重大风险

（一）注重源头治理化解农村金融风险

近年来，贵州省银行业保险业紧紧围绕脱贫攻坚大局，将金融业下沉至农村，切实加大信贷力度，为农户提供量身定做的金融服务和金融产品，为产业扶贫、乡村基础设施建设、贫困户生产生活引来金融活水。据贵州银保监局发布的数据显示，2016年以来，全省贫困地区贷款余额增加3255亿元、增速69.8%；贫困地区保险密度增加近一倍，达到604元/人，保险深度提高了0.4个百分点。金融机构下沉农村力度不断加大，新设立新型农村金融机构（村镇银行、贷款公司、农村资金互助社）167家，[①] 贫困户享受扶贫金融政策更加便捷。但与城市相比，农村金融服务在体系、环境、对象上还存在信用体系建设滞后、金融产品与农村生产生活环境匹配不够、服务对象资金运作效能较低等问题，一些地方甚至有人打着"金融扶贫"旗号实行金融诈骗、非法集资等违法犯罪活动。在脱贫攻坚过程中，贵州省检察机关立足职能，对农村尤其是农村贫困地区的金融活动，坚持底线思维和风险防范意识，把农村金融风险防范化解工作做在前面，会同政府各部门、各金融机构开展好源头治理工作。如贵州省沿河县检察院在办案中发现当地县供销社成立的社员股金服务社在提供三农产业金融服务过程中，没有处理好扩大规模与合规经营的关系，在宣传、揽储、入社等各环节均有不当行为，在短短一年时间内，发展社员6700多户（其中包含大量国家工作人员、城镇居民、城市离退休人员），吸储达3亿余元。沿河县检察院经过认真调查核实，充分听取银行、银保监会等部

---

① 潘一、宋世宗：《贵州农村金融服务研究》，载《中国市场》2018年第33期。

门的意见,向当地县政府发出检察建议,指明存在的问题,推动县政府责令供销社进行逐步整改,有序推股,将当地金融风险顺利化解。

(二)积极参与农村基层党组织建设夯实基层基础工作

通过在农村地区深入开展扫黑除恶专项斗争,一批长期霸占农村公共资源、把持基层政权的黑恶势力被铲除。在打击农村黑恶势力同时,必须认清这些黑恶势力之所以能够滋生壮大的深层原因。2017 年,习近平总书记在深度贫困地区脱贫攻坚座谈会上就专门指出:"要下决心解决软弱涣散基层班子的问题,发挥好村党组织在脱贫攻坚中的战斗堡垒作用。"贵州省在开展扫黑除恶专项斗争过程中,截至 2019 年 4 月,先后确定软弱涣散后进村党组织 1635个,已调整村"两委"干部 650 人,其中"两委"主要负责人 393 人。在这些被调整的"两委"人员中,有的人有违法犯罪前科,有的人采用贿选方式当选。贵州省检察机关在办理案件时,注重将扫黑除恶与加强基层党组织建设相结合,利用掌握的涉黑涉恶案件信息档案,与当地组织部门密切协作,做好村"两委"换届选举背景筛查工作,做到打击一次、清理一片。

四、拓展检察公益诉讼职能守护乡村绿水青山

(一)与各部门形成保护农村饮用水资源安全的合力

贵州省属于喀斯特地貌,石漠化问题居我国首位,连片裸露碳酸盐岩面积为全国最大。在黔南、黔东南、黔西南等地区受上述地质条件影响,生态环境十分脆弱,土地较为贫瘠,经常干旱缺水。[①] 与此同时,黔南、黔东南、黔西南等地区农业生产方式较为落后,乱砍滥伐、强行开垦等现象仍旧存在,使得原本脆弱的生态环境进一步恶化,当地农民陷入深度贫困,形成了"贫穷落后—过度开采、无序开采—资源枯竭—贫穷落后"的恶性循环。贵州省检察机关与当地环保、水务部门建立饮用水水源地联合专项排查机制,对贫困地区饮用水水源地未设立界碑标示、垃圾污染、违法建筑等问题及时启动公益诉讼诉前程序,向乡镇政府发出检察建议,督促其整改。比如,紫云县检察院经调查走访,发现该地饮用水源一、二级保护区——母猪笼饮用水水源地因当地环保局违规审批,允许企业在水源地养殖梅花鹿,造成水源地被严重污染。发现问题后,县检察院积极与环保局、水务局、畜牧局等相关部门沟通协调,形成合力,推动水源地水域治理,督促环保局撤销违规审批的环评文件。

---

① 尤鑫:《贵州南部三州喀斯特典型区域生态治理模式研究》,载《贵州科学》2016 年第 1 期。

（二）探索实行"检察+生态修复+产业扶贫"办案模式

在办理农村贫困地区环境污染公益诉讼案件时，不能将保护生态环境与经济发展对立起来，而是要通过办理案件，引导当地走向一条既要绿水青山又要金山银山，既要生态环境又要农民致富的道路。2019年以来，贵州省检察机关在办理涉及环境污染治理的公益诉讼案件时，与当地环保、林业等部门密切协作，实行"检察+生态修复+产业扶贫"办案模式，积极参与乡村生态环境治理。针对企业个人因修路、开矿、办厂过程中发生的占用农田林地、污染环境等行为，不简单一罚了之、一拆了之，而是从支持地方产业发展、农民脱贫致富的角度，主动会同政府、村"两委"、农民合作社等单位帮助其在贫困地区选择土地，并带领农户种植相关经济作物，养殖畜禽，督促行为人采取补植复绿、义务巡河护林、退耕还草等措施修复生态环境，既实现了生态修复，又带动了贫困地区群众致富。2019年，全省检察机关共提出公益诉讼诉前检察建议1594份。积极与自然资源部门联系，督促责任主体依法修复受损生态，共促成贫困地区开展"补植复绿""矿山修复"10386亩，"增殖放流"21.9万尾，努力实现当地生态改善与脱贫攻坚双促进。

五、检察机关服务和保障脱贫攻坚战的启示与思考

（一）建立符合农村地区办案需求的检察人员招录管理机制

只有擅长群众工作的法律工作者才能有效运用法治思维，以群众接受的方式化解矛盾纠纷，定分止争，服务群众。相较人民法院、公安机关、司法行政机关而言，检察机关在这方面的人才储备还比较欠缺。一是建议招录符合农村需求的人员。比如，基层院招录检察人员时可留出部分名额招录从事支农、支教、支医和扶贫工作的人员，并给予适当加分。上级检察机关遴选检察人员时，可留出部分名额，要求参加遴选人员应具有两年以上驻村工作经历。二是在检察官管理上侧重农村工作经历。比如，基层院初任检察官应以行政村为单位，承担该村政策宣讲、法治宣传、纠纷调处等工作，对在农村群众工作表现突出的检察官，应当在检察官等级择优晋升、业绩考核、提拔任用时作为重要参考。三是在人员交流上有所侧重。基层检察院可探索将检察办案工作和地方本土治理资源相结合，聘任一批工作经历丰富、有意愿参与检察工作的乡村调解员、法律工作者、村干部作为兼职检察辅助人员，协助检察官组成办案组织共同办理当地刑事、行政、民事、公益诉讼案件。

（二）为检察人员丰富农村群众工作阅历搭建平台

当前一些检察人员对农村发展状态、农民群众所思所想并不了解，缺乏办

理农村案件，处理村民矛盾纠纷的工作阅历。各级检察机关应通过司法办案活动深化乡村法治建设、提升乡村德治水平、推动村民自治实践。近年来，检察机关通过开展定点帮扶驻村工作，一批检察人员在农村得到了新的锤炼，在司法办案、为民服务、排查化解矛盾纠纷方面积累了丰富的经验，回到工作岗位后履职更接地气，农村问题切入得更准。这些受人民欢迎、利于干部成长的做法下一步可固化为长效工作机制。比如，建立带案下乡村机制。对案发地在乡村、涉案人员及被害人常住地在乡村的案件，原则上要求承办案件的检察官及其检察辅助人员到乡村开展一次走访调查，形成与案件有关的背景调查报告。

（三）积极探索检察官介入乡村矛盾纠纷调解

过去5年，全国法院受理案件从1420余万件增长到2019年的2800余万件。诉讼案件快速增长使得构建多元化纠纷解决机制日趋紧迫重要。中国不能落入西方国家"诉讼社会"的泥潭，人民群众没有必要承担更多诉讼成本，要从源头减少矛盾纠纷诉讼化、案件化。在乡村，多元化纠纷解决机制主要依靠村委会、司法所、人民法庭、派出所支持、参与调解，检察机关介入的情况并不多，而且大多局限于刑事案件。实际上相比村干部、司法助理、警察、法官，检察官具有的法律素质、司法阅历、调处能力并不弱，只是缺乏主动介入乡村矛盾纠纷的机制。从源头治理角度看，在乡村一些民事纠纷处理不当也有可能转化成刑事案件甚至命案。① 以检察官为主体的检察调解过去曾适用于民事检察工作，浙江等地出台过《关于民事、行政申诉案件调处工作的若干意见》等制度，在申诉环节充当中立的调停者，主持民事检察调解。② 贵州实践表明，检察官主动介入调解乡村矛盾纠纷，也可以做到定分止争、人和事了。一些本可能转化为民事、行政、治安案件的矛盾纠纷，通过检察官耐心细致地做工作，不仅可以成功地在诉讼外化解矛盾纠纷，还可以间接提升检察机关在当地的公信力。当然，检察官介入乡村矛盾纠纷调解类似一种民间调解，本质是为促成当事人自行和解。比如，提出更优的问题解决方案、说服各方共同解决困难，鼓励从短期利益看向长期利益、平息各方怨气等。

（四）探索保障扶贫政策落地的检察公益诉讼工作

行政诉讼法、民事诉讼法等法律对检察机关提起公益诉讼的范围进行了规

---

① 这里的命案主要指故意杀人、故意伤害致死、爆炸、投放危险物质、放火、抢劫、强奸、绑架致人死亡八类案件。

② 傅国云：《民事检察调解——法律监督中的替代性纠纷解决办法》，载《浙江大学学报（人文社会科学版）》2012年第4期。

定，有的地方人大还通过决定的形式授权地方检察机关拓展公益诉讼范围。①无论是法律明确的范围还是地方探索的范围，涉及公益诉讼的最终目的都是进一步贯彻国家政策实施。② 这点在行政公益诉讼中表现得尤为明显。如果行政主体在检察机关提起诉讼后全面履行了职责，可以不再坚持违法性确认的诉请，如此可以更大程度激发被告行政主体的整改积极性，充分履职以达到最有效保护公益的目的。③ 在全国各地开展的各种脱贫攻坚专项治理中，均或多或少包含扶贫政策的落地问题。这些政策有的来源于中央或地方政府部门规章、规范性文件，有的来源于地方性法规，这些政策能否长期发挥作用，是否符合今后法律规定，都需要检察机关持续发挥法律监督职能，切实维护国家法制的统一。贵州省检察机关围绕《农村人居环境整治三年行动方案》要求，对农村生活垃圾治理不到位等现象履行公益诉讼职能，取得了明显成效。在巩固脱贫攻坚成效、防止扶贫政策失灵、维护农村集体利益等方面，检察公益诉讼范围还有探索拓展空间，如在农村安全生产、交通运输、消防安全、扶贫、留守儿童等领域开展行政公益诉讼试点。

（五）提升检察环节乡村刑事案件办理质量和效率

防止因案返贫、因案致贫最好的治本方式就是发挥个案对行为人的教化矫正作用和法治教育作用，从源头降低当地案发率。对发生在本村、由本村人实施的犯罪，检察官要亲自到村寨调查走访，积极寻求周边群众的理解和支持，积极与当地派出所、司法所、村委会联系，了解犯罪嫌疑人更多的背景情况。通过加强对再犯可能性的背景调查，查明行为人在当地的日常表现、邻里关系、行为动机、有无恶习等。比如，实施盗窃行为的，可以调查其有无赌博、吸毒等恶习。实施故意伤害行为的，可以调查其是否经常与村里人发生争执、是否与他人有长期利益纠纷、家族仇怨等，从而更准确地判断犯罪嫌疑人的人身危险性和社会危险性，作出情理法相统一的决定。

---

① 如《湖北省人民代表大会常务委员会关于加强检察公益诉讼工作的决定》规定："……依法在安全生产、文物和文化遗产保护、电信互联网涉及众多公民个人信息保护等领域探索开展公益诉讼工作。"

② 梁鸿飞：《检察公益诉讼：逻辑、意义、缺漏及改良》，载《安徽师范大学学报（人文社会科学版）》2019年第3期。

③ 张雪樵：《检察公益诉讼比较研究》，载《国家检察官学院学报》2019年第1期。

新时代脱贫攻坚背景下开展涉农检察工作研究

李吉鹏[*]

近年来,涉农检察工作对于乡村振兴发展、维护农村改革发展和助力脱贫攻坚具有重要的现实意义。检察机关如何不断加大涉农检察工作力度,落实长期有效的工作机制,切实保障农民的合法权益,促进农村和谐发展,是摆在检察机关面前亟待研究和解决的一项重大课题。

一、开展涉农检察工作的必要性

"三农"问题始终是关系我们党和国家全局的根本性问题,在我国经济发展全局中具有举足轻重的地位,要深刻认识"三农"工作的重要性,真正把涉农检察工作摆在更加突出的位置。2020年2月,中共中央、国务院公开发布《关于抓好"三农"领域重点工作确保如期实现全面小康的意见》,该文件包含坚决打赢脱贫攻坚战、对标全面建成小康社会加快补上农村基础设施和公共服务短板、保障重要农产品有效供给和促进农民持续增收、加强农村基层治理、强化农村补短板保障措施共5个部分,其中加强农村基层治理包括调处化解乡村矛盾纠纷,畅通农民群众表达渠道,及时妥善处理农民群众合理诉求;包括深入推进平安乡村建设,推进反腐败斗争和基层"拍蝇",建立防范和整治"村霸"长效机制……这些都是涉农检察工作在农村乡村振兴、社会主义新农村建设和和谐社会方面有所作为的重大举措。

检察机关作为国家的法律监督机关,要以不断加强和改进涉农检察工作为契机,强化为人民服务的宗旨教育,引导检察人员始终坚持党的群众路线,切实把以人为本、司法为民贯穿于检察实践的全过程。同时检察机关要进一步转变工作作风,强化法律职能,切实把法律服务真正传达到人民群众心里去,减少农村各类犯罪发生频次,使乡村矛盾纠纷得以化解,农民的合法权益得到保障,从而形成人与人之间相互理解、相互尊重、相互帮助的和谐社会。

中央"一号文件"指出,2020年是全面建成小康社会目标实现之年,是

---

[*] 作者单位:辽宁省抚顺市人民检察院。

全面打赢脱贫攻坚战收官之年。有分析人士认为，要完成这两大目标任务还有一些突出的短板必须补上，2020年我国经济下行压力比较大，新冠肺炎疫情和南方洪涝灾害的影响，反映出"三农"工作的特殊重要性，检察机关全方位加大涉农检察工作力度势在必行。

二、乡村矛盾和农村犯罪产生的原因

目前，我国农村帮扶工作正处在攻坚阶段，社会对农村关注程度日益提高，农村各种体制性、社会性问题日渐凸显，矛盾纠纷也日渐增多，归结原因主要有以下几点：一是农村耕地面积和自然资源有限，经济收入主要靠年轻人外出务工，收入来源比较单一。二是部分农民思想观念比较落后，大部分群众小农意识普遍存在。三是相关的惠农政策贯彻力度不够，村"两委"班子成员中存在责任意识淡薄、能力弱化、工作粗化的现象，村"两委"凝聚力和配合度不够，导致了各项工作难以开展，矛盾纠纷进一步突出。四是信息闭塞，信息的畅通与否直接影响到观念的更新。

与此同时，农村犯罪也有其产生的深刻原因。首先，财富分配不均引起了城乡收入差距的拉大、社会资源的配置对农村的经济层面影响等使农村黑恶势力有了滋生的土壤。其次，历史文化客观程度上对农村黑恶势力发展有一定的影响。农村黑恶势力多半出自宗族势力，这种以宗法意识建立起来的农村黑恶势力危害很大。最后，社会治理触角不灵敏在一定程度上放纵了农村黑恶势力犯罪。具体包括：（1）乡镇、村级基层政权权责不对等为农村黑恶势力发展提供了"真空"地带；（2）乡镇、村级基层政权人员素质、治理能力与水平不高为农村黑恶势力发展提供了"可乘之机"；（3）村民法律意识和法律观念淡薄成为农村黑恶势力发展的重要方面。在这些因素的综合影响下，农村黑恶势力不断发展壮大。

三、四大检察协同发力，服务乡村振兴，助力脱贫攻坚的重要举措

（一）严厉打击涉农刑事犯罪，维护农村社会环境安定

依法严厉打击涉农刑事犯罪，坚决惩治"村霸"和宗族恶势力刑事犯罪。注重对涉农案件的发案规律和类型特点作分析和总结，制定快速办理涉农案件的方式方法，确保办案质量。笔者认为，作为检察官，首先，应对涉案罪名进行细致研究，对法条及罪名的解读必须贯穿办案始终。其次，要深入案发地，充分了解当地的实际情况，尽可能贴近农民的日常生活，以便更好地维护他们

的合法权益。最后，面对农村新的治理模式，检察官在面对涉农刑事案件的时候，要牢牢把握基本的法律思维，结合涉农案件的主要特点和成因，采用多维度的视角，运用法律赋予的合法手段，建立起一个立体网格化的应对涉农刑事犯罪风险新体系，严惩农村暴力型、多发型、侵财型犯罪，切实维护当事人的合法权益，为农村的经济发展创造良好的社会治安环境。

（二）加大打击涉农职务犯罪力度，保障农民利益不受侵害

新冠肺炎疫情防控期间，对于党员干部违规转发涉疫情信息、防疫期间不严格执行停止聚集活动要求、不作为以及私自截留国家下拨防疫专用款项等问题，检察机关新成立的职务犯罪检察部门应适时与监察委进行办案衔接，完善刑事诉讼程序。尽管法律没有赋予检察机关对涉农职务犯罪的侦查权，检察机关同样可以适时开展涉农职务犯罪案件专项打击活动，确保各项支农惠农政策的顺利落实。

（三）充分发挥民事行政诉讼监督的作用，维护农民合法权益

一是对涉及农村基层群众、农民工、老人妇女儿童等社会弱势群体的案件，主动加大监督保护力度，积极开展支持起诉、积极助力服务打好脱贫攻坚战。检察机关对于农村百姓群体信访案件，要主动分析研判、主动介入，积极调取证据，第一时间向法院送达支持起诉意见书，检察官出庭支持诉讼，依法履行监督职责，切实维护村民合法权益。二是对法院在诉讼活动中采取的不当措施等可能影响裁判公正的，以提出违法纠正意见或检察建议的形式进行法律监督。三是加强民事执行领域的监督。公正的审判必须以公正的执行作为圆满结局，检察机关必须对审判的执行情况强化监督。同时，要高度重视涉及"三农"问题的民事行政申诉案件，探索开展民事调解案件的监督途径和办法，运用再审检察建议、强化民事行政执行监督职能，保证民事行政判决裁定的公平公正。

（四）强化公益诉讼检察工作，将侵害涉农公共利益的违法行为纳入监督范围

2019年11月至2020年1月，抚顺检察机关坚持"以人民为中心"的司法理念，科学谋划，全面部署，采取领办、交办的形式对全市4个辖区开展了为期近两个月的"守卫保质期"检察公益诉讼专项行动，并在新年伊始以食品安全为重点内容发出2020年第1号公益诉讼案件诉前检察建议。在专项行动中，抚顺检察机关共出动干警30余人次，以农村超市、商店为重点对象，以食品"保质期"为工作重点目标，共计巡查了"两县两区"乡镇12个，随机巡查超市、商店35家，药店28家，巡查里程数700余公里，发现涉农公益

诉讼案件线索59条，切实发挥检察机关维护社会公共利益的职能作用，守护好抚顺百姓的食品药品安全。同时，继续发挥公益诉讼在保护青山绿水方面的突出作用，要深入实地调查涉农生态环境和资源破坏情况，积极发现问题并督促行政机关积极整改落实，在规定时限内验收整改成果，确保农村人居环境水平显著提升。要以农村生活垃圾、畜禽养殖废弃物、农村水环境污染以及农用地保护为监督重点，通过制发诉前检察建议、提起行政公益诉讼，督促行政机关依法履职。

笔者认为，涉农公益诉讼工作应着重做好如下几点：

一是完善线索发现机制，拓宽公益诉讼案源。内外协同联动，对内协调刑检、控申等部门建立线索移送工作机制，对外设立举报电话、举报信箱，接受群众举报。推动现代科技与公益诉讼工作深度融合，充分发挥"两法衔接"查询平台和涉农扶贫资金信息监管平台的行政执法案件信息分析能力优势，智能推送公益诉讼案件线索；加强硬件建设，购置无人机用于环境污染、破坏资源等公益诉讼案件线索挖掘和证据固定。二是建立协作配合机制，形成公益保护合力。主动争取党委政府出台支持检察机关开展公益诉讼工作的意见，协调行政执法机关建立公益诉讼联席会议，形成保护合力。检察机关要与国土、环保、农业、林业、工商、税务等行政执法单位加强密切协作、广泛建立联动机制，监督其权力运作过程中的行政不作为和滥作为，并以走访、查阅合同书、账目等方式，掌握和发现国有资产流失情况。三是建立一体化办案机制，优化办案资源配置。建立公益诉讼片区分包制度，抚顺市检察院明确联络检察官，深入一线进行线索摸排，定期召开片区会议，组建公益诉讼办案小组，统筹全市公益诉讼工作并进行指导、督办。四是加强公益诉讼宣传，营造全民保护公益氛围。制作并向群众发放宣传手册，详细介绍执行监督和公益诉讼的受案范围、受理程序、办案流程和典型案例，提升群众对公益诉讼工作的认知度和参与度。充分发挥"两微一端"新媒体平台传播快、影响大的优势，宣传政治效果、法律效果和社会效果俱佳的典型案例，营造全民保护公益氛围。

（五）全面开展农村社会治安综合治理工作，营造和谐的法治环境

中央2020年"一号文件"指出，要加强农村基层治理，调处化解乡村矛盾纠纷，畅通农民群众表达渠道，及时妥善处理农民群众合理诉求，这些体现了党中央对农村综合治理的重大举措。要研究探索检察机关参与社会治安综合治理的途径和方法，积极开展工作，认真落实相关措施。进一步健全批捕、起诉环节相关的工作机制，与有关单位和部门共同推动农村社会治安防控体系的建立和完善，努力营造安定的农业生产发展环境。认真做好涉农信访工作，积极化解农村矛盾纠纷。充分发挥控申部门的窗口作用，对外树立检察机关的良

好形象。要充分体谅农民群众反映的告状难、申诉难问题，切实增强服务意识，改进工作作风，提高工作效率，争取把问题解决在基层，防止矛盾激化或演变为刑事犯罪，坚决杜绝涉农、涉检信访问题。

（六）设立乡镇检察室，延伸涉农检察触角

近年来，农村基层组织在经济、社会管理等方面暴露出不足，引发社会矛盾日益复杂，若处置不力易激化矛盾，影响农村稳定。设立乡镇检察室，首先，可以充分发挥基层一线的地缘优势，直接依法开展法律监督，化解矛盾纠纷。其次，从促进基层民主法治建设来看，目前乡镇已经普遍设立了法庭、公安派出所、司法所等司法机构，工商、税务等行政派出机构也基本健全，但欠缺同级检察监督，难以做到权力制衡，乡镇检察室可以充分延伸检察机关的法律监督职能，与司法权、行政权共同构成权力制衡体系，保障党委、政府决策部署在基层得到正确贯彻落实，推动基层民主法治进程。最后，基层群众民主法治意识大大增强，对基层组织依法行政、依法管理的要求日益强烈，对加强法律监督、维护公平正义的期待十分迫切，乡镇检察室的设立，架起了检察机关联系广大农村和基层群众的重要桥梁，有利于为群众提供更加及时便捷的司法服务，进而满足基层群众日益增长的司法需求。

四、强化责任意识，开展驻村帮扶，集中力量打赢脱贫攻坚战

一是强化法律监督，切实做好涉农检察工作，全面梳理扶贫项目、扶贫资金来源和去向，找准切入点，加强对扶贫政策资金"最后一公里"的法律监督，确保党的惠农政策落实到位。二是积极部署开展农村扶贫领域集中整治活动，深入分析资金投入规模大的领域和项目，以强有力的措施推进案件查办力度，回应农民群众反腐新期待。三是积极发挥驻乡检察室主阵地作用，建立健全专项扶贫资金预防监督机制，保障资金在阳光下运行，推动农村社会治理和法治建设，提高农村基层组织民主管理水平，维护广大农民群众的切身利益，防止和减少涉农职务犯罪发生。四是抓好产业扶贫。驻村工作队在帮扶的力度、精度上下功夫，坚持因人因地施策，做到对症下药，真正做到一户一策，确保按期实现脱贫目标。五是结合司法实践，为村民调解纠纷，修订完善解机制，有效化解矛盾纠纷。

综上，在当前脱贫攻坚大背景下，检察机关要将涉农检察作为首要的专项监督检察工作常抓不懈，积极发挥四大检察的监督职能，在涉农惠农领域作出突出贡献，维护广大农民群众的切身利益。

当前非法占用农用地犯罪问题研究

陈玲玲　王玲玲*

一、当前非法占用农用地犯罪情况及作案手段

近年来，南安市检察院共批捕非法占用农用地犯罪2件3人，受理非法占用农用地案件21件32人，起诉11件18人。其中，用于建厂修房的9件12人，采沙的1件1人，毁林发展作物和养殖的1件5人，被非法占用的耕地、林地达178.5余亩。通过案例分析，该类案件主要作案手段如下：

一是"直接侵占"。用地人不管不顾，未经有关主管部门审批，认为占用农用地被抓住无非就是罚点款，便直接占用农用地进行非农建设，谋取不正当利益。起诉的案件中"直接侵占"作案手段占作案手段70%以上（8件）。如林某甲非法占用农用地案，犯罪嫌疑人在未办理征占用林地手续的情况下擅自雇用陈某某到溪美办事处宣化村"洞田埔"山场进行平整，随后在整平的场地上雇用林某乙进行宿舍楼、厂房基础建设。经聘请司法鉴定中介机构现场鉴定，鉴定意见为被占用林地面积28.035亩，原有植被或林业种植条件已受严重毁坏。

二是"以租代征"。用地人和土地使用权人主观认识欠缺，用地人与土地使用权人签订土地使用权租赁合同，就认为对土地的使用是得到了许可，在变更土地用途时不知道到土地主管部门办理审批手续，就算知道也不会按照正规程序办理审批手续，导致非法占用土地，而土地使用权人认为土地是自己的，只要付了租金，就可以使用。如吕某某非法占用农用地案，犯罪嫌疑人从2012年开始向水头镇朴山村村民洋某某租用约16亩土地，每亩每年租金5000元，共租用10年，一次性支付租金80万元，未经审批在租用土地上进行土地平整、厂房投建，改变土地用途。经鉴定，该宗地总面积为15.02亩，地上已建成简易钢结构厂房一栋，水池两个，其余为水泥地和空地，地上的厂房、水池、水泥地面均已水泥硬化，且空地上存放大量石材并已被压实。经核对

---

* 作者单位：福建省南安市人民检察院。

2013年度土地利用现状图，该宗地涉及占用耕地面积12.42亩，其中基本农田面积10.19亩。该宗地所占用的耕地已达到严重破坏程度。

三是"边用边批"。租用农民土地作他用的用地人认为土地审批手续繁琐，影响施工进度，一边施工一边办手续不算违法。因而，未经土地主管部门审批，擅自改变农用地用途进行非农建设，谋取不正当利益。

四是"少批多占"。用地人申请占用少量农用地并获得审批，但实际却超标占地用于非农建设。

二、当前办理非法占用农用地案件存在的问题

一是保护对象不够全面。根据土地管理法中对于土地的定义，农用地应该包括耕地、林地、草原、养殖水面等几种类型，这种定义其实是一种狭义的农用地定义，缩小了其本质含义。自然资源部对于农用地的划分，分为五大类型，包括耕地、林地、园地、牧草地和其他农用地，同时这五大类型被具体划分为27个小类别。目前我国对于耕地、林地包括草原在内都颁布了相应的司法解释以配合非法占用农用地罪来保护这几种农用地资源，但是对于园地却没有给出明确的定罪量刑的标准，导致在具体实践中破坏园地是否属于刑事追诉的范围争议较大，对于园地的保护力度非常小，即使出现破坏园地的案件，一般也属于双方当事人间的民事案件，不会进行刑事处罚，也不会进行行政处罚。

二是行为规制的有限性。《刑法》第342条规定："违反土地管理法规，非法占用耕地、林地等农用地，改变被占用土地用途，数量较大，造成耕地、林地等农用地大量毁坏的，处五年以下有期徒刑或者拘役，并处或者单处罚金。"成立非法占用农用地罪的前提条件必须是违反了土地管理法的相关规定。农用地虽然属于土地资源，但同时也属于一种生态环境资源，行为人实施毁坏土地的行为往往伴随着对环境的破坏。排放化学废物、大量使用化肥农药等行为都会导致土地的贫瘠、荒漠化、盐碱化、水土流失等问题，这些问题既属于破坏土地资源的范畴，同时也属于破坏环境的一种行为。因此，如果单纯以违反土地管理法中的相关条文来界定，其实是对本罪所要保护的犯罪和制止的行为进行了限制，把多种破坏环境导致的毁坏农用地的行为排除在处罚之外，不利于对农用地的保护。

三是二次破坏追责难。不同行为人在同一地点先后实施非法占用林地行为，前后行为人，甚至是前后有多名行为人均有在同一地块进行不同程度的破坏，比如，前行为人已对该林地进行取土、采矿、林地开垦为荒田等，后行为人又在该地继续破坏（如平整、建设厂房、土地水泥硬化等），对于后行为人

无法认定其行为造成损害结果，前行为人又无法认定其具体损害范围和损害程度。该类问题主要有两种情况：一是后行为人继续扩大毁坏林地面积，是否需要扣除原先受损林木面积，而原先受损面积以及损害程度如何确定缺乏客观证据。二是后行为人没有扩大毁坏林地面积，但对土地水泥硬化或建设建筑物，是否认定其达到构罪要求存在争议。如吴某某涉嫌非法占用农用地一案中，经审查证实涉案地块在被犯罪嫌疑人平整、建设之前已被严重破坏，但破坏的具体数量无法证明。因为介入了前行为人的破坏行为，现有证据无法证明是前行为导致的结果发生，还是后行为导致的结果发生，无法认定犯罪嫌疑人吴某某事实上毁坏的基本农田面积和毁坏程度。

四是"一事不再罚"原则适用存在争议。同一行为人非法占用农用地（林地）后被依法行政处罚，之后又继续扩大占用。一种意见认为可以累计，理由是虽已行政处罚，但行为人未执行行政处罚决定或未按照行政处罚的规定恢复原状而是仍继续占用，应当认为是未经处理。2016年3月，福建省高级人民法院、省人民检察院、省公安厅、省林业厅《关于办理非法占用农用地（林地）案件司法问题的指导意见（征求意见稿）》中规定："同一违法行为人在三年内多次实施非法占用并毁坏林地行为，但每次非法占用面积数量较少，被行政处罚后，限期恢复原状没有履行，也未申请补办使用林地手续，被非法占用林地仍继续使用，并且在原来使用林地基础上继续（多次）扩大面积，累计非法占用林地面积达到刑事案件追诉标准的，以非法占用农用地罪定罪处罚。"另一种意见认为不能累计，因为行政处罚已经作出，就视为对该违法行为进行了"处理"，至于行为人没有执行行政处罚决定，行政执法部门应当申请强制执行充分履行其职责促使土地恢复原状，不能将被处罚者没有恢复土地原状视为未"处理"，除非有证据证明该行政处罚是违法的必须撤销的情形，如以罚代刑，否则按照"一事不再罚"的原则，就不能累加计算。比如，李某甲涉嫌非法占用农用地一案中，犯罪嫌疑人李某甲擅自在租用和借用的土地上进行平整、建造钢结构厂房、办公楼、停车场、水泥硬化堆场、简易房等，造成林地大量毁坏。经鉴定：占用的林地面积10.2825亩，其他非林地面积3.6225亩。经查，在犯罪嫌疑人李某甲平整土地和建设厂房期间，南安市林业局因犯罪嫌疑人李某甲和其弟弟李某乙各自在上述部分地块上平整土地，对该二人分别作出行政处罚，其中，李某甲非法占用林地4亩，罚款26680元，责令其一个月内恢复原状，李某乙非法占用林地3亩，罚款20010元，责令其一个月内恢复原状。南安市国土资源局责令其退还非法占用的20.56亩土地（含后期扩大占用部分）、没收非法建筑物、罚款274106元。

五是部门职能交叉导致鉴定结果不一。在非法占用农用地案件中，占用的农用地经常包含耕地和林地，就会出现一个案件既有自然资源部门出具的鉴定意见，又有林业部门出具的鉴定意见，但由于自然资源部门和林业部门测量鉴定时，所依据的数据不同，会导致同一个地块出现两种截然不同的鉴定意见，造成了办案人员对两份不同的鉴定意见难以取舍的问题。如吴某某涉嫌非法占用农用地一案中，因其涉及林地和耕地。林地鉴定机构是参照林业部门提供图斑进行鉴定，而耕地是根据自然资源部门提供的图斑进行鉴定，两个部门的图斑存在偏差，导致鉴定意见出现不一致的情形。经林业司法鉴定中心鉴定：涉案的地块49.2亩中，林地面积为10.5亩，非林地面积为38.7亩，但当自然资源部门对该38.7亩非林地进行鉴定时，多出了9.0345亩的林地。

六是生态林地属性明知推定难。根据《森林法实施条例》第3条第2款规定："地方重点的防护林和特种用途林的确定，由省、自治区、直辖市林业主管部门提出意见，报同级人民政府批准公布。"在南安市辖区内，生态林地均未经过南安市政府批准公布。因无证据证明犯罪嫌疑人主观上具有明知所占用的林地为"生态林地"而非法占用，只能依照一般林地的追诉标准进行追诉，但因为未达追诉标准而无法定罪。

三、办理非法占用农用地案件的改进方案

一是加大农用地法律政策宣传，着力普及土地管理政策法规常识。以案释法，增强基层政府和人民群众保护农用地的自觉性。自然资源部门、公安机关和检察机关加强协作，选取典型案例，利用电视、广播、报刊、网络、设宣传牌、现场宣讲等宣传方式，向广大群众尤其是乡镇干部、村干部、村民释法、明法，打破其"法不责众"的心理。对于违法转租村民，在对其法治宣传同时，应另行加强法治教育，对于达到立案标准的，应当追究其刑事责任。

二是明晰土地性质，确定土地权属，为农村土地规范流转提供制度保障。自然资源部门应尽快完成土地承包经营权、农村集体土地所有权和建设用地使用权确权登记颁证工作，以明晰土地性质和土地权属，确保在流转过程中，合同各方对流转土地性质和用途有明确认识。流转过程有据可查，不仅有利于司法机关查办案件，也能够促使合同各方尽谨慎交易，在法律法规允许的范围内开展活动。自然资源部门继续推进土地登记资料公开查询工作，规范查询程序。除提供纸质查询外，有条件的地方实行信息化查询、异地查询。将农村土地登记资料公开工作落实到乡、镇、村，供本村村民及外村人查阅。

三是及时有效执法，将违法活动制止在萌芽状态。林业部门与自然资源部门要厘清责任，严格土地使用审批程序，对农用地转变用途的审批程序要进行实质性审查，同时，提高行政审批效率，避免因审批程序繁琐和周期冗长导致

非法占用农用地情况发生。针对侵犯土地类犯罪的特点，基层政府应建立以日为期限的执法时限制度和定期复查制度，定期巡查，定期复查，一经发现违法占地行为，立即上报自然资源部门，行为人在规定工作日不予拆除整改的，应立即申请国土资源部门介入调查，必要时申请法院强制执行拆除程序。基层政府开展多管齐下的执法监督方式，如下发违法通知书、停建通知书，可以同时抄送村委会干部、施工方。

四是加强行政执法与刑事司法衔接，加大司法打击力度。行政执法机关在发现有非法占地行为时，行为较轻的，依法给予行政处罚；行为严重导致危害结果的，违反刑法规定的，要移送司法机关，给予刑事处罚。加大对非法占地案件的宣传，从而遏制犯罪的发生。建议公安与自然资源部门应建立行刑衔接工作机制，建立健全联席会议、案件咨询等制度，及时会商复杂、疑难案件，研究解决衔接工作中的问题。完善立案协助、调查取证、协助执行及应急联动工作机制，形成打击合力，增强打击效果。在保密的前提下，可共享土地违法信息，达到刑事立案标准的，一律予以刑事立案，杜绝部分案件通过"以罚代刑"仅获得行政处理，从而遏制行为人"罚款了事"的侥幸心理。监察部门加大行政监察和问责力度，对因履职不力导致本区域类案频发的，严肃追究当地政府负责人和监管部门的责任。司法机关精准把握、正确理解土地犯罪构成要件，克服可参照类案少、行政政策陌生、法律规定笼统的困难，准确认定犯罪事实和定罪量刑。

历史遗留、基层乱象与证据收集瑕疵等冲突下的非法占用农用地犯罪问题调查报告

——以科尔沁左翼后旗人民检察院审查起诉案件为例

李秀梅*

内蒙古的绿色发展和可持续发展,对于保护祖国北疆乃至全国的生态屏障方面的重要性不言而喻。然而,在过去一段时间内,个别地方,个别人为短期的经济利益恣意破坏草原、林地植被,非法占用农用地犯罪呈逐年上升趋势,影响当地生态文明建设进程,应当引起相关立法、司法、执法等部门的重视。

一、非法占用草原和林地犯罪的总体态势

以科尔沁左翼后旗为例,作为内蒙古的比较典型的半农半牧旗,蒙古族人口占总人口的74%,亦农亦牧的占绝大多数。全旗草原面积1050万亩,林地面积547.4万亩,耕地面积285.99万亩。草原生态环境极其脆弱,林木生长周期缓慢,有沙化、泛耕地化趋势,恢复成本高昂,非法占用付出的代价巨大。

2017年至2019年科尔沁左翼后旗人民检察院共受理非法占用农用地案件数、人数分别为6件6人,12件12人,77件82人,占当年所受理案件、人数比分别为1.45%、0.98%;2.49%、1.85%;12.09%、9.01%,案件件数和人数逐年上升。从所占用农用地类型看,非法占用草原案件14件,非法占用林地案件76件,其余为非法占用耕地案件。从处理结果看,2017年至2019年已生效判决和已作出的法院一审判决中,单处罚金的3人,判处缓刑的20人,判处拘役的47人,判处6个月以上不满3年有期徒刑的23人,3年以上有期徒刑的1人;共不起诉7人。从被告人的文化层次和职业特点来看,94.6%均为农民,初中和小学文化居多,少数为半文盲。从犯罪主体看,6.32%为单位犯罪,其余均为自然人犯罪。从作案方式看,被告人本人占用草

---

* 作者单位:内蒙古自治区通辽市科尔沁左翼后旗人民检察院。

牧场、天然牧草地，及有林权证的林地耕种农作物的占 40.2%；在林业部门或村委会已明确告知，或有证据证明明知为草原、公益林或防护林的土地上耕种农作物的占 39.3%；委托他人或转包给他人耕种农作物的占 9.1%；将林地或草原用于建房、堆放建筑用材、废弃物等的占 5.7%；通过旅游开发、建设开发等其他方式非法占用的达 5.7%。

上述案件发案和数据信息背后，有气候变化的影响，有经济发展和人为破坏的原因，有历史遗留和农牧民素质的问题，有森林公安机关、食药环执法部门进一步加大了林地、草原等农用地被非法占用引发的犯罪的查处力度等因素。在案件的审查办理过程中，一些长期存在的突出问题逐渐显现出来，亟待解决。

二、引发此类犯罪的根源性问题

（一）个别地方政府片面追求经济开发，默许开发商未批先建，造成危害结果

在"项目先上马、其他等一等"理念的指引下，个别政府急于追求政绩，致使个别开发项目从一开始就是违建项目。比如，关某某非法占用农用地案。市旗两级规划在涉案地开发旅游项目，关某某的公司作为政府招商引资企业引入建设自驾游露营地项目。为按照市旗两级的要求快速推进项目，政府与关某某的公司签订开发协议，并承诺办理用地审批手续，组织征占部分耕地、林地和草场，并向被占地村民发放补偿款。前期准备工作结束，关某某按协议要求开始相关建设，直至关某某被侦查机关立案，用地审批手续迟迟未办理，而关某某的公司已实际严重毁坏大片防护林地、用材林地。

（二）个别村基层组织协调处理不当，人为制造矛盾纠纷

部分村集体包括集体组织成员滥用职权，随意向村民作出承诺，有的明显违背国家法律法规，对危害结果的发生负有不可推卸的责任。比如，刘某某非法占用农用地案。因刘某某所在村的一类地较少，村集体为了减少矛盾，口头向村民承诺承包荒山的，三亩顶一亩分地。在林业部门颁发林权证范围内，允许村民在林地内大面积种植农作物，经过改造，土地达到了一类地的标准。而近两年国家严管时又向村民变更承诺，二亩顶一亩，具有极大的随意性。在村民因此而涉嫌犯罪时，村集体组织成员纷纷出具证言证明确有此事，村民也以村委会或村干部允诺等为由辩解，制造了新的矛盾冲突。

（三）个别村集体组织成员徇私情，在案件查办中起负面作用

在村民因非法占用农用地而触犯刑法时，个别村委会成员有时会顾及乡情，出具不符合实际的证明，试图为村民开脱罪责。有的因此而带领村民上访，试图干扰司法。有的村集体组织成员以村民都这样做的，村里一贯这样做为由，企图蒙混过关。有的将村集体所有的林地、草原经营权转让给村外人或其他个人，收取承包费后，却疏于监督和管理，甚至在承包方已经改变林地使用性质后，不闻不问。如王某某非法占用农用地案，村集体口头将草场分给各户，允许村民种植饲草料，村民普遍破坏草场耕种农作物时，村集体成员默许。在部分村民被立案后，经不住村民的软磨硬泡，个别村集体成员带领村民到司法机关求情，而不是防患于未然或想方设法解决问题。

（四）同一地块不同地类，或交叉混乱，致使证据间相互冲突

由于长期以来，我国的林业、草原、国土等行政执法部门各自为政，没有实现信息共享，加上有的工作人员工作不负责草率发证，没有实地核查；有的当事人隐瞒事实，故意向不同部门申请颁证；有的村集体满足耕种条件的耕地较少，抱有侥幸心理，将颁有林权证的林地中大面积空地申报成耕地。这就导致实践中出现同一地块有两个或两个以上执法部门颁发的证件，同一地块林业部门认定为林地，草原部门认定为草场，还有的在林地内分布耕地，一半林地一半草场等混乱的状况。给侦查机关取证，检察机关、审判机关审查和认定证据带来了不小的困扰。

（五）个别侦查人员同村同案不同办，有选择性执法之嫌

实践中，由于侦查人员不可能对所有地块地类都了然于心，有的仅根据举报获得线索，有举报的则予以立案，无举报的则不闻不问，极易让法律的公平公正受到质疑，影响法律在群众中的权威。如格某某非法占用农用地一案中，侦查人员讯问格某某时，格某某称，村里许多人都开垦草原耕种农作物，并非仅有他自己。而侦查人员并未根据这一线索查清其他事实，仅仅将被举报的格某某立案侦查。之后格某某受到刑罚处罚不敢耕种，而其他村民仍在开垦的草原内耕种农作物。这样的案件，被处理的当事人感到不公平，没有从心底里悔罪、认罪，更多地认为是自己倒霉而已，进而影响执法办案的法律效果和社会效果。

（六）个别侦查人员客观归罪，不注重收集主观故意方面证据

非法占用农用地罪主观方面表现为故意，即明知或应知为林地、草原、耕地而故意改变用途，数量较大。在没有确实的证据证明的情况下，涉案人员一般都否认明知或应知。而部分侦查人员认定有行为即为犯罪，有结果即为犯罪，忽视证据链条的完整性、相关性及法定性，忽视收集主观方面证据，容易出现错案，或重大瑕疵案件。例如，宝某某非法占用农用地案，因同村村民吉

某某欠宝某某钱款而将其耕地承包给宝某某耕种，以抵销对其所负债务。该地早年由嘎查和镇政府分给吉某某作为口粮地，且宝某某知晓该地为吉某某的耕地，已耕种多年，便开始耕种农作物。后经 GPS 测量，发现该地为国家重点公益林，林地已严重毁坏，便将宝某某立案，移送起诉。检察机关最终对宝某某作出不起诉决定。

（七）对犯罪处刑后，不少涉案地块荒芜，后续植被恢复工作停滞

破坏环境资源类犯罪具有特殊性，除应对被告人进行刑事处罚外，应关注如何修复被损害的生态环境，更应关注未来损害的预防。目前，只有很少一部分案件在被告人受到刑事处罚后，警示作用较为明显，包括被告人在内的一些群众将占用的土地退出，或者主动将所耕种的农作物翻毁。据了解，不少土地在退出后存在"撂荒"的现象，容易造成水土流失、土壤沙化等不利影响。因此，退出的土地应如何利用是摆在当前的大问题：是否应当由被判刑的犯罪分子造林、种草，哪类土地由犯罪分子恢复，哪类由村集体组织及其他单位恢复，恢复植被的资金从哪里来，由哪个部门负责监督管理等。

三、解决问题的建议

（一）切实转变并持续树立地方政府的"绿色"政绩观

"绿水青山就是金山银山。"在内蒙古这样生态环境较为脆弱的地区，各级政府要立足大局谋划，做生态文明的倡导者、践行者、维护者、带头者，在经济建设中坚持生态优先、绿色发展，努力将生态效益、经济效益和社会效益完美结合起来。将生态文明建设纳入制度化、法治化轨道，从机制制度上不断保障完善，在目标考核中增加环境质量、绿植恢复等方面的内容，对于在生态建设中具有突出贡献的应给予表彰奖励。同时，对于领导干部在履行生态环境保护职责中不作为、慢作为、乱作为、假作为的问题依法查处，运用好奖励与追责两种手段。

（二）着力提升村集体组织、村集体组织成员以及广大群众的绿色意识、法治意识

办案过程中发现，不少村民犯罪的原因是注重短期经济利益，文化教育程度普遍不高，法治意识不强。因此，要深入持续开展宣传，组织护林员、村集体成员以及志愿者等有针对性地进行宣讲，形成一定规模，引导广大村民树立保护生态平衡的意识，树立非法占地受罚的法律意识。要依靠群众，发挥村集体组织的核心作用，履行第一责任人职责，把林地、草原、耕地保护作为村集体组织及组织成员的重要职责，签订责任状，调动积极性，在村集体的带动和

广大村民的积极参与下,恢复植被,绿化荒山,进而为日后的产业发展奠定基础。

(三)深入全面地进行耕地、林地和草原的集中调查清理

目前,我国已组建成立了自然资源部,这有利于从根本上解决自然资源所有者不到位、空间规划重叠等问题,有利于实现整体保护、系统修复、综合治理。在此基础上,建议由自然资源部门牵头,结合农村土地确权等工作,集中进行耕地、林地、草原等的摸底,对于在摸底中发现的违规违法使用、占用问题迅速处理,涉嫌犯罪的依法移送司法机关。对于历史遗留的确权不一致、地类认定混乱等问题予以明确并作出更正,向社会公布,统一确权标准,理顺相关权属。

(四)划定和公开林地、草原界限,严厉打击和严加防范犯罪

由于历史原因,可能存在现实中为荒地、耕地,而经实地GPS测量为防护林、草原等的情况,有的地类村委会、林业部门在未测量、未明确的情况下难以作出判断。对此,各部门要协同,在前期进行集中调查的基础上,建立数据库或台账,绘制地形图,加大督察力度,基层林业工作部门、村集体组织、护林员等通过进村入户、集中公示等进行宣传,明确告知哪块地为公益林、哪块地为用材林、哪里是草原。在告知界限的前提下,再犯罪的予以严厉惩处。并在现有查办案件的基础上,开展一次拉网式排查,彻底将可能存在的非法占用农用地犯罪案件清零,持续对更新造林地进行跟踪监管,发现问题及时处理。

(五)引导侦查取证,帮助侦查人员明确此类犯罪的证据标准

针对侦查工作存在的薄弱环节和漏洞提出有针对性的解决方案和措施,明确非法占用农用地罪证据收集中存在的常见问题,通过联席会议、共同制发证据参考标准、出台会议纪要等方式,帮助侦查人员建立起较为严密的证据体系,树立"以审判为中心"的侦查意识和理念。由于非法占用农用地犯罪主要涉及耕地、林地、草原三大类,性质不同,立案追诉标准不同,必要时引导侦查机关编发人手一本的办案册子,针对一类案件常见的证据列表归纳,便于更好地指控犯罪。

(六)及时立法,协同联动,注重对此类犯罪的后续跟踪

目前,对一些重大的因非法占用农用地犯罪引起的环境资源破坏案件,已由公益诉讼部门提起公益诉讼。但在一些地区能提起公益诉讼的案件为数不多,其他案件结案后的工作处于无人问津的状态,远远达不到生态绿化要求。应当由有关部门专门立法,对此类犯罪被毁坏的农用地恢复作出专门规定,具

体到由何人恢复、多久之内恢复，哪部门负责监督恢复等，要符合实际，具有可操作性。只有严厉打击犯罪与加大此类案件的后续跟踪双管齐下，尽快修复被破坏的生态，才符合当前办理环境资源刑事案件的新要求，符合生态文明建设的要求。

检察机关预防和打击涉农领域黑恶势力犯罪的认识与思考

黄桂林[**]

扫黑除恶治乱是一个长期而又艰巨的任务,而涉农领域黑恶乱又是扫黑除恶工作的重点领域之一。以攀附基层政权组织村委会、村小组、村干部的黑恶势力犯罪,因其顽固性、隐蔽性的特点,成为阻碍农村经济发展、危害百姓生活和社会进步的"毒瘤"。从国务院《关于开展扫黑除恶专项斗争的通知》到最高人民检察院"扫黑除恶"的工作要求,从"打黑除恶"到"扫黑除恶"的一字变化凸显出了党中央、国务院和检察机关对扫黑除恶工作的决心和信心。2020年既是扫黑除恶工作的收官之年,也是全面建成小康社会的目标实现之年,同时关于确保农村同步全面建成小康社会的中央一号文件也正式下发。本文从打击涉农领域黑恶势力犯罪的困难和问题、涉农领域黑恶势力犯罪的特点、打击涉农领域黑恶势力犯罪的几点思考三个方面展开阐述,试图探索出预防和打击涉农领域黑恶势力犯罪的有效途径,为确保农村同步全面建成小康社会贡献法治力量。

一、打击涉农领域黑恶势力犯罪存在的问题及难点

(一)涉农领域黑恶势力犯罪较顽固

现阶段我国涉农领域黑恶势力犯罪的主要表现形态为:单纯恶势力型、宗族恶势力型、群体性暴力抗法型、经济依附型。伴随着经济社会的不断发展、涉农领域黑恶势力犯罪具有黑社会性质组织犯罪的某些属性,呈现为犯罪集团的进化形式。相比其他领域的黑恶势力犯罪,涉农领域黑恶势力犯罪更为顽固,治理难度更大。其顽固性具体表现在以下几个方面:(1)主体权威,此领域黑恶势力犯罪往往借助当地政府力量,给受害方造成无形震慑;(2)作案区域本土化,借助家族势力、依仗人多,农村黑恶势力往往在故土一方称霸作恶,骚扰百姓;(3)犯罪类型多样化,农村黑恶势力往往涉足多个罪名,如伤害、杀人、盗窃、抢劫等;(4)作案频率高,涉农领域黑恶势力长期盘

---

[*] 作者单位:湖北省仙桃市人民检察院。

踞一方，其犯罪频率之高是其他一般普通刑事犯罪所不可比的。

（二）调查取证困难

涉农领域黑恶势力犯罪的组织在犯罪中所起的作用和社会危害性更大，但其往往不会直接参与具体的犯罪活动，导致在司法实践当中，对其行为和在犯罪中所起的作用难以举证，罚不当罪。同时，随着农村黑恶势力的不断壮大，复杂的犯罪事实需要大量的调查取证，这在一定程度上加大了调查取证的难度。此外，有些证人怕打击报复，造成群众不愿举证，对涉农领域黑恶势力犯罪证据不如实提供。①

（三）打击效果不佳

涉农领域黑恶势力一直是政府职能部门及司法机关有力打击的主要对象，然而，从打黑除恶到扫黑除恶，各级政法委、公安机关、检察机关在工作部署中均未明确统一的职能部门、牵头部门。司法实践中也是各自为战、未形成打击合力。另外，由于受不同的上级机关领导，各单位各自为战，未形成跨地区、跨行业扫黑除恶联动机制，打击不准、力度不够。

二、涉农领域黑恶势力犯罪的特点

一是犯罪呈现较强的地域性、隐蔽性②。黑恶势力以乡镇、村为单位而聚集成团，往往依托合法组织、"公司"形式等披着合法外衣使其行为更具有隐蔽性，另外一些黑恶势力"漂白"使其组织合法化，这在一定程度上对公安机关的侦查取证造成了一定的难度。此外，黑恶势力为规避打击，其暴力方式也从硬暴力改为了"软暴力"或非暴力手段——能吓则不骂、能骂则不打、能打则不伤。如笔者所在单位2019年12月办理的童某等组织领导参加黑社会性质组织罪、强迫交易罪、寻衅滋事罪等一案，涉案人员75人（其中涉黑人员24人）、涉案金额4000多万元，该涉黑组织即以合法的公司形式掩盖其强迫交易、非法获取经济利益的目的。

二是犯罪人员行径猖獗更为明显。涉农领域黑恶势力犯罪往往伴随着职务犯罪的同步发生。此类犯罪集团或者组织往往与公职人员有着密切的经济往来和利益输送，其犯罪行为往往因为受到公职人员庇护而进行得更为"顺利"。如上述童某等人组织、领导、参加黑社会性质组织罪、强迫交易罪、寻衅滋事

---

① 莫崇斌、聂锦：《农村打黑除恶难点与对策》，载《云南警官学院学报》2011年第4期。

② 典范、王晓伟：《制贩假证犯罪的现状及应对措施》，载《铁道警官高等专科学校学报》2013年第1期。

罪等一案中,犯罪组织的领导者童某正是由于得到了当地公职人员陈某(一并处理)的庇护,使其犯罪组织能在当地垄断猪肉市场长达10年,将其他同行排挤出猪肉市场。此案案发后,当地猪肉价格每斤下降了2元左右。

三是犯罪呈现低龄化特点①。以仙桃市检察院近两年受理的涉农领域黑恶势力犯罪案件来看,犯罪年龄呈现出低龄化趋势,批准逮捕的11件35人中,有28人的年龄为20—30岁,其中起诉到法院的14件38人中有29人的年龄为20—30岁。犯罪类型主要集中在侵犯人身权利类犯罪,如故意杀人罪、故意伤害罪、强制侮辱罪等。

四是犯罪表现形式多样化。② 目前涉农领域黑恶势力犯罪主要表现为:垄断农村经济资源、横行乡里、称霸一方的"村霸""乡霸"。以笔者所在地为例,各小区"地霸""面霸"比较猖獗。"地霸"以垄断业主房屋装修材料的搬运为生,要挟卡要高额的搬运费,司法实践当中此类行为最终都以寻衅滋事罪定罪处罚。"面霸"以垄断农村面粉市场为主,通过打击同行、威胁逼迫农民必须到自家买面等方式,将其他同行挤出竞争市场,司法实践当中此类行业最终以强迫交易罪定罪处罚。还有的黑恶势力则以农村农民缺乏理财投资知识为突破口,以高息为诱饵进行集资诈骗或者诈骗行为。

五是无业人员、刑满释放人员占比大③。有很多刑满释放人员都是三进宫、四进宫的惯犯,他们绝大多数都是反社会的,受过司法机关的打击处理、身带劣迹,不思悔改,他们更易拉帮结派,形成一定的势力范围,并随时可能触犯法律。在他们眼中,黑吃黑、狗咬狗是英雄与英雄的较量,不触犯法律,殊不知这就是犯罪行为,这就要受到刑法的严惩。

三、预防和打击涉农领域黑恶势力犯罪的几点思考

(一)借力多方数据平台、运用大数据分析摸排涉农领域犯罪线索

虽然人们对于"大数据"的概念和认知并不统一,但是越来越多的行业领域开始通过应用"大数据"分析的方式来助推工作发展,在司法领域也不例外,检察机关统一业务应用系统的运用即是大数据分析在检察机关办案实践中应用的重要体现。为更有效地打击涉农领域黑恶势力犯罪,首先我们要通过运用检察机关统一业务应用系统、中国文书裁判网和"两法"衔接信息共享平台等数据载体,获取涉黑涉恶犯罪各个关键信息点,并在此基础上分析得出

---

① 陈湘清:《新时期盗窃犯罪的思考》,载《企业家天地(理论版)》2006年第7期。
② 孙力:《公务活动中的犯罪研究》,载《法学论坛》2001年第6期。
③ 丛梅:《城市社区无业闲散人员犯罪问题研究》,载《理论与现代化》2006年第3期。

规律，进而从中提取能有效直击犯罪的有价值信息，如犯罪类型、犯罪嫌疑人年龄、性别、文化程度、前科情况、犯罪领域等。最终通过大数据分析出涉农领域黑恶势力犯罪的特点及成因，从而为预防此类犯罪提出建设性建议和意见。

（二）加强各方互动协作，发挥检察机关打击涉农领域黑恶势力犯罪的监督引导权

沟通协作，信息共享。一要定期召开联席会议。检察机关要与公安机关等部门建立常态化的联席会议制度，定期通报，探讨重大疑难复杂案件。二要完善该领域行政执法与刑事司法的衔接机制。充分运用检察机关"两法"衔接信息平台，定期统计行政机关移送涉嫌犯罪线索，从中挖掘涉农领域黑恶犯罪数据，集中统计分析。三要加强与重点行业、领域相关部门的联系，分析涉农领域黑恶势力犯罪涉足的领域、行业及相应特点等，并提出对策建议。

同步监控、主动介入。检察机关通过检察机关统一业务应用系统统计出涉农领域黑恶势力犯罪数据、犯罪特点及规律，在此基础上，检察机关要将数据应用到参谋指导办案上。一是对涉农领域黑恶犯罪案件要做到流程同步在线监控，准确掌握办案动态。二是充分运用好检察机关提前介入引导权。[①] 检察机关要将提前介入引导侦查这一工作机制充分运用到农村涉黑涉恶案件中。在提前介入阶段，检察官要完成事实认定、证据审查、法律适用、侦查监督等核心工作，掌握办案主动权，确保此类案件诉讼程序顺畅有效进行。对此类犯罪在批准逮捕的同时仍需侦查的，也应制作继续侦查取证提纲，引导公安机关侦查取证，对因事实不清、证据不足不批准逮捕的黑恶势力犯罪案件，应当进行后续的跟踪监督，证据审查把关。

（三）立足刑事检察职能、依法打击和预防涉农领域黑恶势力犯罪

一是依法从严惩处涉农领域黑恶势力犯罪。立足批捕、起诉职能，依法从快批捕、从快起诉，依法加大对涉农领域黑恶势力犯罪的惩处力度，重拳打击黑恶势力"保护伞"。

二是对涉农领域黑恶势力犯罪不枉不纵。要正确适用法律，对涉农领域黑恶势力犯罪既要打准打实，又要打早打小，防止机械执法。将司法资源用到打击涉农领域黑恶势力犯罪突出的问题上，确保打得准、打得狠，真正取得实效。同时要具体案情具体分析，严格区别犯罪主从犯、犯罪领导及犯罪参与人

---

① 董喜善、陶朝华、陈艳雪：《"少捕慎捕"刑事政策研究——以基层检察机关侦查监督实务为视角》，载《中国检察官》2018年第1期。

员在犯罪中所起的作用,对主犯、犯罪领导者等起主要作用的犯罪分子要从严打击①;对从犯、初犯、其他犯罪分子要视其情节轻重,依法从轻、减轻处罚。

三是对涉农领域黑恶势力犯罪案件跟踪回访。结合当地司法实践针对此类案件受害人进行重点走访,探索建立受害人回访制度。② 对此类案件受害人的回访,有利于减轻此类犯罪案件对当事人造成的心理伤害、百姓对社会治安工作的不信任。③ 通过对涉农领域黑恶势力犯罪案件的跟踪回访,了解受害人的家庭情况、受损情况等,通过对受害人的法律讲解,提高司法机关公信力,促进涉农领域扫黑除恶工作的顺利开展。

四是加大打击涉农领域黑恶势力犯罪法治宣传力度。通过检察机关"五进"活动(进机关、进学校、进社区、进乡村、进企业)、举报宣传周、公众开放日等多种活动形式,将涉农领域黑恶势力犯罪以图文的形式展现给社会民众,对黑恶势力犯罪的特点、规律、危害性等向社会民众进行宣讲和解读,争取更多的社会民众加入涉农领域扫黑除恶的队伍当中,争取获得更多的黑恶势力犯罪线索。

(四)探索完善相应配套措施

一是建立涉农领域黑恶势力犯罪线索移送制度。检察机关一方面要通过行政执法与刑事司法"两法"衔接信息平台,主动发现线索,并督促行政机关移送;另一方面检察机关还要加强与同级纪委监委的联系,探索建立"涉农领域黑恶势力线索双向移送反馈机制",做到及时互通线索相关情况。

二是建立和完善证人保护制度。涉农领域黑恶势力犯罪案件往往在查办过程中存在取证困难的问题,黑恶势力犯罪以其案件独有的特点致使案件中的证人往往出庭率低,严重阻碍对此类犯罪的打击。《刑事诉讼法》第 62 条规定了对证人的特殊保护,其中明文规定了对黑社会性质的组织犯罪,人民法院、人民检察院和公安机关都应当采取保护措施。同时,《刑事诉讼法》第 63 条还明文规定了证人作证费用的负担及待遇,但在司法实践当中证人保护措施的采用及对证人补助的管理,公、检、法机关都因没有具体的规定而未实施。笔者认为可以尝试设立专门的证人保护机关,确保该类犯罪相关证人的到庭率。

---

① 王若冰、李嘉庆:《济宁:党政主导建立打霸除恶常态机制》,载《人民公安报》2012 年 6 月 29 日。
② 刘汝宽:《论农村黑恶势力犯罪治理维度》,载《贵州警官职业学院学报》2019 年第 5 期。
③ 刘汝宽:《论农村黑恶势力犯罪治理维度》,载《贵州警官职业学院学报》2019 年第 5 期。

四、结语

"法止人为恶,德劝人为善",涉农领域黑恶势力横行霸道严重影响着基层组织建设和基层工作。基础不牢、地动山摇,为了抓基层打基础,检察机关要立足检察职能,全方位、多角度地掌握涉农领域黑恶势力犯罪特点、犯罪动向等,主动加强与同级纪委监委部门、公安机关、其他职能单位的沟通联系、信息共享,推动行政执法与刑事司法的顺畅有效衔接,从严从快打击黑恶势力犯罪,最终还农民生活一片净土,也为确保2020年农村同步实现全面建成小康社会贡献应尽的法治力量。

乡村振兴战略视野下民事检察的价值与路径

谢鸿图[*]

实施乡村振兴战略,是以习近平同志为核心的党中央从党和国家事业全局出发、着眼于实现"两个一百年"奋斗目标、顺应亿万农民对美好生活的向往作出的重大决策。[①] 改革开放以来,我国乡村面貌发生了翻天覆地的变化。但是,城乡二元结构没有根本改变。总的来看,当前农业基础还比较薄弱,农民知识结构、农村社会建设和乡村治理方面存在的问题比较突出。随着改革的推进,"三农"民事法律关系表现出多元化和复杂化,加之农村法治建设尚不健全,由此引发的各类民事纠纷成为亟待解决的现实问题。这既是农村改革中遇到的新挑战,又具有独特的乡村特点。检察机关在履行民事检察职能中,应主动融入乡村振兴的大格局,准确把握乡村发展的崭新趋势和优秀传统,以"谦抑"和"扩张"两种价值为引领,为创新乡村治理体系、走乡村善治之路保驾护航。

一、乡村振兴背景下民事法律关系的特点

党的十九大报告指出,实施乡村振兴战略,要坚持农业农村优先发展,按照产业兴旺、生态宜居、乡风文明、治理有效、生活富裕的总要求,建立健全城乡融合发展体制机制和政策体系,加快推进农业农村现代化。在乡村产业、人才、文化、生态、组织全面振兴的背景下,民事法律关系充分涌动,民事检察机遇和挑战并存。

(一)农村基本经营制度改革方面

农村基本经营制度是党的农村政策的基石。农村土地"三权分置"制度要求,坚持农村土地农民集体所有,家庭经营在农业生产经营中居于基础性地位,依法保障农民对承包地占有、使用、收益、流转及承包经营权抵押、担保

---

[*] 作者单位:福建省泉州市安溪县人民检察院。

[①] 中共中央党史和文献研究院:《习近平关于"三农"工作论述摘编》,中央文献出版社2019年版,第2页。

权能。① 农村土地承包权主体同经营权主体发生分离,是我国农业生产关系变化的新趋势。农村土地经营权的有序流转充分尊重农民意愿,有助于提高农村生产经营产业化水平。与此同时,对农村土地经营权流转而产生的民事法律关系的保护也更为迫切。例如,未签订书面流转合同情形下对合同性质的认定;承包人在未经批准的情况下,将土地经营权流转给他人用于非农建设等。检察机关应准确把握土地经营权流转过程中物权关系、合同关系的实质要素,及时发现土地经营权流转中损害"十八亿亩耕地红线"等违法情形,充分运用抗诉和检察建议职能,维护国家利益、社会公共利益和当事人的合法权益。

(二) 促进产业振兴方面

乡村振兴,产业兴旺是重点。在推进农村集体产权制度改革方面,资源变资产、资金变股金、农民变股东的趋势更为活跃,以有限责任公司、股份有限公司为代表的各类组织形式的企业在广袤的乡村土地上"百花齐放"。但由于对企业经营经验的欠缺和法人人格独立缺乏认识,少数股东滥用股东权利,严重损害债权人的权益。实践中,检察机关要审慎适用"法人人格否认"制度,既保障债权人的合法权益,又有效防范股东风险,激发农民投资创业热情。在鼓励利用外资开展乡村建设方面,外商投资法施行后,明确了对外商投资实行准入前国民待遇加负面清单管理制度。检察机关在办理民事监督案件中,要保持对内外资企业一视同仁,依法保障外商投资的权利,维护公平竞争市场环境,共同提升内外资企业的核心竞争力。

(三) 知识产权保护方面

农业农村现代化的关键在科技进步,创新是实现乡村振兴的战略支撑。知识产权作为创新发展的基本保障和重要支撑,承载着更加重要的使命,将发挥更加显著的作用。②《中国农业农村科技发展报告(2012—2017)》指出,我国农业科技进步贡献率达 57.5%,农业发明专利申请量位居世界首位。乡村知识型、技能型、创新型农业经营者队伍日益壮大,极具科技创新和技术转化潜力。在实施产业兴村强县行动中,培育农产品品牌、依法保护商标权和地理标志既是推动农业由增产导向转向提质导向的关键,也是实施农产品原产地可追溯制度和质量标识制度的保障。检察机关要加强对知识产权的全方位保障,支持农业转型升级和提质增效,根据各地实际情况成立知识产权保护研究中心,聘请专家作为特邀检察官助理参与办案,促进准确界定技术事实,提高案件专

---

① 参见习近平:《论坚持全面深化改革》,中央文献出版社 2018 年版,第 70—71 页。
② 参见吴汉东:《创新驱动发展与知识产权保护》,载《人民检察》2018 年第 22 期。

业化水平。

(四) 践行绿色发展理念方面

良好生态环境是农村最大优势和宝贵财富。《民法典》① 第9条规定,"民事主体从事民事活动,应当有利于节约资源、保护生态环境"。这既传承了天地人和、人与自然和谐共生的我国优秀传统文化理念,又体现了党的十八大以来的新发展理念。节约资源、保护生态环境兼具公法义务和私法义务。违背此种义务,在公法上发生行政制裁或刑事制裁,在私法上可发生侵权责任和违约责任。② 检察机关应准确区分行为人违反不同规范产生的法律后果,对于违反公法义务的行为,运用刑事检察职能追究其公法责任。在私法领域,民事检察监督要重点关注环境污染和生态破坏侵权责任的认定以及违反绿色原则构成合同瑕疵履行的行为。在实践中,可以采取听证或组织专家论证的方式弥补检察人员在专门知识方面的不足,引入"外脑"提高检察机关认定事实的准确性,助推乡村生态振兴和绿色发展。

二、乡村视角下涉农民事检察的谦抑价值引领

乡村是具有自然、社会、经济特征的地域综合体,兼具生产、生活、生态、文化等多重功能,与城镇共同构成人类活动的主要空间。③ 乡村作为较为稳定的人类活动空间,私法自治原则理应贯穿民事法律关系始终。法律在维护乡村社会关系和秩序的同时也必然深刻影响到私权领域,谦抑价值渗透了"克制""消极"等司法理念,在合理范围内依法行使检察权是司法克制和保守的必然要求。民事检察要把握监督的范围和方式,维护民事诉讼基本结构之平衡,尽量避免对乡村生产生活产生过度干预,压抑农村民事主体的积极性和创造性。

(一) 谦抑价值是私法自治原则的必然要求

民法调整平等主体间的人身关系和财产关系,私法自治原则贯穿于民法全部,民事主体可以依自己的意思决定民事法律关系的设立、变更、终止。随着私法公法化趋势的加强,我国民事法律体系中强制性和禁止性规范大量涌入,而民事司法的热衷造权则引发权力泛化时代的到来,导致本属法外之空间遭到

---

① 2021年1月1日开始施行。
② 参见李宇:《民法总则要义:规范释论与判解集注》,法律出版社2017年版,第49—50页。
③ 参见《乡村振兴战略规划(2018—2022)》。

侵蚀。① 个别司法人员在民事司法实践中越俎代庖、滥用自由裁量权损害民事主体私法自治的行为既是对司法智慧的盲目崇拜,严重压抑市场经济活力与广大人民群众的创新精神,更与我国正在推行的放管服改革和转变政府职能精神相违背。民法作为保护权利的法律,应当以民事权利为中心构建私法体系,并在民法中贯彻私法自治的基本理念。② 检察机关要从内外两个维度出发,切实尊重和保障民事权利。对内而言,《人民检察院民事诉讼监督规则(修订草案)》(以下简称《民诉规则草案》)第4条新增"秉持客观公正的立场"为民事检察监督的基本原则。因此,检察机关在办案中要充分听取申请人和其他当事人的意见,以免矫枉过正、为保护一方权利而侵害当事人的意思自治。对外而言,要加强对人民法院超越当事人请求权范围作出裁判,执行中超标的保全、查封以及滥用失信名单和限制消费措施等违法行为的监督力度。

(二) 谦抑价值与传统乡村"无讼"思想相契合

我国农耕文明源远流长、博大精深,是中华优秀传统文化的根。尽管随着经济社会发展,城镇人口不断聚集,一些自然村落逐步消亡,但乡村中很多具有深厚优秀传统文化基因的风俗习惯、村规民约等,至今仍然发挥着重要作用。由于自封建社会以来农村"礼治"长期占据主导地位,导致"无讼"思想在当今乡村仍相当深厚,实现"法治"与"德治"的有机统一在我国乡村地区显得尤为重要。费孝通在《乡土中国》一书中写道,"我国乡村正处在从乡土社会蜕变的过程中,原有对诉讼的观念还是很坚固地留在广大民间,也因之使现代的司法不能彻底推行"③,可谓一语道破传统乡村"无讼"思想的根源所在。虽然近年来乡村法治建设已经卓有成效,但因青壮年大量涌入城镇,农村空心化、人口老龄化趋势加剧,广大乡村仍深受传统"礼治秩序"的影响,进而深刻影响乡村民事主体间的人身关系、财产关系。因此,民事检察在充分考虑事实认定与法律适用的同时,也要尊重传统乡土社会秩序,做到法理与情理相适应。否则,既无法实现案结事了,更违背了双赢多赢共赢的监督理念。具体来说,在办理涉及"三农"人身关系或者与人身关系联系紧密的财产纠纷案件时,检察干警要主动下沉,听取民心民意,了解风土人情。《民诉规则草案》第54条新增"村民委员会成员"为检察机关组织听证时可以邀请参加的人士,为熟悉农村风俗习惯的村委会成员参与检察办案提供了依据。

---

① 参见周华:《以权利为视角论民法之谦抑性》,载《学术交流》2015年第5期。
② 参见王利明:《我国民法的基本性质探讨》,载《浙江社会科学》2004年第1期。
③ 费孝通:《乡土中国》,北京出版社2005年版,第82—83页。

（三）谦抑价值有助于化解矛盾纠纷、创新乡村治理

在实施乡村振兴战略中，健全自治、法治、德治相结合的乡村治理体系，是实现乡村善治的有效途径。① 检察机关要重视化解农村社会矛盾，确保乡村社会稳定有序。实践中，乡村邻里之间由相邻权、继承权、合同之债等引发的民事纠纷通常最先表现为民事法律关系的建立、变更和消灭，矛盾的爆发点亦始于对民事权利义务的主张与抗辩，此即民事诉讼的起点。经人民法院审判程序后发生法律效力的裁判文书对双方当事人产生拘束力和强制力，此即民事诉讼的终点。当事人历经审判程序后仍向检察机关申请监督，其中重要的原因是当事人间的矛盾并未根本化解，期待通过检察监督获得满意的结果。从此种意义上说，民事检察监督是申请人最后的希望和期待，若处理得当，则能实现案结事了，化解社会矛盾。反之，不仅无法消除当事人心中的芥蒂，使受损害的邻里关系归于和谐，更有甚者会由民事纠纷演变为行政违法和刑事犯罪。因此，民事检察要把从源头化解民事纠纷、预防和化解社会矛盾作为办案的落脚点，做到发现在早、防范在先、处置在小，防止碰头叠加、蔓延升级。创新推广检察版"枫桥经验"，加强"检调对接"和释法说理，力求达到"小事不出村，大事不出镇，矛盾不上交"的良好社会效果。

三、治理理念下涉农民事检察的扩张价值引领

中共中央、国务院《关于实施乡村振兴战略的意见》指出，要坚持法治为本，树立依法治理理念，强化法律在维护农民权益、规范市场运行、生态环境治理、化解农村社会矛盾等方面的权威地位。随着乡村全面振兴，市场要素充分涌动，不断冲击着长期较为稳定的农村民事法律关系，本由人民法院及双方当事人构成的民事诉讼"等腰三角形"结构不足以保障农村民事主体的合法权益，民事行为损害国家利益和社会公共利益的案件更是时有发生。检察机关作为公共利益的代表，理应挺身而出，发挥主观能动性，加大依职权受理案件力度，充分行使调查核实权，全面审查民事裁判、执行行为的合法性，维护和谐稳定的乡村社会环境。

（一）扩张价值是保障农村各项制度改革的必然要求

当前，农村土地承包经营权流转的趋势愈加明显，广大农民在实践中创造了多种多样的新形式，各种金融资源聚焦服务乡村振兴。这些积极变化在给乡村带来发展活力、促进产业转型升级的同时，检察机关应充分发挥民事监督职

---

① 参见习近平：《论坚持全面深化改革》，中央文献出版社2018年版，第408页。

能,防范化解潜在的民事法律风险。例如,辽宁省人民检察院跟进监督的陈某与蒋某农村土地承包经营权转让纠纷一案,经历了一审、二审,辽宁省营口市人民检察院抗诉后市中院维持原判,最终由辽宁省检察院跟进监督并获得省高院改判。营口市法院的判决结果是根据其制定的《全市法院民商审判工作会议纪要》(以下简称《纪要》)中"对无偿、低价流转的案件,原承包人主张承包经营权的,应予支持"的条款,并在判决中论述"农民通过家庭承包方式依法享有的土地承包经营权是其安身立命的根本"。辽宁省检察院把突破口放在对当地新型农村社会养老保险制度是否落实的调查上,通过查询有关法规,走访询问当地政府部门和农民,确认这项制度已在当地建立并运作。据此,辽宁省检察院抗诉书中认定蒋某与陈某土地承包权实际为买卖事实的同时,指出当地已实施新型农村社会养老保险制度,而营口市法院《纪要》的规定已不符合维护生存权的价值追求。该案经两级检察监督得以最终改判,充分体现了民事检察在推进各项制度改革落实、增进乡村诚实信用和公序良俗的重要作用。

(二)扩张价值是维护乡村社会稳定的有力抓手

农村改革发展离不开稳定的社会环境,稳定也是广大农民的切身利益。农村地域辽阔,农民居住分散,乡情千差万别,社会管理任务繁重。① 检察机关要充分发挥民事监督职能,切实保障农民群体的合法权益。巩固和提升最高人民检察院部署开展的协助解决农民工讨薪专项监督活动中取得的良好政治效果、法律效果和社会效果,进一步加强支持起诉工作力度,加强对涉及农民财产的执行案件监督。此外,各种扰乱农村生产生活秩序、危害农民生命财产安全的涉农犯罪和农村涉黑涉恶团伙已成为农民安居乐业和农村改革发展的重大威胁。扫黑除恶专项斗争不仅涉及刑事检察,与民事检察亦密切相关。民事检察部门要积极配合深入推进扫黑除恶专项斗争,深入排查"套路贷""空放贷""消费贷"等领域违法犯罪线索,强化法律监督,纠正违法犯罪分子以合法形式为掩盖,非法侵占他人财产的错误民事裁判,切实维护人民群众合法权益。②《民诉规则草案》第39条新增"虚假诉讼"为检察机关应当依职权受理的情形,也预示着民事检察在防范打击虚假诉讼中应当更加积极主动。例如,浙江省绍兴市检察机关开展"从刑事案件中发现民事检察监督案件线索"专项监督行动,重新梳理近三年来办理的扫黑除恶、"套路贷"、非法集资、诈骗、侵犯知识产权类案件以及其他侵财型案件,增强了发现虚假诉讼线索的敏

---

① 参见习近平:《论坚持全面深化改革》,中央文献出版社2018年版,第263页。
② 参见元明:《新时代民事检察工作创新发展的思路与对策》,载《中国检察官》2019年第7期。

锐性,提高了民事监督案件的质量和效率。

(三) 扩张价值是乡村治理有序、精神文明提升的有效途径

优秀乡村文化能够提振农村精气神,增强农民凝聚力,孕育社会好风尚。当前,广大乡村正大力开展移风易俗行动,乡村社会文明程度不断提升。民事检察要扩大案件办理的社会效果,发挥法律对人们行为的指引作用,通过检察监督给予民事法律关系正面或负面评价,弘扬乡村社会正气,改善农民精神风貌。湖南省湘西土家族苗族自治州泸溪县检察院办理的刘某与周某返还财产民事执行监督一案中,刘某、周某订婚后发生矛盾,随即解除婚约。刘某全家生活困难,要求周某返还彩礼。周某则称是刘某要求解除婚约在先,且双方均有互赠礼物,拒绝返还彩礼。经法院判决刘某胜诉后,双方仍矛盾激烈,长期无法执行到位。泸溪县检察院从法理情角度出发,对双方当事人分别开展工作,最终促使双方各退一步,周某返还部分彩礼。江西省南昌市青山湖区检察院针对农村扶贫领域存在的子女不尽赡养义务,致使父母生活陷入贫困的情况,充分发挥支持起诉职能,主动帮老人草拟民事起诉状,协调法院预先免除老人诉讼费用,并积极开展调解,理顺"家务事"。上述案件的办理充分体现了民事检察对乡村文明建设的引导作用,有助于改变农村天价彩礼、大操大办等陈规陋习,弘扬孝老爱亲、重义守信的良好风气,培育文明乡风、良好家风、淳朴民风。

四、结语

2020 年是全面建成小康社会目标实现之年,是全面打赢脱贫攻坚战收官之年。脱贫攻坚质量怎么样、小康成色如何,很大程度上要看"三农"工作成效。[①] 当前,农村社会结构深刻变动,"三农"民事法律关系深刻变化。一方面,民事检察要在谦抑价值的引领下,尊重乡村民事主体意思自治,充分调动广大农民的积极性与创造性,以温情司法增强农民凝聚力。另一方面,民事检察要在扩张价值的引领下,营造和谐稳定的乡村环境,为乡村治理提供法治保障。两种价值辩证统一,互为补充,引领民事检察发挥监督职能,服务乡村振兴。

---

① 参见《中共中央、国务院关于抓好"三农"领域重点工作确保如期实现全面小康的意见》。

公益诉讼服务"三农"发展的新探索

——以广东省茂名市茂南区人民检察院开展农村土地丢荒检察监督为例

吴日富[*]

最高人民检察院党组明确要求,全国检察机关要主动适应形势发展变化,推动"四大检察"全面协调充分发展。以公益诉讼专项监督活动为依托,坚持法定领域内监督办案为基础,在"等"外领域积极稳步探索公益诉讼实践。广东省茂名市茂南区人民检察院认真贯彻落实最高人民检察院的要求和部署,在开展公益诉讼工作方面积极作为,进行"等"外领域探索。在涉农领域,针对农村土地(指耕地,下同)丢荒较为严重的情况,大胆监督、善于监督、依法监督,使该区土地丢荒得到逐步复耕,有效盘活了土地资源,为推动"三农"(农业、农村、农民)发展贡献了检察智慧和力量。

一、找准涉农领域检察监督切入点

习近平总书记指出:"小康不小康,关键看老乡。"能否如期全面建成小康社会,关键在农村,短板也在农村。中央高度重视"三农"工作,提出实施乡村振兴发展战略,中央一号文件每年毫无例外地聚焦"三农",这给"三农"发展提供了前所未有的机遇。近年来,广东省茂名市茂南区"三农"工作有了长足发展,农村面貌持续改观、农业生产不断发展、农民收入继续增加。在该区广大乡村,全面建成小康社会令人期待。但也要看到,和全国其他一些乡村一样,该区乡村也存在一个不容忽视的问题,就是人均土地本来就少,土地丢荒却比较严重。土地丢荒,直接影响了农业生产和农民增收,影响了该区全面建成小康社会的进程。广东省茂名市茂南区人民检察院对此相当重视,针对该区农村出现土地丢荒情况,及时行动,与相关行政机关联合进行全面调查核实,充分发挥检察职能作用,监督丢荒土地逐步复耕,大大遏制了土

---

[*] 作者单位:广东省茂名市茂南区人民检察院。

地荒芜现象,受到了茂南区委、区政府和人民群众的广泛好评。

二、依法开展涉农领域检察监督

茂南区检察院坚持问题导向,聚焦涉农领域土地丢荒问题开展监督工作,务求取得实效。

(一)认识到位

2019年8月30日,广东省茂名市召开全市检察机关公益诉讼工作座谈会,总结全市检察机关公益诉讼工作情况,研究部署下一步工作。会上,茂名市人民检察院要求全市各基层检察院对辖区内农村土地丢荒情况进行全面调查,分析原因,加大检察监督力度,解决土地丢荒问题,避免土地闲置浪费,保护农民的利益。

根据广东省茂名市人民检察院的部署,茂南区人民检察院高度重视,迅速行动,采取有力措施,切实抓好贯彻落实工作,茂名市检察机关公益诉讼工作座谈会结束后,参加会议的该院协助分管第四检察部的专委向院党组作了汇报。该院党组高度重视,要求第四检察部认真履行检察监督职责,把茂名市人民检察院作出的部署不折不扣落到实处。根据该院党组的要求,该院专委多次召集第四检察部全体人员开会,学习领会上级检察机关的部署,研究制定工作措施,并抓好落实。

(二)全面调查核实

2019年9月以来,茂南区检察院第四检察部由专委带领办案组,多次深入茂南区自然资源局、茂南区农业农村局、金塘镇、公馆镇以及有关村委会进行全面调查。调查内容包括:该区土地丢荒情况,土地丢荒的原因,如何解决土地丢荒问题。该院通过召开座谈会、现场察看、个别走访等多种方式,全面了解和掌握情况。(1)全区农村土地丢荒情况如下:截至2019年12月底,全区耕地28万亩,丢荒0.83万亩,占2.9%。这些丢荒土地,有的长达几年甚至十几年,杂草丛生,土质老化硬化,造成了土地资源的浪费,影响了农业生产和农民收入,也妨碍了乡村振兴战略的实施,切不可听之任之。(2)造成农村土地丢荒的原因有:①种植水稻效益低。目前,该区农民种植水稻,除去成本(未扣除人工)等费用,每亩仅得纯利润300元左右。种植经济作物,如蔬菜、花生等,工时多,收益也不多,影响了农民种植农作物的积极性。②受天气影响。该区农村时有干旱、水灾、冷冻等,水利设施不完善,一些农作物得不到及时灌溉,使得生长和收成不尽如人意。③受市场因素影响。一些农作物,如玉米、圆椒等,出售价格不稳定,时高时低,如玉米价格,近3年以来一直很低,由于卖不到好价钱,影响了农民种植农作物的愿望。④农村劳动力不足。改革开放以来,"弃耕务工""弃田经商"成为农民的理性选择,农村大部分年轻力壮的主要劳动力纷纷外出务工或经商,赚取劳务收入或其他收入,留在农村的大部分是老弱病残人员,缺少种田劳动力。

(三)监督与整改良性互动

针对茂南区农村一些地方土地丢荒的情况,茂南区检察院充分发挥检察监督职能作用,督促相关行政机关积极作为,引导农民开展农业生产,增加收入,促进农民富裕,确保农民如期迈入全面小康社会。一是发出检察建议。该院找准检察监督切入点,针对该区公馆镇下山村委会马村存在土地弃耕、休耕情况,于2019年10月15日依法向茂名市茂南区农业农村局发出检察建议书。该院在检察建议书中提出如下建议:(1)对茂南区公馆镇下山村委会马村117亩丢荒(含弃耕或休耕)土地加强监督管理,监督、指导做好复耕、续耕工作,充分利用农村土地资源按季节、农时进行种植业、农产品生产,防止弃耕、休耕等,以免造成农村土地杂草丛生、土质改变、资源浪费,影响农民收入,妨碍农业农村发展。(2)为以上117亩土地复耕、续耕提供便利条件。例如,做好农村土地承包经营权的改革和管理有关工作,指导新型农业经营主体建设、乡村特色产业以及农产品生产、种植业等的监督管理,推广农业技术,加大强农、惠农、富农力度,保障农民如期迈入全面小康社会。(3)在茂南区全区范围内开展一次农村土地查荒灭荒调查工作,摸清底数,制定有效措施,因地制宜,做好弃耕、休耕荒芜土地的耕种工作,推动农业全面升级、农民全面发展、农村全面进步,加快实施乡村发展战略。二是立行立改。收到茂南区检察院的检察建议后,茂南区农业农村局迅速行动,采取7项措施推进土地灭荒工作。(1)成立由该局主要领导任组长、分管领导任副组长的查荒灭荒工作领导小组,下设四个督导组,分片到各镇进行督导工作。(2)加强宣传。通过召开会议、拉横幅、贴标语、推短信、发微信等形式,加强查荒灭荒政策法规的宣传。(3)落实强农惠农富农政策。及时足额地将耕地地力保护补贴资金划拨到农民在银行开设的种田补贴专户。2019年,茂南区耕地地力保护补贴面积24万亩,补贴金额2074万元。(4)加大高标准农田建设力度。争取中央、省农业综合开发资金,分期分批把茂南区农田建设成高标准农田,提高农田产出效益。(5)推进土地流转。按照"依法、有偿、自愿"原则,鼓励土地承包经营权有序流转,实行规模化集约化经营。目前,该区已在金塘镇开展建设土地流转示范点,取得经验后逐步推广。(6)优化农业结构,培育优势特色产业。(7)抓好农业科技推广。扩大良种种植面积,增强解决丢荒土地的科技支撑力量。

（四）积极建言

茂南区检察院不是就案办案，而是在抓好个案的同时，达到"办理一案治理一片"的效果，通过主动向相关行政机关建言，组织开展查荒灭荒工作，把丢荒土地"变废为宝"，办成特色产业链。该院加强与区农业农村局的联系，加大监督和支持力度，因地制宜，对丢荒土地加以统筹，办成特色产业，推进农业农村现代化。自2019年起，该区抓好以下几个项目：（1）加快2019年国家农业综合开发高标准农田建设项目的开工建设。（2）抓好田园综合体项目建设。包括土地治理项目，农业产业化项目。如建设2019年农业产业化项目2个，分别是茂名市金信米业有限公司5万吨大米加工生产扩建项目，茂名市金诚冷冻食品有限公司1万吨食用级鱼丸加工新建项目。（3）发展文旅板块。该区引入某集团公司参与投资开发建设，项目总投资40.6亿元，计划分三个阶段进行：第一阶段，打造千亩稻田公园、艺术小镇（木头塘文化村）、田园综合体展示馆、农耕文化展览馆、农业科普展示馆，投资6000万元。第二阶段，打造游客接待中心、现代农业服务中心、康养小镇、电商物流中心、旅游公路，投资30亿元。第三阶段，打造世界荔枝产业研究院、新农人孵化中心、农业大数据中心等农业配套服务产业，投资10亿元。

（五）积极争取人大代表支持

茂南区检察院加强与人大代表联系，积极争取人大代表对这项工作的支持，以便消灭或减少荒地。2019年11月27日，该院还主动向该区所在地的广东省人大代表报告农村土地丢荒情况、存在的困难及引导复耕对策，通过广东省人大代表向省人大提出议案的形式向省委、省政府反映，以期引起重视，出台针对性的措施有效解决土地丢荒问题，促进农业全面发展，满足人民群众农产品需求，减少进口，节省外汇，更好地维护国家利益。

据统计，截至2020年6月底，茂南区丢荒土地8325亩，已复耕4230亩，复耕率为50.81%，其余的荒地正在稳步引导复耕中。

三、推进涉农领域检察监督的几点思考

"手中有粮，心里不慌。"对一个农民如此，对一个地方如此，对一个国家同样如此。中国是一个农业大国，粮食生产关系国计民生，必须予以高度重视。检察机关作为法律监督机关，在服务"三农"方面决不能缺席，而要敢于监督、善于监督、依法监督，在服务"三农"发展、开展对涉农领域监督方面大有可为。

（一）加大宣传力度

一方面，要在全社会大力宣传检察机关的职能。特别是宣传检察机关公益诉讼职能，使人民群众广泛知晓检察机关职能作用，遇到涉农领域案件或难题，积极向检察机关反映、举报，通过检察机关依法监督解决问题。另一方面，宣传党和国家的强农惠农富农政策。积极引导农民或有关单位（如农村合作社）珍惜土地资源，充分利用土地资源发展农业生产，做大做强农业产业特色品牌，推动"三农"工作持续健康稳定发展，使农村如期跨入全面建成小康社会行列。

（二）主动服务大局

认真贯彻落实最高人民检察院关于检察机关"讲政治、顾大局、谋发展、重自强"的总要求，把查办涉农领域案件作为服务党委、政府中心工作的着力点、切入点，加强领导，制定周密方案，组织力量对农村土地丢荒问题进行全面调查，分析原因，提出对策，形成专题报告，及时向党委汇报，以期引起党委的重视和支持，在党委的领导下有计划有步骤地解决土地丢荒问题，促进农业较好发展。

（三）加强监督工作

要本着不越位、不缺位的原则，对于农村土地丢荒严重、造成土地资源浪费的问题，充分发挥检察监督职能作用，依法开展监督，督促农业农村、自然资源等部门积极依法行政，采取一系列措施，做好灭荒工作，防止土地荒芜，补齐"三农"短板，让茂南区农民早日走上致富道路，同全国人民一起奔向全面小康。

（四）发挥正反两方面典型作用

要抓典型，发挥典型推动工作的作用。一是推广先进典型。检察机关在开展检察监督中，注意发现、挖掘先进典型，对土地丢荒复耕复种做得好的地方、农业合作社、农户进行认真总结，广泛推广其经验，让其他地方、农业合作社、农户学有榜样，激发他们复耕复种的积极性，最大限度地利用土地资源，避免土地资源浪费。二是发挥反面典型警示作用。对于长期丢荒土地不耕种的地方、农户，检察机关和相关行政机关积极开展政策引导工作，动员他们复耕复种。对于多方引导后仍未复耕复种的，则在本辖区一定范围内进行警示教育，指出土地丢荒的危害性，督促相关行政机关依法行政，通过推行"土地流转、集约经营"等多种方式，积极动员和引导农村合作社、农民等投入农业生产，扎实推进丢荒土地复耕复种工作。

"一年之计在于春。" 2020 年是决胜全面建成小康社会、决战脱贫攻坚关键之年。2020年2月，习近平总书记对全国春季农业生产工作作出重要指示强调，要把农业基础打得更牢，把"三农"领域短板补得更实。为打赢疫情防控阻击战，实现全年经济社会发展目标任务提供有力支撑。检察机关要充分发挥检察职能作用，在涉农领域找准监督着力点和切入点，尤其针对土地丢荒问题持续加大检察监督力度，使农村土地资源得到全面盘活和利用，促进"三农"工作健康发展、广大农民早日脱贫致富，为决胜全面建成小康社会、决战脱贫攻坚目标任务提供有力的法治保障。

基层涉农检察工作的难点、成因及对策

——以四川省宜宾市检察机关涉农检察工作为样本

李 杨 江政沅*

2020年是全面建成小康社会的收官之年,检察机关如何围绕党和国家中心工作,不断深化涉农检察工作,服务乡村振兴战略,推进农村长治久安,最终打赢脱贫攻坚战,实现全面小康,是摆在各级检察机关面前亟待研究和解决的一项重大课题。笔者以四川省宜宾市检察机关开展涉农检察工作为样本,为决胜全面建成小康社会、决战脱贫攻坚提供参考。

一、涉农检察工作基本情况

宜宾市检察机关立足职能,主动服务保障全面小康建设,进一步强化涉农检察工作,努力为脱贫攻坚提供更多更优的法治产品、检察产品。主要做法有:

(一) 严厉打击涉农犯罪

把涉农检察工作摆在突出位置,服务保障精准脱贫攻坚战,严厉打击寻衅滋事、盗窃、诈骗等危害农村社会稳定的犯罪,2019年批捕非法采矿、非法占用农用地、盗伐、滥伐林木等犯罪44人,起诉94人。聚焦涉农领域职务犯罪,依法惩治征地补偿、退耕还林、农村基础设施建设等涉农领域职务犯罪,受理监察委移送发生在群众身边、损害群众利益的蝇贪、蚁贪等微腐败犯罪案件8件10人。深入开展乡村扫黑除恶专项斗争,依法严惩横行乡里、欺压百姓、采沙盗沙等黑恶势力犯罪活动,市检察院办理的"彭某春等21人恶势力犯罪集团追诉案"成功入选最高人民检察院《检察机关扫黑除恶专项斗争典型案例选编(第三辑)》。

(二) 切实维护人民群众合法权益

聚焦农村弱势群体权益保护,制定《关于在审查逮捕阶段为特殊群体犯

---

* 作者单位:四川省宜宾市人民检察院。

罪嫌疑人提供法律援助的实施办法（试行）》，首次将75岁以上老人、建档立卡贫困户和低保户，纳入法律援助范畴，丰富法律援助内涵，共为特殊群体办理法律援助案件234件312人。聚焦涉农产品质量安全，联合公安机关、市场监督管理等部门开展涉农专项整治行动，严厉打击危害农民合法权益的犯罪活动，依法批捕生产销售假药劣药、有毒有害食品等犯罪25人，起诉39人，依法办理了公安部督办的"3·04"宜宾特大电信诈骗案。

（三）全力服务打赢脱贫攻坚战

宜宾市检察院研究出台《关于发挥检察职能进一步做好服务保障脱贫攻坚工作的意见》《关于服务保障乡村振兴战略的实施意见》，为脱贫攻坚工作提供司法保障。扎实开展"脱贫攻坚集中下基层"活动，宜宾市检察院组织干警深入结对帮扶的3个乡镇3个村委140余户扶贫户家中走访调研3000余人次，户户实地走访、户户精准施策，制定脱贫攻坚实施方案，在真扶贫、扶真贫上下功夫，协调解决产业发展和村文化广场、道路畅通建设等实际问题。加大司法救助力度，拓展救助范围，向95名生活确有困难的刑事被害人或其近亲属发放司法救助金67.8万元。叙州区检察院创新"四举措四确保"，2017年至2019年底，办理涉案贫困家庭司法救助案件10件15人，发放救助金21.1万元，其中建卡贫困户当事人9人，低保户6人，有效帮助解决刑事被害人家庭因案致贫、生产生活困难等现实问题，回应了人民群众和社会各界关切。

（四）积极开展公益诉讼实践

围绕"公益维护"这一核心，坚决守护绿水青山。2019年以来，两级检察院共向乡镇党委政府发出环境治理检察建议56份，均被采纳。突出污染环境、非法采矿、滥伐林木、非法狩猎等危害生态环境和资源保护领域公益诉讼案件，实施"司法办案+生态补偿"工作模式，办理了全省首起"筠连县玉壶井"跨省污染民事公益诉讼案，办理的农村饮用水源安全行政公益诉讼检察建议监督案被评为四川省检察建议精品案例。督促修复林地、耕地3800余亩，督促整治违建项目38个，督促增殖放流鱼苗8.95万尾，监督治理乡镇污水处理设施28个，补种桢楠、香樟等各类苗木6.5万余株，为打赢脱贫攻坚战，实现乡村振兴，达到乡村美、农民富、农村好贡献了检察力量。

二、涉农检察工作存在的问题

（一）基层院检察干警力量不足

涉农检察职责包含法律宣传、接待信访、受理举报、办理案件等方面，涉及"四大检察""十大业务"。基层院目前普遍存在政法编制数少的现状,以宜宾市为例,编制50人以下的基层院为8个,占比80%。面对人少案多的客观因素,加之承担当地党委政府安排的部分非检察业务工作,基层院很难安排专门力量办理涉农案件,只能整合现有资源,统筹安排人员办理相关案件,从事相关工作,在一定程度上制约了涉农检察工作深入开展。

（二）服务理念末端落实不够

涉农检察工作服务定位在"三大攻坚战"上,但少数干警未能真正树立"以服务为核心"的司法理念,主动服务的意识不强,服务方式、服务手段等方面还有欠缺,效果不明显。客观上,各地虽然制定了系列相关服务涉农工作的制度机制,但操作性不强,在组织管理、考勤管理、职责履行以及纪律规范等诸多方面难以进行量化考核,对干警约束力不够,干警在思想上没有引起足够重视。

（三）涉农刑事犯罪惩罚不够

在惩治各类涉农刑事犯罪过程中,不能准确运用宽严相济的刑事司法政策,重打击、轻保护,简单执法,片面追求法律效果,而忽视政治效果和社会效果。对于农村中因家庭纠纷、邻里纠纷引发的轻微刑事案件等,未能站在综合全案、考虑全局的基础上依法开展刑事和解,而是严格依法惩处,从而加深了当事人之间的矛盾,不利于农村社会的稳定和谐。

（四）基层干部群众参与意识不强

涉农检察工作直接面对基层,面对农村,需要乡镇党委政府、村组干部和广大人民群众的积极参与。种种原因导致涉农检察工作并未被基层干部理解、支持和认同,而被误解为检察机关监督到家门口,会影响其正常工作,进而对涉农检察工作配合不积极,甚至存在抵触情绪。

（五）脱贫攻坚内生动力不足

当前的扶贫政策都是真金白银,对贫困地区和贫困人口的帮扶力度越来越大,但如何激发脱贫攻坚的内生动力仍是亟须补齐的"短板"。帮扶方式方法简单,只注重短期增收,重"帮"轻"扶",给钱给物的多,可持续发展关注不够,针对贫困人口致贫原因对症下药、培养"造血"能力的措施少。有的干警能力素质还不能适应脱贫攻坚的需要,担当意识不强,存在不敢干、不会干等问题。少数贫困户主动致富意愿不强,过度依赖帮扶政策,参与的积极性、主动性不高,个别贫困群众甚至存在"你不帮,我不动"现象。

三、涉农检察工作问题的原因分析

（一）思想认识不到位

有的干警将涉农工作与检察业务搞"隔江而治"，开门抓检察业务，对涉农工作却"不感冒"；有的抓涉农工作"浅尝辄止"，抓检察业务却是"不亦乐乎"，认为检察业务是"硬指标"，干好了有奖、抓好了有功；涉农工作是"软指标"，说起来重要、抓起来次要、忙起来不要。这种厚此薄彼，分山头治理的做法，实则是把"分工"搞成了"分家"，导致重检察业务，轻涉农工作的问题，致使涉农工作效果不佳。

（二）犯罪预防不到位

近年来，各地基层检察院立足职责，深入乡镇、村街流动接访、进户接访等"阳光作业"形式，努力化解社会矛盾纠纷，收到一定成效。但就目前涉农检察工作的实际情况看，仍处于遇案办案，遇事办事的现状，没有将预防犯罪提升到"源头治理"的高度加以防治，依然存在虚报冒领、套取侵吞、截留私分、挤占挪用、盗窃、诈骗扶贫资金，"蝇贪""蚁贪"等"微腐败"以及"村霸"等黑恶势力犯罪等问题，出现"违法—抓捕—审判—再违法"的循环怪圈，办案的"三个效果"不好。

（三）法治宣传教育不到位

近几年来，各地检察机关尝试将检察工作末端延伸至乡镇，通过在设立检察服务站、成立服务农村检察工作小分队、派驻乡镇检察工作室等形式，主动服务人民群众，同时结合办案运用典型案例和反面教材开展以案释法、组织村民旁听公诉案件，综合运用传统媒体和新媒体进行普法宣传，加大检务公开和检察机关服务"三农"的广度、深度和力度。但是，法治宣传教育依然不够理想，经调查了解，部分村民不知道检察院做什么，对检察机关法律宣传印象不深；部分乡镇干部认为检察院是来监督工作的，与涉农工作不对口，不被镇村干部所理解，工作协调较难，效果不够理想。

四、加强涉农检察工作的对策

面对新形势和新任务，检察机关要进一步围绕"三大攻坚战"，立足职责，切实增强责任感和使命感，坚持把强化法律监督作为服务、保障和促进乡村振兴最基本最直接的途径，切实落实好涉农检察工作长效机制，为社会主义新农村建设注入强有力的法治力量。

(一) 提高政治站位，增强思想认识

地方各级检察机关要高度认识抓好涉农检察工作在推进依法治国、全面建设小康社会中的重要性和必要性，认真学习领会并贯彻落实中央、省委和上级检察机关开展涉农检察工作会议精神，结合本地工作实际，组建以"一把手"为组长的涉农检察工作领导小组，强化组织领导，形成分工明确、各负其责、齐抓共管的工作格局，进一步创新和细化涉农检察工作新机制、新举措，推动各项涉农工作落地生根，取得实效。

(二) 坚持初心使命，维护群众利益

依法保护农民的人身权利、民主权利、财产权利和平等参与市场竞争的权利。重视对农业生产资料、农业资源和农业生态环境的司法保护，加强对专业户、产业大户、农民企业家、农村龙头企业以及涉农执法人员、技术人员的合法权益的保护。充分利用12309检察服务中心，为群众提供"一站式"检察服务，对农民的正当诉求要予以高度重视，要抱着对农民群众的深厚感情，耐心接待上访、解答群众的法律咨询，在信访工作中始终贯穿"情、理、疏"工作法，做到情暖人心、析理说法、疏导心结，及时化解涉法上访案件。组织干警深入开展形式多样的帮助活动，依法追讨农民工工资，适时开展司法援助和司法救助，为困难群众提供帮助；积极调处纠纷，化解矛盾，堵漏建制，推动建立和完善农村社会治安防控体系。

(三) 加强宣传教育，提升法律素养

要强化国家惠农政策学习，帮助干警了解掌握扶农惠农、税费改革、国家直补、退耕还林、农业产业化等相关政策，在思想上真正重视，在行动上贯彻执行。加强对涉农法律法规、司法解释的教育培训，统一执法尺度，树立依法治农、依法兴农、依法护农的理念，依法保障农民的合法权益和农村的经济发展。结合检察业务开展调查研究，了解农村实际和农民在生产、生活中存在的法律问题，为当地党委政府出台政策提供参考依据。立足检察职能，采取有效措施预防和减少多发性犯罪，努力提高新形势下做好涉农检察工作的素质和能力。结合办案进行法治宣传，开展检察进乡村活动，通过广播、电台、横幅、标语等宣传形式加强法治宣传，增强村民学法、尊法、守法、用法意识。

(四) 严厉打击犯罪，维护乡村和谐

依法打击各种危害农业生产、破坏农村发展的犯罪活动，严厉打击杀人、抢劫、盗窃、抢夺、绑架、放火等暴力犯罪，严惩"村霸""街霸"和涉黑涉恶犯罪，始终保持对严重刑事犯罪的高压态势，为社会主义新农村建设营造良好的治安环境。积极参与假冒伪劣涉农物资专项整治活动，切实保护农民合法权益。依法打击破坏生态环境资源犯罪,强化民事行政检察和公益诉讼检察,依法保护耕地林地,强化生态环境保护,促进资源节约型、环境友好型社会建设。

(五)扭住脱贫攻坚,实现全面小康

综合运用打击、预防、监督、教育、保护等措施,紧盯脱贫攻坚每个项目、钱物各个环节,做足做深服务工作。积极配合纪委监委,做好"监检衔接"工作,依法打击吞噬扶贫资金的"微腐败",从严惩治虚报冒领、套取侵吞、截留私分等"蝇贪""鼠窃"以及"村霸""宗族恶势力"等背后的"保护伞",还广大农民群众一个朗朗晴天。要会同相关职能部门,建立完善涉案款物快速返还机制,让追回的扶贫资金尽快用到"刀刃"上,物尽其用,发挥效能。强化职务犯罪宣传"大影响",实现办理一案警示一片,力求起到最大的普法、震慑作用。善于把服务精准脱贫与乡村治理结合起来,积极开展司法救助,主动将因案致贫、因案返贫的刑事被害人或其近亲属及时纳入救助范围,让老百姓感到实实在在的司法温暖。

(六)加强执法监督,推动治理现代化

认真落实党的十九届四中全会精神,围绕建设"平安农村""和谐农村",积极参与农村综合治理工作,把检察环节社会治安综合治理的各项措施落实到具体的检察业务工作全过程、各方面,助推乡村和谐建设。切实发挥检察机关法律监督的优势,深入剖析多发易发案件中存在的社会问题,积极向党委政府提出预防和解决对策,将各种影响新农村建设的隐患消除在萌芽状态。强化"行刑衔接"和涉农行政执法队伍的监督,严肃查处涉嫌犯罪案件该移送不移送、以罚代刑的情形,依法监督纠正行政执法中乱扣乱罚、不作为、乱作为等违法行为,规范和推动依法行政。高度重视涉及"三农"案件的立案监督,对该立案而未立案、不该立案而立案、以刑事手段插手经济纠纷等违法行为,要坚决依法监督纠正,强化审判活动监督,充分运用检察建议和抗诉方式,依法监督纠正司法不公,涉嫌犯罪的坚决依法查处,让农民群众真正感受到社会公平正义。

四、涉农检察典型案例（刑事）

陕西省蒲城县人民检察院诉王某、姜某投放危险物质案

【基本案情】

检察机关：陕西省蒲城县人民检察院。

被告人：王某，男，1970年1月出生，农民。

被告人：姜某，女，1969年2月出生，农民。

王某和其妻子姜某在陕西省渭南市蒲城县孙镇吴家村承包土地种植药材，因其种植的药材长期被附近放牧羊群啃食、破坏，致其经济损失严重，一直无法确认侵害人。2017年9月30日该夫妻二人为泄愤，由王某驾驶五菱宏光牌面包车，将含有甲拌磷农药（别名：3911，系高毒类化学物质，国家明文规定的限制使用农药，可致人、动物死亡）的葱皮不仅播撒在孙镇吴家村自己承包种植的药地旁，而且还撒在通往中尧村与吴家村之间村道两侧以及通往被害人范某羊圈的生产路两侧。当日，被害人范某将其饲养的十多只山羊在此处道路两边放牧，羊群啃食含有甲拌磷的葱皮后被毒死十只。陕西省渭南市公安局司法鉴定中心检验鉴定报告认定：带农药味的黄色葱叶检出甲拌磷、甲拌磷砜成分；被毒死羊的胃检出甲拌磷砜成分。陕西省渭南市蒲城县价格认定中心认定被毒死的十只山羊价值13240元。

【诉讼过程和结果】

2017年10月30日，陕西省渭南市蒲城县公安局以犯罪嫌疑人王某、犯罪嫌疑人姜某涉嫌破坏生产经营罪立案侦查。同年11月3日、11月14日，王某、姜某分别到公安机关自首。2018年12月13日，蒲城县公安局以王某、姜某涉嫌破坏生产经营罪向检察机关移送审查起诉。蒲城县人民检察院经审查，认为犯罪嫌疑人王某、姜某以自己种植的药材被羊毁坏而心生怨气，遂用伴有农药的葱皮撒在公共道路两侧，对不特定人或动物造成了严重威胁，严重危害了公共安全，其行为触犯了《刑法》第114条的规定，犯罪事实清楚，证据确实充分，应当以投放危险物质罪追究其刑事责任。2019年3月26日，蒲城县人民检察院以被告人王某、姜某涉嫌投放危险物质罪对其提起公诉。

2019年5月3日，蒲城县人民法院开庭审理该案。蒲城县人民检察院以

投放危险物质罪指控被告人王某、姜某，同时认为两名被告人在案发后主动投案自首，且事出有因，认罪态度好，积极赔偿了被害人的损失并取得了被害人的谅解，应酌情从轻处罚，建议对两名被告人在有期徒刑两年半至三年半之间量刑。2019年6月3日，蒲城县人民法院审理后认为检察机关指控的罪名成立并采纳了其提出的量刑建议，判处被告人王某有期徒刑3年，缓刑3年；判处被告人姜某有期徒刑3年，缓刑3年。一审宣判后，两名被告人均未上诉。

【典型意义】

根据法律规定和刑事司法政策的有关要求，通过充分发挥检察职能，全面客观审查案件事实和有关证据，为审判机关依法审判和准确量刑提供充分准备，确保实现量刑公正，保证司法公正。坚持把涉农检察工作摆在更加突出位置，做到涉农案件优先快速办理，积极开展释法说理、化解社会矛盾，做好司法办案的"后半篇文章"，切实维护农民群众合法权益，促进农村和谐稳定。作为全省典型的危害公共安全罪案件，本案对依法办理相关案件，维护社会稳定和谐起到良好的示范作用。

（一）注重对案件事实和证据的细致审查和准确认定

按照法律和有关司法解释规定，充分发挥检察职能，通过审查起诉工作，审查犯罪事实和有关证据，全面准确把握各种情节，确保案件准确定性并提出相应量刑建议。一是审查案件被告人作案动机要做到客观公正。两名被告人因其种植的药材长期被啃食、破坏，致其经济损失严重，一直无法确认侵害人，为泄私愤，才实施投放危险物质行为，这是其作案的动机。二是审查案件事实要认真仔细。两名被告人实施投放危险物质行为时，不仅播撒在自己承包种植的药材地旁，而且还撒在村道两侧。行为人投放危险物质行为不仅会破坏特定公私财物、危及生产活动，还危及公共安全，即不特定多数人的财产安全。三是审查证据要做到辨别真伪。对于证据的真实性、合法性及关联性要全面审查。如对检验鉴定报告不仅审查结论，还要查看司法鉴定机构和司法鉴定人是否具有资质，鉴定委托手续是否齐备，鉴定程序是否符合规定，鉴定结论是否具有唯一性、排他性；对被害人财物损失的价格认定机构是否具有资质、是否符合程序规定、是否与市场价格一致。在此基础上确定涉案罪名并提出相应量刑建议。

（二）注重对涉及相关罪名的深入分析和把握界定

投放危险物质罪与他罪想象竞合，是指行为人实施一个投放危险物质行为，同时涉嫌触犯投放危险物质罪和他罪的情况。行为人出于泄愤报复或者其他个人目的，采取投放危险物质方式残害牲畜，破坏公私财物而触犯投放危险物质罪、破坏生产经营罪、故意毁坏财物罪。想象竞合犯属于想象的数罪，由于其行为的单数性，实质上是一罪，应采用"从一重处断"的原则论处，即当投放危险物质罪与破坏生产经营罪、故意毁坏财物罪竞合时应定投放危险物质罪。被告人明知该投放行为会引起不特定人或禽畜中毒伤亡的后果，其行为对公共道路过路的人员和禽畜安全具有危险性，客观上足以危害公共安全；主观上为追求自家药材不被禽畜破坏，任意投放危险物质，并放任结果发生，属于间接故意。所以其行为符合投放危险物质罪、破坏生产经营罪、故意毁坏财物罪。两名被告人的行为同时触犯了上述三个罪名，属于想象竞合，按照"从一重处断"的原则论处，应以投放危险物质定罪。

（三）注重对司法办案的政治效果、法律效果和社会效果相统一

对于自首的犯罪分子，可以从轻或者减轻处罚。案发后，被告人投案自首，主动接受讯问，如实供述犯罪事实，积极配合派出所的侦查工作，按照刑法规定，可以从轻或者减轻处罚。同时，被告人取得被害人的谅解，可以从轻处罚。本案中，两名被告人对自己犯下的罪过悔恨不已，积极主动赔偿被害人，弥补对被害人造成的损失，取得被害人的谅解，并出具了谅解书。根据相关司法解释规定，对于积极赔偿被害人经济损失并取得谅解的，可以予以从轻处罚。此外，被告人与被害人系邻里纠纷，应酌情从宽处罚。从案卷材料可知，两名被告人作为药材地承包者和生产者，长期居住在吴家村，与该村村民已融为一个村集体，可视为同村邻里纠纷、农业生产纠纷。按照最高人民检察院《关于在检察工作中贯彻宽严相济刑事政策的若干意见》规定，对因亲友、邻里及同学同事之间纠纷引发的轻微刑事案件，要本着"冤家宜解不宜结"的精神，着重从化解矛盾、解决纠纷的角度正确处理，可以依法向人民法院提出从宽处理的意见。检察机关基于以上三方面因素并从政治效果、法律效果和社会效果考虑，对两名被告人提出判处有期徒刑两年半至三年半有期徒刑并适用缓刑的量刑建议，最终法院采纳量刑建议，两名被告人被依法从轻处罚。这也能够弘扬守望相助、友善相处的乡邻美德，维护基于乡俗、地缘关系建立的情感和道德纽带。

撰写人：陕西省蒲城县人民检察院　姚宁虎　王　潮

江苏省高邮市人民检察院诉倪某松等生产、销售伪劣产品案

【基本案情】

检察机关：江苏省高邮市人民检察院。

被告人：倪某松，男，1966年5月出生，扬州市某生物科技有限公司（以下简称甲公司）实际经营人。

被告人：董某阳，男，1979年3月出生，甲公司销售员。

2013年6月，被告人倪某松出资与董某阳等人注册成立甲公司，经营范围为农药销售。

2014年4月，倪某松、董某阳与山东某药业有限公司（以下简称乙公司）合作，使用国家禁用的廉价原料替代主要原料，降低有效成分含量，生产伪劣农药。其中，倪某松出资购买生产线和原材料，董某阳负责销售，二人共同核定配方和生产计划。2014年底，董某阳中途退出，倪某松继续销售，并对农药品种和生产配方进行部分调整。截至案发前，倪某松参与生产货值金额432万余元，参与销售货值金额325万余元；董某阳参与生产货值金额288万余元，参与销售货值金额253万余元。

【诉讼过程和结果】

2017年4月5日，江苏省扬州市公安局以倪某松、董某阳涉嫌生产、销售伪劣产品罪移送扬州市人民检察院审查起诉。同年5月5日，该案移交高邮市人民检察院办理。高邮市人民检察院经审查，退回公安机关补充侦查并提出如下补充侦查意见：（1）询问乙公司的生产、保管、技术人员，查清两被告人参与农药生产的相关行为。（2）调取伪劣农药配方、原料使用记录、进出库单据等书证资料，查清已销售农药成分与同类被扣押抽检的农药成分是否一致。（3）调取过期农药外包装和产品说明书，确定过期农药的伪劣属性。关于是否成立单位犯罪的问题，甲公司成立后，主要从事犯罪活动；实际上是犯罪嫌疑人倪某松、董某阳个人借助乙公司场地从事犯罪活动，故不属于单位犯罪。乙公司及其法定代理人王某军已由山东省五莲县公安局立案查处。2017年9月1日，高邮市人民检察院以倪某松、董某阳涉嫌生产、销售伪劣产品罪

提起公诉。

2018年11月20日，高邮市人民法院一审判决，以生产、销售伪劣产品罪分别判处倪某松有期徒刑15年，并处罚金170万元；董某阳有期徒刑12年，并处罚金130万元。一审判决后，倪某松提起上诉。2019年3月19日，扬州市中级人民法院二审裁定驳回上诉，维持原判。

【典型意义】

依法从严打击生产、销售伪劣产品犯罪是检察机关保护农民合法权益和维护农村稳定的职责。该案是一起危害农资安全的重大案件，销售金额200万元以上，且在农药中添加隐性违禁成分，直接影响食品安全和当地生态环境安全。该案办理过程中，存在已销售农药数额核定难、过期农药鉴定难、生产事实认定难、共犯行为定性难。检察机关注重引导侦查，着力构建完备的证据体系，合理使用证据规则，精确适用法律，对类案的办理具有一定的借鉴意义：

（一）根据生产数量记录、现存农药鉴定意见、农药配方等证据，可将已售农药价值纳入犯罪数额予以认定

在司法实务中，已经销售的农药因实物无法查找，是否伪劣无法鉴定，该部分犯罪数额很难认定。该部分数额在该案中占有很大比例，为准确认定，检察机关从以下三个方面锁定闭合证据链：一是调取乙公司及甲公司的生产记录、进货量、退货量、库存量确定销售数额。二是引导公安机关对被查获的同类农药产品进行抽样检验认定产品伪劣属性。三是通过保管员证词及调取的生产记录，证实农药配方及生产数量情况；通过生产主管证实实际生产情况与生产记录一致，农药配方未更改过，证实配方中添加国家禁用成分及生产的数量，构建已售农药与被查农药的伪劣属性关联。由此，证据之间能够相互印证，形成闭合的证据链，对已经销售的农药仍应予以认定。

（二）根据同类未过期农药的鉴定、外包装注明的产品标识等证据，可将已过期农药价值纳入犯罪数额予以认定

鉴定机构认为，部分农药过了保质期，存在自然挥发等因素，不符合鉴定条件。检察机关认为，第一，根据《产品质量法》第26条第2款规定，产品质量应当"符合在产品或者其包装上注明采用的产品标准"，相关司法解释对此也予以明确，现有包装标识可以查明过期农药的产品标准。第二，同类未过期的农药经鉴定表明，其所含有效成分的种类名称与产品标签、说明书上注明的有效成分明显不符，应当认定为假农药。第三，由于过期农药与未过期农药在成分比例、配方、工艺方面具有一致性，根据实物属性同一性原则，不合格配方是无法产出合格产品。据此，可以认定过期农药同样属于伪劣产品，其价

值应当纳入犯罪数额。

（三）行为人参与核定农药配方、制定生产计划、选购原材料等行为可以认定为生产行为

通常情况下，生产类犯罪主要是指利用原材料，采取一定的工艺方法直接实施加工、组装、制造产品的实行行为。但司法实践中，部分行为人未直接参与上游生产，而是提供资金、配方、生产计划委托他人代为加工，是生产行为的组织者、发起者。该案中，综合生产方证言、出入库单据等证据，可以证实被告人具有提供资金、选购原料、核定配方、制定计划等行为，是生产伪劣农药的犯意源头，故应当认定为《刑法》第140条规定的生产行为。

（四）共犯中途退出后危害结果继续发生的，应充分考虑各被告人的实质作用，合理划分刑事责任

董某阳长期从事农药销售业务，在搭建销售网络、制定生产计划、核定农药配方等方面发挥重要作用。2014年底，董某阳离开甲公司后，倪某松继续销售此前的伪劣农药，且主要利用董某阳建立的销售网络，故董某阳应对该部分犯罪数额负责。2015年后，倪某松根据市场需求变化，擅自调整农药品种、生产配方和销售渠道，主观上已经超出之前的共犯故意，客观上也消除了董某阳的共同犯罪"原因力"，故董某阳对此部分不负刑事责任。

撰写人：江苏省高邮市人民检察院　陆秀喜

山西省永济市人民检察院诉陈某销售伪劣产品案

【基本案情】

检察机关：山西省永济市人民检察院。

被告人：陈某，男，1985年2月出生，农民。

2010年9月至2016年4月期间，被告人陈某在"马可波罗"等多个网站利用虚假营业执照及种子经营许可证，注册了"北京华欧研农农业发展有限公司"等多家公司，进行虚假销售种子宣传，并从网上或者其他途径购买散种子，然后分装、重新贴上标签或者不贴标签，冒充进口种子销往全国各地，销售金额达64.1184万元。其中，2015年7月，被告人陈某从网上购得无标示的西兰花种子，冒充美国"格福"西兰花种子，以北京华欧研农农业发展有限公司的名义，将该种子分包后以10400元销售给永济市于乡镇洗马条山蔬菜种植专业合作社（以下简称合作社）。合作社将种子育苗后分给合作社社员32户种植，共种植大棚61.5亩。到2015年11月收获季节，发现该批西兰花种子结球小、现蕾慢、花心腐烂。经永济市农作物种子质量监督检测中心检验，该批"格福"西兰花种子发芽率为62%，达不到国家标准85%的发芽率。经永济市价格认证中心价格鉴定，合作社社员损失19万余元。案发后被告人陈某的家属赔偿了合作社损失共计11.8万元。

【诉讼过程和结果】

2016年7月29日，公安机关以陈某涉嫌销售伪劣产品罪向山西省永济市人民检察院移送审查起诉。审查起诉阶段，永济市检察院审查了全案卷宗，讯问了陈某，针对陈某对销售数额提出的异议逐笔进行核对。2017年1月3日，永济市检察院以陈某涉嫌销售伪劣产品罪提起公诉；3月8日，永济市人民法院公开开庭审理本案。

庭审中控辩双方争议的焦点为，陈某销售的种子是否为假种子，陈某的行为是否是《刑法》第140条规定的"以假充真"，是否构成犯罪。

公诉机关认为：（1）本案中被告人陈某从网上或者其他地方购进种子（未知），自制不符合国家规定的标签冒充进口种子在网上公开销售，其所销售的对象符合种子法规定的假种子。（2）本案有物证打印机、电脑、散装种子及包装好的伪劣种子等证据证明被告人将散装种子分包后冒充进口种子予以销售；被告人陈某供述其没有种子经营许可证，通过网络虚假宣传，从网上购得散装种子，为谋取高额利益，自制包装袋冒充进口种子通过网络公开用自己的名字或者冒用他人名义予以销售，销售金额为64万余元。本案各个证据取证合法且能相互印证，被告人陈某的行为是《刑法》第140条规定的"以假充真"。(3) 本案的犯罪对象是种子，是假种子，人们一旦购得假种子，损失的是一季、一年的收成，从本案证据可以看出被告人陈某对普通的农户所造成的伤害。这一犯罪所侵害的不仅是国家对农用生产资料质量的监督管理制度，更为严重的是破坏了农业生产。而被告人陈某为了谋取高额利润，从网上购进不知是否为合格的种子，经自制包装、标签，冒充进口种子予以销售，严重损害了农户的合法利益，应予严惩。

永济市人民法院采纳了检察机关的指控意见，以销售伪劣产品罪对陈某进行定罪，综合考虑犯罪事实和被告人陈某案发后赔偿了合作社农户的损失，判处被告人陈某有期徒刑8年，并处罚金35万元。宣判后，被告人未提出上诉，该判决已生效。

【典型意义】

(一) 种子种类、品种与标签标注内容不符的，应认定为假种子

种子是一种特殊的产品，对这一特殊产品的认定首先要求是具有普通产品的性质，更重要的是要用种子这一特殊产品的认定标准。种子法于2000年制定，前后经过三次修正，分别是2004年、2013年、2015年。陈某的行为发生在2010年9月至2016年4月期间，2004年、2013年《种子法》第46条、2015年《种子法》第49条，均规定以此种品种种子冒充其他品种种子、种子种类、品种与标签标注内容不符的，是假种子。本案被告人陈某销售给农户的种子，是从网上或者其他地方散进的，后用自制标签进行标注，或者根据农户的购买意向进行标注，因此，被告人陈某销售的种子符合种子法规定的假种子。

(二) 被告人的行为构成销售伪劣种子罪、销售伪劣产品罪，系法条竞合，择一重罪处断

本案的犯罪对象是假种子，但同时又是一种特殊的产品。销售伪劣种子罪以使生产遭受损失的数额确定量刑幅度，本案中的假种子通过网络销售至全国各地，农作物的特殊性、时效性致使案发时已无法对损失作出认定。本案已查明农户遭受损失的数额为19万余元，根据法律规定，属重大损失，处刑幅度为3年以上7年以下。而销售伪劣产品罪以销售金额确定量刑的幅度，证据能

够证明被告人销售金额达 64 万余元,处刑幅度为 7 年以上有期徒刑。被告人陈某的行为既构成销售伪劣种子罪,又构成销售伪劣产品罪,系法条竞合。就本案的证据来看依照销售伪劣产品罪处罚较重,以销售伪劣产品罪定罪处罚。

    撰写人:山西省永济市人民检察院 吕红平

黑龙江省鹤北人民检察院诉许某文销售伪劣产品案

【基本案情】

检察机关：黑龙江省鹤北人民检察院。

被告人：许某文，男，1954年2月出生，系黑龙江甲种业有限公司（以下简称甲公司）经理。

2016年4月，被害人刘某某、谢某某、王某某等16人分别在鹤北林业局卢某某经营的"鹤北农资商店"购买了外包装为甲公司生产的"海885"玉米种子，共计人民币71610元。同年秋收时，上述被害人发现所购"海885"玉米种子的产量相对于往年畸低，遂找到卢某某理论。卢某某带着被害人找到甲公司后，获悉因该公司生产的"海885"玉米种子已售罄，时任公司总经理的被告人许某文遂决定将"黑龙江乙种业有限责任公司"（以下简称乙公司）的试验品种"4373"玉米种子灌装进"海885"的包装袋中，经"鹤北农资商店"销售给不知情的上述被害人，造成被害人玉米产量大幅减产。经黑龙江省农作物品种审定委员会技术室证明，"海885"玉米品种及"4373"玉米品种均未经黑龙江省农作物品种审定委员会审定通过，不能对外推广、销售。刘某某等16名被害人先后向黑龙江省鹤北林业地区公安局报案。

【诉讼过程和结果】

2018年11月8日，黑龙江省鹤北林业地区公安局以许某文涉嫌销售伪劣产品罪移送鹤北人民检察院审查起诉。案件受理后，承办检察官讯问了犯罪嫌疑人，并听取了16名被害农户的意见，审查了全部的案卷材料，2018年12月6日将案件退回公安机关补充侦查。公安机关于2019年1月6日补充侦查完毕，重新移送审查起诉。2019年2月1日，鹤北检察院以被告人许某文犯销售伪劣产品罪提起公诉。同年3月21日，鹤北人民法院依法公开开庭审理了本案。同年4月4日，法院作出一审判决，依据《刑法》第140条、第149条第1款、第67条第3款的规定，以销售伪劣产品罪判处被告人许某文罚金人民币4.5万元。

判决宣告后，被告人许某文未上诉，检察机关未抗诉，判决已生效。

【典型意义】

种子是农业生产最基本最关键的生产资料，种子质量的优劣关系农业生产的稳定，关系农产品的品质，关系农民的切身利益。近年来，随着种子管理体制改革的进行，国有种子部门已彻底退出种子生产经营市场，种子的供给工作基本由民营种子公司和个体代销户来完成。企业或者个人在生产销售种子时，出于非法牟利的目的，采取生产、销售假种子，或者生产、销售以不合格的种子冒充合格种子，会使农业生产遭受较大的损失。

综观本案，在审查起诉阶段，许某文曾辩称："未经审定推向市场的行为不违法，推广的品系是不需要任何部门批准，可以直接推广的，不需要备案，也不需要告知种植户是推广实验的品系，不需要与农户签订协议，种植失败后可与种植户协商，给予适当补偿，公司用乙公司生产的'4373'品系的玉米种子灌装进其公司生产的'海885'品系的玉米种子包装袋中对外销售的行为是不违法的。如果给农户造成损失，其公司进行赔偿就可以了。"针对许某文的辩解，承办检察官认真审查案件的全部证据材料，认为涉案的"4373"和"海885"玉米种子是否经过主管部门的审定通过是关键问题。依据《种子法》第23条规定，应当审定的农作物品种未经审定的，不得发布广告、推广、销售。可见，对外推广的农作物品系是需要相关部门审定后才能够对外推广、销售的。乙公司生产的"4373"品系的玉米种子和甲公司生产的"海885"品系的玉米种子是否经过主管部门审定通过，是侦查机关必须查实补充的证据。针对需要进一步查证的问题，黑龙江省鹤北人民检察院于2018年12月6日将案件退回黑龙江省鹤北林业地区公安局补充侦查。2019年1月16日，又向公安机关下达了提供法庭审判所需证据材料通知书，要求公安机关进一步补强证据。补充查证的内容包括：（1）乙公司生产的"4373"玉米种子和甲公司生产的"海885"玉米种子是否经过国家相关部门的审定，两个品系的玉米种子是否可以对外销售？（2）需要对16名被害人的受损情况进行定损，由被害人估算的受损金额不能作为定罪量刑的依据。（3）查实本案是否涉及单位犯罪，因为单位也可以成为该罪的犯罪主体，可能涉及双罚制。（4）侦查卷宗中由甲公司向16名被害农户销售的假的"海885"玉米种子所出具的售凭证上的销售金额及被害农户的签名与实际销售金额和被害农户姓名不符。以上问题要求侦查机关进一步核实。

经公安机关补充侦查，对于"4373"品系的玉米种子和"海885"品系的玉米种子是否经过相关部门审定通过的问题，经黑龙江省农作物品种审定委员会技术室证明，乙公司生产的"4373"品系的玉米种子和甲公司生产的"海885"品系的玉米种子均未经过黑龙江省农作物品种审定委员会审定通过，不能对外推广、销售，两种玉米种子均属不符合产品质量标准的种子。对于受损金额的问题，因被害人在发现受损后找过许某文，双方商议先将受损的作物收割出卖，由许某文赔偿损失，后许某文不予赔偿，被害人才向公安机关报案，但因农作物已不存在，无法鉴定受损失金额。对于是否涉及单位犯罪的问题，经侦查机关查实，将未经审定的玉米种子对外销售并未经过公司的决策机构批准和决定，是许某文擅自实施的，犯罪所得利润归许某文个人。侦查机关通过对犯罪嫌疑人的进一步讯问及对被害农户的询问，查明卷宗中销售凭证上被害农户姓名不符的问题是由于当时开具票据时同音字书写错误，侦查机关已经更正，并附上被害农户的身份证复印件予以证实；对于销售凭证上的销售金额与被害农户实际购买的金额不符的问题，侦查机关再一次进行了核实，最终得出了唯一的准确数据，确定了最终的销售金额。结合补充收集的证据，检察机关再一次讯问许某文，许某文对自己的犯罪事实供认不讳，并承诺会在公司其他项目回款后积极赔偿被害农户的经济损失，争取从轻处罚。

检察机关在办理此类案件时，应着重从以下几个方面开展工作：第一，行为人实施该犯罪主观上是故意的，其目的是非法牟利。证实主观上的"明知"，检察机关可以通过犯罪嫌疑人的供述、证人证言及其他客观证据证实。如犯罪嫌疑人自认销售明知是假的种子或者以不合格的种子冒充合格的种子，或者其他证人证实犯罪嫌疑人实施了销售"明知"是假的种子或者不合格的种子冒充合格的种子的行为。第二，认定犯罪嫌疑人销售的种子是假的，不合格的种子，依据种子法的相关规定，需要有相关资质部门的鉴定及出具的证明。本案中，农业部谷物及制品质量监督检验测试中心检验报告以及黑龙江省农作物品种审定委员会技术室出具的证明均能够证实犯罪嫌疑人销售的种子系不合格的种子。第三，销售伪劣产品罪与销售伪劣种子罪之间属于法条竞合关系，如果行为人的行为既构成销售伪劣种子罪，同时又构成销售伪劣产品罪，依二者之间处罚较重的规定定罪处罚。销售伪劣种子罪是结果犯，行为人销售伪劣种子，致使农业生产遭受较大损失的，才能构成本罪。造成的损失结果是定罪量刑的依据，而如何认定损失结果需要被害农户提供损失情况及鉴定部门的鉴定结论。被害农户提供的损失情况，需要横向和纵向的对比数据，如相比往年相同地块种植同类种子减产的数据，相比同年其他农户种植同类种子的减产数据等。同时还需要相关农业部门的鉴定结论及物价部门出具的玉米价格证明，得出被害农户损失情况。反观本案，被害农户在发现种植的玉米相对往年减产严重后，没有保留当年玉米减产的准确数据，又将收割后的玉米进行了出售，鉴定机关无法作出鉴定，而仅凭被害农户自己估算的损失金额是不能作为定罪证据使用的。因损失结果不能确定，故本案行为人许某文不能以销售伪劣种子罪定罪。检察机关根据最终确定的销售金额人民币 71610 元,依据《刑法》第 149 条第 1 款的规定,认定许某文构成销售伪劣产品罪。第四,检察机关从服务保障非公经济发展方面,应当发挥重要作用。在市场经济的大潮下,多种经济形式并存,非公企业是经济发展的中流砥柱。然而很多非公企业内部规章制度不完善、管理模式因循守旧,在资金管理、产品销售、商业秘密和知识产权保护等环节缺乏有效监管。混乱的财务管理制度、缺失的审批制约机制给非公企业内部人员实施犯罪提供了可乘之机,严重损害企业形象的同时,也给企业造成了巨大的经济损失。因此,检察机关应当切实增强非公企业人员的法治观念,根据非公企业需要,结合检察工作实际,积极开展送法进企活动,做好法律咨询服务,帮助企业防范化解企业经营风险,帮助企业和员工依法维权。

"民以食为天",我国是个农业大国,农业是国民经济的基础。如何提高农民朋友对购买"真伪"生产资料识别、防范的意识对于保障农产品丰收是十分重要的。检察机关应当充分发挥监督职能,建议并协同乡镇政府及农业相关部门做好宣传工作,让农民朋友了解在购买生产资料时应该注意的问题,以及发生较大经济损失后应该如何保留证据,如何维权的方法和途径。对于农民朋友向检察机关反映的问题,应密切沟通,认真核实,及时解决他们的合理诉求,让农民朋友感受到更多的获得感、幸福感、安全感,真正实现"检声"与民意的和谐共振!

撰写人:黑龙江省鹤北人民检察院　陈　洋

四川省天全县人民检察院诉彭某波、李某芬生产、销售有毒、有害食品案

【基本案情】

检察机关：四川省天全县人民检察院。

被告人：彭某波，男，1968年3月出生，农民。

被告人：李某芬，女，1969年5月出生，农民。

2019年4月初，彭某波、李某芬夫妻二人在位于四川省天全县小河乡秋丰村四组11号的家中收购竹笋，并将收购的竹笋通过加食盐蒸煮或使用焦亚硫酸钠（食品添加剂）浸泡后销售给竹笋加工企业。因收购的竹笋数量大，为提高生产加工效率，降低成本，彭某波、李某芬明知工业硫黄系非食品添加剂仍决定使用网上购买的工业硫黄熏制竹笋。二人在夜晚采用点燃工业硫黄的方式熏烤竹笋，以达到防腐的目的，因燃烧的工业硫黄散发强烈的刺激性味道，被群众举报。

2019年4月13日，天全县市场监督管理局接群众举报后，在现场查获二人使用工业硫黄生产加工的竹笋20.09吨，用焦亚硫酸钠或食盐加工的竹笋25.5吨，未经加工的竹笋6.97吨，执法人员对竹笋进行现场抽样送检。四川省雅安市产品质量监督检验所根据《食品安全国家标准 食品中二氧化硫的测定》（GB5009.34-2016）的检验方法对竹笋二氧化硫残留量进行检测。经检测，两份使用工业硫黄熏烤的竹笋样本分别超过《食品安全国家标准食品添加剂使用标准》（GB2760-2014）中"腌渍的蔬菜"二氧化硫残留量标准的7.44倍和1.39倍。2019年4月19日，天全县市场监督管理局对彭某波、李某芬使用工业硫黄熏制的竹笋进行深埋销毁。

【诉讼过程和结果】

2019年4月13日，天全县市场监督管理局向天全县人民检察院电话通报案件情况，天全县人民检察院建议对现场查获的工业硫黄、甘草等物证进行扣押，对竹笋进行抽样检测。4月15日，天全县检察院根据"两法衔接"机制，召集天全县公安局、天全县市场监督管理局对案件进行会商。天全县检察院提出采用工业硫黄熏烤竹笋的行为已涉嫌生产、销售有毒、有害食品罪，建议天

全县市场监督管理局对熏烤锅具进行扣押、送检,建议将案件移送公安机关立案侦查。4月16日,天全县检察院向天全县市场监督管理局书面发出建议移送涉嫌犯罪案件函。2019年5月9日,天全县市场监督管理局将案件移送天全县公安局,当日,天全县公安局立案侦查,并对二人采取取保候审强制措施。

2019年10月28日,天全县检察院以彭某波、李某芬涉嫌生产、销售有毒、有害食品罪提起公诉。11月8日,天全县人民法院公开开庭审理本案。在法庭辩论阶段,公诉机关认为彭某波、李某芬的行为已构成生产、销售有毒、有害食品罪,建议对二人分别判处1年以上2年以下有期徒刑,并处罚金。针对辩护人提出的自首、适用缓刑意见进行答辩:彭某波、李某芬系公安机关和市场监管部门联合执法过程中被查处的犯罪事实,二人虽不是自动到案,但如实供述犯罪事实,且认罪认罚,符合坦白的规定,可以从轻处罚。对于适用缓刑的辩护意见,公诉机关认为该案加工竹笋的数量大,且该类案件在本地区频发,严重影响人民群众的身体健康,不同意同时对二人适用缓刑。但鉴于二人系夫妻,需要赡养老人和供养子女,建议法庭考虑该特殊情况,如适用缓刑,应当明确对其禁止从事食品生产、销售相关行业。

2019年11月14日,天全县人民法院作出一审判决,以生产、销售有毒、有害食品罪判处被告人彭某波有期徒刑1年,罚金1万元;以生产、销售有毒、有害食品罪判处被告人李某芬有期徒刑1年,缓刑2年,罚金1万元,禁止李某芬在缓刑考验期间从事食品的生产、销售及相关的活动。

一审宣判后,两名被告人未上诉,判决已生效。

【典型意义】

农副产品时令性强、生产周期短,家庭作坊或规模小的企业因缺乏保鲜技术,为达到降低成本和防腐目的,在生产加工阶段往往滥用食品添加剂甚至使用非食品原料进行加工,导致农副产品二氧化硫残留量严重超过安全标准,人体过多摄入二氧化硫对神经系统、肾脏、肝脏都会造成损害,具有高致癌危险。天全县人民检察院通过与行政执法部门、公安机关密切配合,严厉打击利用非食品添加剂工业硫黄加工竹笋案件,让食品生产加工企业和个别存侥幸心理的违法犯罪人员深切感受到,食品安全就是带电的高压线,从而真正感受到法律的威慑力。

四川省天全县竹林资源丰富,"天全竹笋"品牌于2018年12月获国家农产品地理标志登记保护,在市场上备受全国各地消费者青睐,属地方特色农副产品。因此案涉及的有毒有害竹笋数量达20吨,案件发生后,竹笋生产、销售企业纷纷对竹笋原材料的安全问题表示出一定的担忧,部分消费者也对天全县生产的竹笋食用安全产生了质疑。为打消企业的担忧和消费者的质疑,天全县人民检察院主动邀请当地部分人大代表、政协委员和竹笋生产、销售企业家以及消费者代表参与旁听庭审。通过证据展示,证明彭某波、李某芬使用工业硫黄加工的竹笋尚未进行销售就被依法查处,表明了行政执法部门和司法机关对严厉打击危害食品安全犯罪的决心和力度,打消了经营者、消费者对天全竹笋安全的疑虑。同时,公诉人在发表公诉意见时,分层次对此案被告人、食品生产加工、销售企业以及广大群众进行了法治宣传,深入阐释了有毒、有害食品对广大群众身体健康甚至生命安全的严重危害以及维护食品安全的高度重要性。庭审后,参与旁听的竹笋生产、销售企业代表非常感谢检察机关对天全竹笋品牌和企业声誉的保护,表示将继续严把产品质量安全关口,生产出让老百姓喜欢、信赖的产品,全力维护天全竹笋口碑。天全县人民检察院该案的办理达到了"办理一案,警示一片"的效果,既让人们群众吃上健康、安全的特色农副产品,又有效维护了地方特色农副产品的品质,为拓宽群众增收致富渠道、促进地方经济发展提供了良好的法治保障。

撰写人:四川省天全县人民检察院　彭　文

河北省献县人民检察院诉王某江、王某强非法吸收公众存款案

【基本案情】

检察机关：河北省献县人民检察院。

被告人：王某江，男，1964年12月出生，农民。

被告人：王某强，男，1988年3月出生，农民。

2014年1月，被告人王某江、王某强设立登记献县某玉米种植专业合作社（以下简称某合作社），在未经中国人民银行和银监会批准许可的情况下，通过某保险公司农村业务员李某龙、肖某活等人，以发放入社奖励宣传页、给信贷员存款提成、存款利率高于银行利息、开具《献县某玉米种植专业合作社存款单据》等方式，向不特定的农村群众非法吸收存款。部分存款用于租地打井、购置农机设备、修建养殖场、种植木耳、养殖山羊等，合作社的日常吸储和经营管理主要由王某江负责。后因盲目投资、经营不善造成资金链断裂，无法按期返本付息。某合作社的办公设备、农场的农机工具等被存款户拉走抵债。案发后，公安机关聘请某会计师事务所对该合作社的账目进行审计，认定某合作社经营期间共吸收公众存款128.5万元，其中返还本金4.4万元，至案发共造成村民损失124.1万元，涉及集资参与人21户。

【诉讼过程和结果】

2016年12月29日，公安机关对某合作社非法吸收公众存款案立案侦查。2017年5月25日，王某江投案自首，当日被刑事拘留，6月23日，献县人民检察院以涉嫌非法吸收公众存款罪对其作出批准逮捕决定。8月22日，献县公安局侦查终结移送起诉。2018年2月8日，献县检察院向法院提起公诉。2018年5月15日，献县人民法院一审以非法吸收公众存款罪判处王某江有期徒刑3年8个月，罚金7万元。

2018年3月27日，王某强潜逃1年零3个月之后被公安机关抓获。王某强到案后如实供述自己的犯罪事实，同日被刑事拘留，4月24日，被献县检察院批准逮捕。6月5日，献县公安局侦查终结移送起诉。2018年11月7日，献县检察院提起公诉。2018年12月27日，献县人民法院一审以非法吸收公

众存款罪判处王某强有期徒刑3年10个月，并处罚金7万元；责令被告人王某强退赔16户集资人尚未返还的存款120.1万元，与同案犯王某江共同承担责任。

被告人王某江、王某强均未上诉，判决已生效。

【典型意义】

近年来，非法集资呈现"下乡进村"趋势，广大农村已成为不法分子的"猎场"。比如，在非法集资十大高发领域中，农民合作社就是其中之一。献县人民检察院在办理涉农非法集资案件中，坚持提前介入，积极参加公安机关的案情分析和讨论，在短时间内熟悉案情，明确取证重点，紧扣此类案件的本质特征和构成要件，积极主动引导公安机关收集固定证据，确保侦查取证质量的提高。

（一）认真审查证据，准确界定罪名

重点围绕是非法集资还是正常民间借贷，是非法吸收公众存款还是集资诈骗，是单位犯罪还是个人犯罪进行证据审查和分析论证。首先，审查王某江等人的集资行为是否具备违法性、公开性、利诱性、社会性，以区别于正常的民间融资；其次，考量行为人主观目的是非法牟利还是非法占有，围绕集资款是否主要用于生产经营活动、是否肆意挥霍集资款、是否携款藏匿、是否抽逃转移资金等七方面引导公安机关补强证据，审查起诉阶段两次退查、三次延期，通过资金账目审计、询问知情人员、查询银行卡、调取转账记录，仍未查明王某江、王某强使用诈骗手段非法集资的非法占有目的，只能认定为非法吸收公众存款犯罪；最后，针对非法集资行为以合作社的名义开展，是单位犯罪还是个人犯罪进行重点审查，鉴于某合作社成立后，尽管从事了部分农业生产和作物养殖，但以实施非法集资犯罪为主要活动，不以单位犯罪论处。

（二）落实宽严相济刑事政策，对涉案人员分类处理

王某江、王某强在合作社成立期间，除负责日常经营、管理账目之外，收取保管储户缴纳的资金，并决定资金用途，系非法集资犯罪活动的组织者、领导者，案发后未积极筹集资金退赃退赔，应作为共同犯罪重点惩处。其中，王某江掌握资金去向，在共同犯罪中作用突出，王某强罪责相对较轻。尽管王某江主动投案自首，但案发后未积极筹集资金退赃退赔，应作为共同犯罪中重点惩处对象。业务员李某龙、肖某活生活在农村，既是底层业务员，也是集资参与人，二人为他人向社会公众非法吸收公众存款提供帮助，从中收取部分提成费，构成非法吸收公众存款共犯，应当依法追究刑事责任。但是，二人吸收的款项大部分来源于亲友，甚至本人，损失惨重，提成款已全部退赔，甚至自付

资金赔偿了部分集资人的损失，取得集资人的谅解，情节轻微，应与非法集资活动的组织者、领导者、骨干人员区别对待，可免于处罚，无再行追诉的必要。

（三）着眼追赃挽损，最大限度保护农村群众合法权益

献县检察院坚持查明犯罪事实与追赃挽损并重，把损失能否挽回作为评价办案效果的重要标准。办案中，对公安机关调查资金流转、去向、用途以及查封、扣押、冻结资产积极提出检察建议，会同公安、法院对犯罪嫌疑人的非法所得依法追查到底，督促做好涉案资产的评估核算、拍卖变现和清理偿付等工作，最大限度地挽回经济损失。

（四）参与社会治理，为预防惩治农村金融犯罪贡献检察力量

献县检察院结合办案，对涉农非法集资案件进行梳理总结，分析原因，查找农村金融管理上的漏洞和行业监管制度落实上的缺陷，提出加强农村金融秩序管理、增强群众风险防范意识的预警防范工作报告，配合农工部、银监办、公安、宣传部等相关部门共同研究对策，建立健全多种形式的社会联系制度，构建涉众型经济犯罪预防处置体系，有效遏制非法集资活动在乡镇农村的滋生蔓延。

撰写人：河北省献县人民检察院　赵春燕

广西壮族自治区西林县人民检察院诉
黄某丰等三人职务侵占案

【基本案情】

检察机关：广西壮族自治区西林县人民检察院。

被告人：黄某丰，男，1953年3月生，广西壮族自治区西林县那劳镇顶蚌村顶蚌屯出纳、二组组长。

被告人：黄某良，男，1954年10月生，广西壮族自治区西林县那劳镇顶蚌村顶蚌屯会计、一组组长。

被告人：罗某光，男，1953年10月生，原为广西壮族自治区西林县那劳镇顶蚌村支书、村委会主任，现为西林县那劳镇顶蚌村护林员。

2007—2009年，黄某丰、黄某良伙同罗某光在未经村民小组会议讨论决定的情况下，擅自以村民小组的名义与本村集体以外成员舒某奎签订《承包土地造林等合同书》，将位于顶蚌屯"渭河沟"的集体土地发包给舒某奎，舒某奎共支付土地承包金8万元，黄某丰等三人对土地承包金进行私分，其中黄某丰、黄某良得款4.7万元，罗某光得款3.3万元。

2011年1月，黄某丰、黄某良、罗某光三人又采取上述手段擅自将位于顶蚌屯"渭河沟"的集体土地发包给本村集体以外成员幸某义，三人得3.08万元承包金后进行私分，其中黄某丰、黄某良得款2.42万元，罗某光得款6600元。

【诉讼过程和结果】

2013年3月20日，广西壮族自治区西林县公安局对本案立案侦查。经审查，公安机关认为因黄某丰、黄某良、罗某光三人未经村民会议讨论通过，擅自向集体成员以外的个人发包集体土地，违反了法律设定的民主议定程序，双方签订的相关合同对村民集体不发生法律效力；舒某奎、幸某义支付的承包金，不应视为集体财产，黄某丰、黄某良、罗某光等人私分承包金，仅为一般侵占行为，属于自诉案件，遂撤销案件。

西林县人民检察院认为，村民小组组长以村民小组名义对外签订土地发包合同，依此收取的承包金属于集体财产；根据相关司法解释精神，村民小组属于职务侵占罪中的"其他单位",村民小组集体财产属于职务侵占罪的对象。黄某丰、黄某良、罗某光等私分承包金合计11.08万元,其行为已构成职务侵占罪。

经西林县人民检察院立案监督,西林县公安局对黄某丰等三人立案并侦查终结后向西林县人民检察院移送审查起诉。2016年12月21日,西林县人民检察院以黄某丰、黄某良、罗某光犯职务侵占罪向西林县人民法院提起公诉。2017年6月1日,西林县人民法院公开开庭审理本案。

法庭调查阶段,公诉人宣读起诉书指控被告人黄某丰、黄某良、罗某光利用村民小组干部职务便利,瞒着本村屯群众与本村屯集体成员以外的人员签订土地承包造林合同,擅自将集体土地发包给他人,获得相关承包金后没有交给村屯集体分配,而是利用职务上的便利私自瓜分,数额较大,其行为构成职务侵占罪。对于指控的犯罪事实,公诉人出示了四组证据予以证明:(1)被告人黄某丰、黄某良、罗某光的立案情况及基本信息。(2)承包土地造林合同书、山界林权证书、舒某奎、幸某义支付承包金的记账凭证、顶蚌屯的现金流水账等。(3)舒某奎、幸某义等证人证言。(4)被告人供述与辩解。

法庭辩论阶段,公诉人发表公诉意见:被告人黄某丰、黄某良、罗某光作为村民小组干部,是村民集体的代表,他们使用集体土地与舒某奎、幸某义签订土地承包合同获取的承包金,属于集体财产。所谓村民小组,是指村民委员会之下的小组,是农村地区基层自治机构的组成部分,村民小组干部可以视为《刑法》第271条职务侵占罪中的"其他单位"人员。最高人民法院《关于村民小组组长利用职务便利非法占有公共财物行为如何定性问题的批复》,明确规定对村民小组组长利用职务上的便利,将村民小组集体财产非法占为己有的,构成职务侵占罪。本案中,被告人利用职务便利,将本应归属于集体所有的承包金占为己有,应以职务侵占罪对其定罪处罚。

被告人辩解:(1)黄某丰、黄某良对认定的事实有异议,认为自己是按照合同的约定取得自己应得的份额,其行为不构成犯罪。(2)被告人罗某光及其辩护人认为自己的行为不构成犯罪。

针对被告人提出其行为不构成职务侵占罪的辩解,公诉人指出:(1)被告人以集体名义违法发包土地、林地,对方支付价款的对象是村集体,价款自然归属于集体所有,被告人利用职务便利非法占有,构成职务侵占罪。(2)被告人罗某光虽已不担任村民小组干部职务,但与被告人黄某丰、黄某良商量并共同实施犯罪行为,符合最高人民法院《关于审理贪污、职务侵占案件如何认定共同犯罪几个问题的解释》的相关规定,应以职务侵占罪的共犯论处。

法庭经审理认为,被告人黄某良和被告人黄某丰、罗某光及其辩护人提出的三被告人行为不构成职务侵占罪的辩解、辩护意见，与审理查明的事实不相符，不予采纳；公诉人出示的证据能够相互印证，予以确认，起诉书认定的事实与庭审查明的事实相符，公诉机关指控的罪名成立。

2017年6月15日，广西百色市西林县人民法院作出一审判决，以职务侵占罪判处被告人黄某丰、黄某良有期徒刑各1年8个月；以职务侵占罪判处被告人罗某光有期徒刑1年6个月。

一审判决后，三被告人以量刑过重为由向百色市中级人民法院提出上诉。2017年8月17日，百色市中级人民法院经审理认为，一审认定事实清楚，证据确实充分，但鉴于三上诉人在二审诉讼期间全部退赃，当庭认罪、悔罪，均能认识到自己的错误，遂决定对三人从轻处理，对三人均以职务侵占罪判处拘役各6个月。

【典型意义】

土地是农村集体的主要财产，是农村社会管理的稳定器。村组干部在土地发包、流转过程中为自己谋取不正当利益，损害村组集体和广大村民合法权益，引发群众不满，严重威胁农村社会稳定。

实践中，对村民小组组长等村干部侵吞集体财产的，应当根据法律规定，准确分析定性。村民小组组长除协助基层政府从事救灾、抢险、防汛、优抚、扶贫、移民、救济等行政管理事务外，大多数情况下从事的是管理村民小组自身事务的职责，当其从事管理村民小组集体财产行为时，利用职务便利侵占集体财产，因村民小组组长并非国家工作人员，不能适用国家工作人员职务犯罪相关规定，应当以职务侵占罪论处。对于没有村民小组组长等村干部身份的人员与村干部勾结，利用担任村干部的职务便利，将集体应得收益占为己有，数额较大的，应以职务侵占罪共犯论处。

村委会（村组干）是村（组）集体的代表，根据《村民委员会组织法》第24条的规定，村集体土地承包经营方案须经村民会议讨论决定方可办理。村民委员会及村干部显然没有处置集体重大财产的决定权，未经村民会议讨论而擅自处分集体重大财产，应属无权处分。但在民事活动中，村委会干部（村组干）就是村民集体的代表，合同相对方与村委会（村民小组）签订土地承包合同，使用了集体土地，其交给村委会干部（村组干）资金，支付对象本质上是村民小组集体，这些资金应属于集体财产，属于职务侵占罪的对象。村组干部利用职务便利，将其瓜分私吞的，应当按照最高人民法院《关于村民小组组长利用职务便利非法占有公共财物行为如何定性问题的批复》的精神，属于将村民小组集体财产非法占为己有，以职务侵占罪论处。

检察机关在办理相关案件过程中，应当坚持民生导向，以维护农村农民利益为出发点，充分发挥法律监督职能，深入研究、准确认定犯罪主体、财产属性和行为性质问题，积极引导侦查取证，努力推进案件查处，切实维护农村集体利益。

承办人、撰写人：广西壮族自治区西林县人民检察院　何　松

江苏省无锡市新吴区人民检察院诉应某明
职务侵占、非国家工作人员受贿案

【基本案情】

检察机关：江苏省无锡市新吴区人民检察院。

被告人：应某明，男，1965年2月生，中共宜兴市湖㳇竹海村党总支书记、宜兴市湖㳇镇城管中队党支部书记。

2012年2月2日，中共宜兴市湖㳇镇委员会、宜兴市湖㳇镇人民政府发布《湖㳇镇美丽乡村建设实施计划》。具体计划实施中，由宜兴市湖㳇镇竹海村村民委员会制定该村环境综合整治规划，并与施工方签订施工合同，同时由江苏某环球建设项目管理有限公司（以下简称某公司）对工程项目实施跟踪审计，镇政府对工程实施财政奖补。2014年1月，某公司受竹海村村民委员会委托出具"竹海村结算编审报告"，审定竹海村"美丽乡村"建设工程项目总金额为1011.86万元，其中744.6万元由湖㳇镇政府以"补助金"等名义通过财政陆续拨款至竹海村村民委员会后支付，其余267.26万元由竹海村集体资金支付。

2012年4月至2013年间，被告人应某明在担任中共宜兴市湖㳇镇竹海村党总支书记期间，在负责该村"美丽乡村"建设工作过程中，采用隐瞒真实用途等方式，将其家庭经营的宜兴市湖㳇镇竹海村大钱门饭庄后院绿化、独立亭等景观工程建设费用共计62.4218万元，从竹海村"美丽乡村"建设工程项目经费中列支。

2012年至2016年间，被告人应某明利用担任中共宜兴市湖㳇镇竹海村党总支书记的职务便利，在负责该村"美丽乡村"建设工程、海会公墓墓穴工程等项目的发包、监管、结算过程中，为李某龙等人谋取利益，先后收受贿赂28万元及价值1万元的加油卡，并接受李某龙为其大钱门饭庄修建价值35万余元的仿古长廊。

2018年9月12日，无锡市新吴区监察委员会根据上级交办的线索对应某明以涉嫌贪污立案调查。应某明于同日归案，后如实供述该犯罪事实，并主动如实供述监察机关尚未掌握的非国家工作人员受贿犯罪事实，另揭发他人犯罪行为、经查证属实。

【诉讼过程和结果】

提前介入调查阶段，无锡市新吴区人民检察院经新吴区监察委商请，指派检察官提前介入，在听取案件情况通报、详细阅看案件材料后，就案件事实定性、犯罪数额认定提出工作建议。一是应某明在本案中从事的是"村务"而非"公务"，应以职务侵占罪、非国家工作人员受贿罪追究其刑事责任。二是建议委托第三方评估机构对无法直接计算数额的部分工程造价进行评估，以确定应某明侵吞工程款的具体数额。后新吴区监察委采纳检察机关的取证建议，但仅采纳部分定性建议，即将第一部分事实认定为贪污罪，其余收受贿赂的事实均认定为非国家工作人员受贿罪。

2018年11月22日，新吴区监察委以应某明涉嫌贪污罪、非国家工作人员受贿罪向新吴区检察院移送审查起诉。

审查起诉阶段，新吴区检察院审查全案证据材料，根据村民委员会组织法、土地管理法、全国人民代表大会常务委员会《关于〈中华人民共和国刑法〉第九十三条第二款的解释》（以下简称《解释》）等规定，对本案有争议部分事实的定性进行全面分析。2018年12月29日，新吴区检察院以应某明构成职务侵占罪、非国家工作人员受贿罪提起公诉。

法庭审理阶段，被告人及辩护人对检察机关指控的事实、罪名及证据均未提出异议，且积极退出全部赃款。公诉人对于本案的证据及各证据证实的事实详细论证，并着重就改变监察机关定性部分的事实、证据充分举证、说理。一是阐释农村基层群众自治制度、土地产权制度，说明"美丽乡村"建设工程所涉范围为村民自治范围内的事务，而非政府工程。二是出示湖㳇镇党委、政府相关文件等书证，证实应某明所利用的是村党总支书记管理本村公共事务的职权，而非协助政府从事行政管理工作的职权。三是出示竹海村"美丽乡村"建设工程合同、发票等书证材料及证人证言，证实"美丽乡村"建设工程的建设主体为竹海村及村民委员会、村基层党组织，而非地方党委、政府。因此，应某明利用其领导竹海村村民委员会组织、实施"美丽乡村"工程建设的职务便利条件，分别侵吞工程款和收受贿赂，应当以职务侵占罪、非国家工作人员受贿罪追究刑事责任。

2019年3月29日，新吴区人民法院以犯职务侵占罪，判处应某明有期徒刑2年3个月，以非国家工作人员受贿罪判处其有期徒刑1年9个月，决定执行有期徒刑3年，应某明退缴在案的赃款人民币62.4218万元发还被害单位。一审宣判后被告人未上诉，检察机关未抗诉，判决已发生法律效力。

【典型意义】

建设好生态宜居的"美丽乡村",是中央的重要决策部署,事关人民群众福祉。该案系在建设生态宜居"美丽乡村"过程中,农村基层组织工作人员利用职权实施职务犯罪的典型案例。在案件办理过程中,检察机关坚持监检互相配合、互相制约原则,准确适用罪名,最大限度挽回村集体损失,对此后同类案件的办理提供重要参考。

(一)准确区分"村务""公务",精准打击基层涉农职务犯罪

贪污罪和职务侵占罪具有相似性,但在构成要件、量刑标准等方面也有明显区别,需依法准确认定。一是村民委员会在村集体土地上实施农村环境整治工程,属村民自治范围内事务,即"村务"。本案中,"美丽乡村"建设由竹海村村民委员会制定具体规划,由村委发包相关工程,向施工方结算工程款,委托第三方审计。政府虽然给予竹海村相应比例的财政补贴,成立了负责工程的领导小组实施计划,规定由村书记担任"美丽乡村"建设工作第一责任人,但均未改变"美丽乡村"建设所针对的范围是农村环境,所占用土地性质为村集体土地的事实。二是应某明不属于《刑法》第93条第2款及《解释》规定的"其他依照法律从事公务的人员"。应某明并非镇党委、政府成立的"美丽乡村"建设工作领导小组及其下属机构成员,也未接受政府委托或授权代表政府行使职权,其仅作为竹海村党总支部书记,在"美丽乡村"建设中负责领导村民委员会办理本村公共事务,与协助政府工作无关。因此,应某明利用管理"村务"职权侵吞工程款、收受贿赂,应当分别评价为职务侵占罪、非国家工作人员受贿罪。

(二)准确把握监检互相配合、互相制约的原则,规范办理职务犯罪案件

在监察机关调查职务犯罪案件时,检察机关可以提前介入,重点就事实认定、法律适用等方面提出建议。若与监察机关存在意见分歧,经协商无法达成一致的,应按照分工负责的原则处理,检察机关不得因此参与职务犯罪案件的调查活动或干涉、妨碍调查工作。确需变更罪名的,应当在审查起诉阶段,综合全案证据,依法予以变更。本案办理中,新吴区人民检察院提前介入,就罪名问题与监察机关密切沟通;在审查起诉阶段,依法作出变更罪名的决定后及时通报监察机关,并充分解释说理,得到监察机关支持。通过互相配合、互相制约,检察机关、监察机关形成了打击基层涉农职务犯罪的合力,确保了法律的正确实施。

(三) 准确认定犯罪数额，有效挽回村集体损失

对于涉农职务犯罪，检察机关应当在准确认定犯罪金额的基础上，加大追赃挽损工作力度，切实挽回集体经济损失。本案中，应某明担任农村基层党组织书记13年，所犯罪行涉及农村基础设施建设这一民生领域，案发后基层群众反响强烈。检察机关在提前介入中，针对犯罪数额中部分平台建设费用难以计算的问题，提出以"竹海村结算编审报告"所确定的材料成本、基准日等为基础，委托第三方评估机构对该平台进行造价评估的详细取证建议。监察机关采纳取证建议，最终确定该平台建设费用为11万余元，新吴区检察院审查后将其计入应某明的职务侵占犯罪数额并获法院判决认可。审查起诉阶段，新吴区检察院多次向被告人释法说理，与其辩护人沟通，敦促被告人及时退出违法所得，争取从宽处罚，最终应某明于判决前退出全部违法所得，村集体的62万余元损失得以全数追回。

撰写人：江苏省无锡市新吴区人民检察院　史济峰　王　峰

辽宁省建平县人民检察院诉荆某亮假冒注册商标案

【基本案情】

检察机关：辽宁省建平县人民检察院。

被告人：荆某亮，男，1987年11月出生，农民。

2018年11月至12月期间，荆某亮在未经大禹节水集团股份有限公司（以下简称大禹公司）许可的情况下，联系印刷厂家制作印有"DAYU"注册商标标志的大禹牌滴灌带外包装，然后包装在其收购的陈旧滴灌带上进行销售。荆某亮将783捆假冒大禹商标的滴灌带销售给中间商张某某，张某某又分别销售给甲种子化肥门市288捆、乙种植专业合作社295捆、丙种子门市200捆，荆某亮销售所得共计16.27万元。2018年12月26日，大禹公司销售部门工作人员将涉案线索举报至市场监督管理部门。经鉴定，涉案假冒大禹商标的滴灌带市场价格共计19.1835万元。

【诉讼过程和结果】

2019年3月15日，荆某亮被公安机关依法传唤到案。2019年2月3日，建平县公安局以荆某亮涉嫌销售假冒注册商标的商品罪立案侦查；同年3月17日，荆某亮被刑事拘留。建平县人民检察院批准逮捕后，于同年7月16日以荆某亮涉嫌假冒注册商标罪提起公诉。2019年10月15日，建平县人民法院以假冒注册商标罪判处被告人荆某亮有期徒刑1年，缓刑2年，并处罚金人民币5万元，涉案783捆滴灌带予以没收。

一审宣判后，被告人荆某亮未上诉，判决已生效。

【典型意义】

本案是一起发生在农资产品领域的侵犯知识产权犯罪，检察机关通过积极介入、引导侦查取证，确保了案件取证全面、定性准确，依法打击了涉农领域违法犯罪。案件的成功办理，对于有效净化农资市场，维护农民群众合法权益和保障农业生产具有典型意义。

（一）深入分析案情，正确适用法律

案件移送之初，对于该案有两种处理意见：一是认为被告人荆某亮为获取非法利益，收购陈旧滴灌带，假冒大禹牌滴灌带进行销售，其行为触犯生产、销售伪劣产品罪；生产、销售伪劣产品，是指生产者、销售者故意在产品中掺杂、掺假，以假充真，以次充好或者以不合格产品冒充合格产品。二是认为被告人的行为构成假冒注册商标罪，本案中，荆某亮在未经大禹公司许可的情况下，联系印刷厂家制作印有"DAYU"注册商标标志的大禹牌滴灌带外包装，应以假冒注册商标罪定罪处罚；假冒注册商标罪，是指未经注册商标所有人许可，在同一种商品上使用与其注册商标相同的商标。以上两种观点的争论焦点是荆某亮销售的产品是否为伪劣产品，其主观犯意、客观行为和客观行为所侵犯的法益具体是什么。

综合全案证据被告人荆某亮的行为触犯了假冒注册商标罪，理由如下：首先，被告人荆某亮发现在辽宁省建平县滴灌带销售市场上大禹牌滴灌带相比其他品牌销量高，遂产生低价收购陈旧滴灌带贴上假商标，假冒大禹牌滴灌带的主观犯意，其主观方面想通过假冒注册商标进而销售商品。其次，其客观方面表现为未经注册商标所有人许可，在同一种商品上使用与其注册商标相同的商标的行为，而不是生产、销售伪劣产品罪的客观方面所表现的在产品中掺杂、掺假，以假充真，以次充好或者以不合格产品冒充合格产品。最后，其行为触犯的法益是国家的商标管理制度和注册商标所有人的商标注册专用权，从本案的案发起因来看是大禹公司发现有人假冒注册商标，侵害了大禹公司的注册商标专用权，而不是直接侵犯消费者的合法权益以及国家对商品生产、销售的质量监督管理制度。同时本案中荆某亮回收的滴灌带为陈旧产品，没有证据直接表明荆某亮销售的滴灌带为劣质产品。

被告人荆某亮假冒注册商标后又销售了该商品，其行为是否触犯其他犯罪，检察机关进行了深入分析。根据最高人民法院、最高人民检察院《关于办理侵犯知识产权刑事案件具体应用法律若干问题的解释》（以下简称《解释》）详细表述了行为人主观方面明知其销售的是假冒注册商标的商品有三种情形：知道自己销售的商品上的注册商标被涂改、调换或者覆盖的；因销售假冒注册商标的商品受到过行政处罚或者承担过民事责任，又销售同一种假冒注册商标的商品的；伪造、涂改商标注册人授权文件或者知道该文件被伪造、涂改的。在本案中，荆某亮未经授权私自印刷经过注册的商标包装商品，并进行销售，从这一系列行为中我们可以判断出，被告人荆某亮从主观上即明知自己假冒注册商标的商品，其行为同时触犯了《刑法》第214条销售假冒注册商标的商品罪。根据《解释》第13条规定，实施《刑法》第213条规定的假冒注册商标犯罪，又销售该假冒注册商标的商品，构成犯罪的，应当依照《刑法》第213条的规定，以假冒注册商标罪定罪处罚。根据《解释》第12条规定,本《解释》所称"非法经营数额",是指行为人在实施侵犯知识产权行为过程中,制造、储存、运输、销售侵权产品的价值。已销售的侵权产品的价值,按照实际销售的价格计算。经资产评估机构鉴定,该案涉嫌销售假冒大禹牌滴灌带,截至评估基准日委估资产市场价值19.1835万元。其中市场价值,是指自愿买方和自愿卖方在各自理性行事且未受任何强迫的情况下,评估对象在评估基准日进行正常公平交易的价值估计数额。根据《解释》第1条第1款规定,非法经营数额在5万元以上或者违法所得数额在3万元以上的,属于"情节严重"。荆某亮其行为符合《刑法》第213条假冒注册商标罪的犯罪构成,属情节严重,故本案应定性为假冒注册商标罪。

(二)钻研案件细节,准确划分责任

随着社会经济的发展,创新、知识、技术越来越得到大家的重视,而作为一项注册登记的创新技术成果,知识产权的法律保护更加值得重视。通过钻研案件细节又一问题映入检察机关的眼帘,该案的各个环节中是否有他人触犯法律,荆某亮假冒注册商标并最终将产品销售,制作假冒商标外包装袋的厂家,层层销售商在该案中是否有相应责任。

根据最高人民法院、最高人民检察院、公安部《关于办理侵犯知识产权刑事案件适用法律若干问题的意见》第15条关于为他人实施侵犯知识产权犯罪提供原材料、机械设备等行为的定性问题规定,明知他人实施侵犯知识产权犯罪,而为其提供生产、制造侵权产品的主要原材料、辅助材料、半成品、包装材料、机械设备、标签标识、生产技术、配方等帮助,或者提供互联网接入、服务器托管、网络存储空间、通讯传输通道、代收费、费用结算等服务的,以侵犯知识产权犯罪的共犯论处。本案中,制作假冒商标外包装袋的厂家仅收取包装费四千余元,且未参与荆某亮后续犯罪行为,从以上行为可推断出制作外包装厂家不明知荆某亮实施侵犯知识产权犯罪,不应以与荆某亮共同犯罪论处。根据《解释》第2条规定销售明知是假冒注册商标的商品,销售金额在5万元以上的,属于《刑法》第214条规定的"数额较大",应当以销售假冒注册商标的商品罪判处3年以下有期徒刑或者拘役,并处或者单处罚金。本案中间商张某某未核实荆某亮是否有大禹公司授权,作为自然人其不具有鉴定产品是否合格的能力,从荆某亮手中订货后销售给专业合作社和相关门市,本人证言其不知道销售的是假冒注册商标商品,与荆某亮未告知张某某向其销售的滴灌带为假冒产品的供述相印证。且荆某亮因未与张某某形成信任合作关系,在首次发货时为防骗没有大量发货,张某某收购价格未明显低于市场收购价格。从以上行为可推断出张某某不明知其销售的商品为假冒注册商标商品,不应以销售假冒注册商标的商品罪定罪处罚。检察机关通过细致入微地钻研案件细节,精细化法律适用,充分保障了案件相关人员的合法权利,进一步保证了案件质量。

(三) 践行执法为民理念,切实保护人民权益

建设社会主义新农村是我国现代化进程中的重大历史任务,是我国发展中的一个重要问题,随着新农村建设的不断推进,社会利益关系不断调整,新农村的生产经营、生活方式更加多样化,涉农的各种矛盾也日益突出,各种违法犯罪活动不断发生,从而对社会的健康、稳定和谐发展构成一定威胁。涉农检察工作,是检察机关践行执法为民理念、落实以人民为中心的发展思想,切实保护人民权益,服务"三农"的重大举措。同时也是检察机关加强法律监督工作的延伸和拓展,是充分发挥各项检察职能、创建和谐社会工作的一部分。在办理涉农案件时,建平县人民检察院牢记执法为民的办案理念,时刻将人民权益放在突出位置,为促进新农村建设提供良好的法治保障。

在本案中,被告人荆某亮假冒注册商标的商品为滴灌带,主要销往村镇的相关门市和农业专业合作社,也就是说该批假冒注册商标产品最终用于农业领域,使用假冒注册商标的陈旧滴灌带的是需要滴灌的农户。滴灌带是滴灌系统核心产品,对滴灌系统运行效果起着决定性作用,陈旧滴灌带在使用中如果出现老化开裂、流道堵塞、流量偏差大、灌溉施肥不均匀等问题,对购买假冒滴灌带的农户所产生的损失不可估量。建平县人民检察院在办理案件过程中,指导侦查机关切实加大办案力度,结合相关证据,摸排可能曾经购买过假冒注册商标的滴灌带的商户和农户,争取不漏查一户,尽量避免农户使用假冒商标陈旧滴灌带从而可能产生农田损失的后果。通过各部门的精心配合,最终被告人荆某亮销售的783捆陈旧滴灌带全部收缴归案,购买陈旧滴灌带钱款已全部退回相应农户。本案的成功办理有效打击了侵权假冒刑事犯罪,有力震慑了相关违法犯罪活动,取得了政治效果、法律效果和社会效果的有机统一。

承办人:辽宁省建平县人民检察院 步玉晗
撰写人:辽宁省建平县人民检察院 杨长宇

上海市青浦区人民检察院诉孙某敏诈骗案

【基本案情】

检察机关：上海市青浦区人民检察院。

被告人：孙某敏，男，1984年7月出生，上海市青浦区金泽镇金杨村居委会主任。

2013年8月至2014年11月期间，被告人孙某敏注册上海甲农产品专业合作社、上海乙农产品专业合作社、上海丙农产品专业合作社、上海丁农产品专业合作社等四家无实际经营公司，以编造雇用本地籍农业户口人员就业、租赁农村民宅作为经营场所等方式，制造所创办的合作社正常经营解决了大量就业的假象，以此骗取被害单位上海市青浦区就业促进中心的创业扶持补贴资金计人民币44.68万元。

2016年4月26日，有群众至派出所报案，称从来没有在孙某敏合作社工作过，却发现被上述单位登记并记入就业档案，无法办理退休手续案发。

【诉讼过程和结果】

公安机关于2016年5月5日以孙某敏涉嫌诈骗罪立案侦查，并于当日将其刑事拘留，同年6月8日经检察院批准逮捕。本案由上海市公安局青浦分局侦查终结，以被告人孙某敏涉嫌诈骗罪，于2016年8月4日向区检察院移送审查起诉。经审查，上海市青浦区人民检察院认定被告人孙某敏身为农村基层组织负责人，利用其掌握的国家对创业补贴政策，采用虚假设立四家农业合作社的形式，骗取国家扶持补贴、带动就业补贴、房租补贴、初创补贴等计人民币44.68万余元。因此，被告人孙某敏以非法占有为目的，以虚构事实、隐瞒真相的方式骗取公私财物，数额巨大，其行为已构成诈骗罪，依法应予惩处，于2016年11月12日向法院提起公诉。法院于2016年12月22日开庭审理后，以诈骗罪判处孙某敏有期徒刑5年，并处罚金20万元。

一审宣判后，被告人孙某敏未上诉，判决已生效。

【典型意义】

近年来，中央在惠农工作中实施了一系列直接有力的补贴政策，尤其侧重于农业可持续发展的创业、就业等补贴项目政策。各地政府在新农村建设过程中，也大力推进创业带动就业工程，不仅解决了农民稳定就业收入问题，也极大繁荣了农村经济。检察机关在办理此类案件中应当注重社会效果，为惠农政策的贯彻执行保驾护航。

该案中，行为人采取虚设农业合作社骗取国家创业扶持补贴资金，给中央惠民政策的执行带来极大的法律风险，削弱了政策执行所带来的实际效果，损害了政府公信力。检察机关应当及时介入，以刑法手段严厉惩处犯罪分子，形成震慑力。此外，检察机关发现有不少农民为获得蝇头小利，有出借身份证、就业卡等帮助行为，配合孙某敏共同骗取国家补贴。经仔细审查后，检察机关认为涉案农民自己知道孙某敏的行为可能违反了国家法律政策，但是碍于情面或出于贪图小利提供了身份信息，之后企业是否经营、是否申请补贴事项均未参与，对于孙某敏之后实施诈骗的具体行为不知情，且在公安机关立案之后，退赔了全部非法获利，犯罪情节显著轻微，不再予以追究刑事责任。

在该案办理过程中，检察机关发现此类骗取补贴现象在本区农村地区呈现普遍性和多发性态势，特别是作为熟悉补贴政策内容、操作流程的农村基层组织人员或基层政府负责发放补贴的工作人员，利用该项政策执行中的漏洞，单独或相互勾结以注册皮包公司、虚假就业等形式骗取国家补贴资金的乱象丛生，亟须治理整顿，遂向政府主管部门提出严抓资金监管，填补制度漏洞的针对性检察建议。对金泽镇社区事务受理服务中心工作人员在发放补贴中未严格把关，有渎职嫌疑，作为职务犯罪线索移送纪监部门，查处了2起工作人员职务犯罪案件。另外，检察机关积极利用《上海法治报》、上海电视台《检察官说法》等媒体栏目，加大对本案办理的宣传力度。一方面，将惠农政策普及到位，放大监督效果；另一方面，也防微杜渐，加强合作社经营主体和就业主体的法治意识，扩大办案政治效果和社会效果。

承办人、撰写人：上海市青浦区人民检察院　王　胜

江苏省连云港市赣榆区人民检察院
诉某食品公司、吕某广拒不支付劳动报酬案

【基本案情】

检察机关：江苏省连云港市赣榆区人民检察院。

被告单位：连云港赣榆某食品有限公司（以下简称某食品公司），诉讼代表人范某英。

被告人：吕某广，男，1971年5月出生，某食品公司法定代表人。

2004年12月，吕某广注册成立某食品公司，主要从事速冻果蔬制品、蔬菜销售等业务。因经营管理问题，该公司从2013年开始陆续拖欠工人工资，至2017年1月26日，吕某广及某食品公司拖欠754名农民工工资共计2655534元，其中拖欠孙某等13人工资共计716758元。2017年春节前，孙某等13人在多次联系被告人未果后，先后到连云港市赣榆区人力资源和社会保障局投诉。吕某广为逃避支付劳动报酬，于1月20日前后以外出做生意为借口，离开赣榆，并将手机关机或者拒接电话。在接到工人投诉后，连云港市赣榆区人力资源和社会保障局先后两次向某食品公司下达《劳动保障监察限期改正指令书》，同时将法律文书以张贴在生产经营场所、住所地的方式送达，要求该公司限期支付工人工资，但被告人吕某广逾期未予整改。2017年1月26日，公安机关立案侦查，并将吕某广抓获归案。到案后，吕某广及某食品公司积极筹款偿还了754名工人部分工资，共计656749元，并承诺分期返还剩余款项，直至还清。

【诉讼过程和结果】

2017年1月26日，被告人因涉嫌拒不支付劳动报酬罪被赣榆区公安局立案侦查。2017年3月31日，该案移送赣榆区人民检察院审查起诉。赣榆区检察院针对被告人吕某广辩解，引导公安机关补充侦查了吕某广所联系客户的证言及其短信和通话记录等证据。2017年5月16日，赣榆区检察院以拒不支付劳动报酬罪将被告人吕某广及某食品公司提起公诉。2017年8月15日，赣榆区人民法院以拒不支付劳动报酬罪判处被告人吕某广有期徒刑1年，并处罚金2万元；以拒不支付劳动报酬罪判处被告单位某食品公司单处罚金3万元。

一审宣判后，被告单位、被告人均未提出上诉，判决已生效。

【典型意义】

《刑法修正案（八）》增设拒不支付劳动报酬罪，目的在于保护劳动者获取报酬的合法权利，加强民生保护，维护农民工合法权益，稳定社会秩序。检察机关在办理此类案件中，应准确理解和适用法律，准确把握法律政策界限，在维护农民工合法权益与防止机械办案影响企业发展之间找到最佳结合点。

（一）故意切断与被害人信息联系以逃避支付劳动报酬，可认定为"逃匿"行为

在信息化时代，人与人之间的沟通联系不再局限于面对面，更多通过电话、短信、微信等渠道沟通，因此，对《刑法》第276条之一规定的"逃匿"行为，不仅包括传统的逃离惯常住所地，隐瞒自身去向的行为，还包括故意采取关机或拒接电话的方式切断与被害人联系渠道的行为。如果以逃避支付劳动报酬为目的，通过关机、拒接电话等方式切断与外界的信息联系，可以认定为以"逃匿"方法逃避支付劳动者劳动报酬。本案中，被告人主观上明知行政主管部门已下达限期改正指令，却谎称正常外出，离开居住地，并通过拒接电话、关机的方式，切断与讨薪者联系渠道，这种行为本质上就是逃匿行为，应当认定为以逃匿方法拒不支付劳动者劳动报酬。

（二）单位犯拒不支付劳动报酬罪的，应严格把握"其他直接责任人员"界限

被告人以公司名义对外进行经营活动，公司有固定的职工及固定的厂房，工人工资由公司经营收益予以保障，被告人拒不支付工资行为，客观上使公司因犯罪行为而获益，符合单位犯罪的特征，构成单位犯罪。单位犯拒不支付劳动报酬罪的，对单位判处罚金，并对其直接负责的主管人员和其他直接责任人员追究刑事责任。但不宜将不从事决策管理，仅实际负责工资发放、账目登记的股东，认定为直接责任人员。本案中，被告人妻子虽系公司股东，但其仅负责日常考勤、工资发放等具体事务，对公司的重大经营决策没有决定权，在本案件中不起主要、直接的作用，不应当列为其他责任人员。

（三）办理民营企业拒不支付劳动报酬案，应在维护农民工合法权益与保障民营经济发展之间找到最佳结合点

适用拒不支付劳动报酬罪最主要的目的在于促使行为人积极履行支付劳动者劳动报酬的义务，维护农民工合法权益。检察机关在办案中应准确把握法律政策界限，防止"案子办了、企业垮了"；要在维护农民工合法权益与保障民

营经济发展之间找到最佳结合点。本案中，检察机关依法对被告人吕某广提起公诉，同时认定被告人妻子不属于"其他直接责任人员"，保障企业继续经营，也促使被告人妻子在案发后多方筹措资金，代为偿还了部分工人工资共计65.6749万元，并承诺陆续偿还剩余工资，后期又归还100余万元，切实维护了农民工合法权益，化解了潜在的社会不安定因素，取得了良好的政治效果、法律效果和社会效果。

撰写人：江苏省连云港市人民检察院　刘培志
江苏省连云港市赣榆区人民检察院　相恒林

重庆市綦江区人民检察院
对傅某寿拒不支付劳动报酬不起诉案

【基本案情】

检察机关：重庆市綦江区人民检察院。

被不起诉人：傅某寿，男，1966年6月出生，工程施工承包人员。

2013年11月，被不起诉人傅某寿通过挂靠重庆甲建设集团有限公司（以下简称甲公司）与重庆乙房地产开发有限公司（以下简称乙公司）签订了承建綦江区乙花园二期14幢楼房的合同，约定乙公司按工程进度的80%向甲公司支付工程款。同时，傅某寿也同甲公司签订了承包合同，双方约定由傅某寿个人负责乙花园二期的施工，甲公司收到乙公司支付的工程款，扣除相应管理费后将余款支付给傅某寿。其后，傅某寿又将所承建工程中的基础、钢筋、木工、水电、防水、泥工等劳务项目交付丁某模、蔡某清、王某辉等9人组织工人施工，由傅某寿负责工人工资发放。2014年底，项目主体工程基本完工。其间，乙公司按工程进度支付了合同约定的工程款，但因傅某寿经营管理不善等原因致资金周转出现问题，其于2014年7月起便未按期支付工人工资，其遂通过挪用乙公司支付的材料款或在他人处借高利贷的方式来支付工人工资。2015年2月，傅某寿因无钱继续支付而拖欠丁某模、蔡某清、王某辉等数十人的工资。

2016年3月，被不起诉人傅某寿因他人索债及拖欠工人工资等原因逃离綦江区。同年底，傅某寿更换了手机号码和隐匿行踪。2017年4月，王某辉、蔡某清等数人至重庆市綦江区人力资源和社会保障局（以下简称人社局）反映傅某寿等拖欠民工工资的问题，人社局两次通知傅某寿到场解决并于同月31日向傅某寿发出《拒不支付劳动报酬责令支付通知书》。傅某寿得知该情况后仍逃匿在外，拒不出面联系人社局等部门解决其拖欠民工工资的问题。同年11月30日，傅某寿到公安机关投案自首。经核实，自2015年2月起，傅某寿在乙花园二期项目中拖欠数十名民工工资共计110万余元。2017年12月7日，傅某寿、甲公司与乙公司就承建的乙花园二期工程项目进行决算，乙公司还需向甲公司支付419.750526万元，后乙公司将相应工程款支付给了甲公司。截至2018年3月16日，傅某寿将拖欠的110.6077万元民工工资已全部支付给王某辉、蔡某清等人。

【监督过程和结果】

傅某寿拖欠农民工工资后逃离綦江,并更换手机号码隐匿其行踪,且经重庆市綦江区人社局发出责令支付通知书后,仍拒不出面解决其拖欠民工工资的问题。农民工及时拿回欠薪乃是当务之急。考虑到本案涉及法律关系当事人较多,为有效解决欠薪问题,在案件办理过程中,检察机关提前介入,会同公安机关及綦江区人社局积极协调发包工程的乙公司、傅某寿及其挂靠的甲公司、农民工代表等各方,商讨解决方案,最终促使甲公司和乙公司尽快进行了工程决算,工程款到位后傅某寿及时支付给了农民工,优先保障了农民工工资支付。

在办理傅某寿拒不支付劳动报酬案件过程中,检察官在查清案件事实的基础上分析了案件成因。傅某寿拖欠农民工劳动报酬主要系因其经营不善导致资金链断裂,这与有款拒不支付的恶意欠薪型拒不支付劳动报酬相比,主观恶性较小。经协调后傅某寿已经全部足额将劳动报酬支付给了农民工,防止了事态的扩大。同时,傅某寿主动投案并如实供述了自己的罪行,认罪、悔罪态度较好。在取保候审期间,能够随传随到,配合公安机关查清事实。检察机关综合评判全案后对傅某寿从宽处理,既符合宽严相济的刑事司法政策,也有利于政治效果、法律效果与社会效果的有机统一,切实做好风险防控。

傅某寿拒不支付劳动报酬一案涉案农民工数十人,且农民工得知傅某寿逃匿后情绪均较为激烈,案件处理不慎,极易引发群体性事件或涉检上访。案件办理过程中,检察官积极与农民工代表沟通交流,疏导代表的心理和情绪,耐心细致地释法说理,并按程序及时将案件的推进情况告知农民工代表,稳定了涉案农民工的情绪。同时,检察官对本案可能出现的影响社会稳定的情形进行了筛查,制定了切实可行的应急预案,上报院领导研究后将涉社会稳定相关的案件情况及时向当地党委作了汇报,会同公安机关和企业进行沟通协商,保障了农民工工资及时得到支付,有效防止了群访、闹访、暴力讨薪等负面事件的发生,收到了较好的办案效果。

重庆市綦江区人民检察院认为,傅某寿以逃跑、藏匿的方法逃避支付劳动者的劳动报酬,数额较大,经政府有关部门责令支付仍不支付,其行为符合《刑法》第276条之一第1款,构成拒不支付劳动报酬罪。但是,傅某寿系因经营不善导致资金周转困难后以逃匿的方式拒绝支付工人工资,该行为所体现的主观恶性低于有能力支付而拒不支付工资的类型。同时,傅某寿投案自首,在提起公诉前积极配合协调支付拖欠工资。经综合评价全案,傅某寿犯罪情节轻微，依照刑法规定不需要判处刑罚，根据《刑事诉讼法》第177条第2款之规定，于2018年10月31日对其作出不起诉决定。

【典型意义】

第一，对资金周转困难逃匿型拒不支付劳动报酬与有款不付的恶意欠薪型拒不支付劳动报酬应有所区分。经营者因经营过程中资金链断裂，确实无法继续正常支付劳动报酬，并以逃匿躲避的方式拒绝支付，经行政机关责令支付仍不支付的，属于拒不支付劳动报酬的行为。但该行为与有经济实力支付但通过转移财产、"人间蒸发"等方式拒不支付的行为相比，主观恶性和社会危害性较小。司法实践中，对有钱不付、恶意拖欠的，应进一步加大打击力度，依法追究拒不支付劳动报酬者的刑事责任；对经营者因资金链断裂而拒绝支付的情形，则应根据案件具体情况审慎处理，务必注重案件办理法律效果与政治效果、社会效果的有机统一。本案中，检察官注意到傅某寿确系因资金链断裂而拒绝支付民工工资，主观恶性相对较小，因此办理案件时也较为审慎。

第二，对涉众型拒不支付劳动报酬案，应注重案件办理的社会效果。本案中，涉案的被害农民工数十人，一旦案件处理不当，将引发群体性事件。检察官办案过程中并未停留在就案办案的层面，而是以优先保障农民工工资支付为办案指导思想，积极协调案件相关各方，促成有效解决方案的达成，加快推进了甲公司和乙公司进行工程决算的进度，最终保障了农民工尽快获得劳动报酬的合法权益，减少了社会不和谐不稳定因素，取得了较好的社会效果。

第三，以案释法，以案普法，提升经营者法治意识。本案中，造成傅某寿拒不支付劳动报酬的原因之一是其法治意识淡薄。其资金链断裂后，企图以一逃了之的方式让报酬支付义务归于消灭，且在相关行政机关下达责令支付的通知后仍拒绝出面解决问题。傅某寿产生该想法和行为的主要原因是其不知法、不懂法。本案办理过程中，检察官对傅某寿的行为成因进行了分析，并结合案件情况对其进行了思想和法治教育，让其认识到了自身想法和行为的不当之处。在思想转变后，傅某寿参与到检察机关组织的协调工作之中，并积极配合工资支付相关工作的开展，对案件的最终有效处理起到了促进作用。

撰写人：重庆市綦江区人民检察院　范友东　覃　莎

北京市顺义区人民检察院诉冯某等三人寻衅滋事案

【基本案情】

检察机关：北京市顺义区人民检察院。

被告人：冯某，男，1982年10月出生，无业。

被告人：冯甲，男，1984年12月出生，无业。

被告人：冯某亮，男，1980年11月出生，无业。

2017年5月，经北京市顺义区赵全营镇政府同意，且经赵全营镇某村村委会、村民代表大会同意，被害人李某华承租了位于赵全营镇某村的100多亩集体建设用地，欲在该处建设影视基地。在李某华承租土地后，已有一部电影在该处取景拍摄。因该处地势低洼，需进行回填土方等作业，冯某得知消息后，多次向李某华表示，工程施工需要的料和工人必须由其提供，李某华未予理会。后李某华与被害人房某松约定，由房某松承包回填土方的工程，同时，李某华雇用工人在所承租土地四周砌围墙，以便后期施工。在施工过程中，为了经营方便，李某华欲将旁边一块土地一并承租下来，后因价格过高而放弃。

冯某得知情况后，与冯甲、冯某亮等人一起，于2017年11月24日上午来到李某华工地，阻止正在砌墙的工人继续施工，向李某华施加压力，欲迫使李某华高价承租土地，李某华未予理会。11月26日下午，冯某又纠集冯甲、冯某亮至李某华工地，持砖头拦截运送土方的车辆，房某松闻讯到达现场，冯某向房某松索得人民币15000元后离开，运土车辆方可正常通行。11月28日下午，冯某雇用一辆挖掘机及一名摄像人员，纠集冯甲、冯某亮至李某华工地南侧，指挥挖掘机将李某华工地南侧围墙破坏，并现场叫嚷称李某华的行为侵害村民合法权益。李某华闻讯赶至现场阻止，与冯某等人发生争吵，最后李某华指挥现场的多名工人站在已砌好的围墙上才制止了事态进一步恶化。冯某等人的破坏行为给工地造成经济损失达人民币13000余元。

【诉讼过程和结果】

2018年3月1日、11月5日，北京市公安局顺义分局分别以冯某和冯甲、冯某亮涉嫌寻衅滋事罪移送顺义区检察院审查起诉。在办理案件过程中，顺义区检察院围绕恶势力犯罪的特征，从案件背景、起因、冯某等人的一贯行为表现、社会影响等方面引导公安机关侦查取证并适时开展查看现场、询问证人等自行补充侦查工作,最终查明,冯某、冯甲等人为谋取个人利益,打着维护村民权益的名义,多次到被害人工地滋事,扰乱施工,侵害了被害人的合法权益,破坏了村集体土地流转的正常秩序,系恶势力犯罪,并且符合寻衅滋事罪的构成要件。

2018年8月31日、12月20日,顺义区检察院分别以冯某和冯甲、冯某亮犯寻衅滋事罪向北京市顺义区人民法院提起公诉。2018年12月20日,顺义区法院作出一审判决,以寻衅滋事罪判处冯某有期徒刑2年4个月,责令被告人冯某退赔被害人房某松的经济损失人民币15000元。冯某不服一审判决提出上诉。2019年1月18日,北京市第三中级人民法院经审理,认定原判事实清楚,证据确实、充分,定罪及适用法律正确,量刑适当,审判程序合法,驳回上诉,维持原判。2019年2月28日,顺义区法院作出一审判决,以寻衅滋事罪判处冯甲、冯某亮有期徒刑1年6个月,缓刑2年。一审宣判后,二被告人未上诉,检察机关亦未抗诉,判决已生效。

2019年3月15日,顺义区检察院针对该案中反映出来的属地政府在建设平安顺义、营造良好营商环境工作中存在的管理和制度漏洞向赵全营镇政府发出《检察建议书》,建议认真贯彻落实中央关于扫黑除恶专项斗争各项部署,查找黑恶势力产生的原因并进行整改,加强对基层村委会的指导,广泛开展法治宣传教育。2019年5月13日,赵全营镇政府向顺义区检察院书面回复整改落实情况。

【典型意义】

2018年1月,中共中央、国务院发出《关于开展扫黑除恶专项斗争的通知》,在全国部署开展扫黑除恶专项斗争。众所周知,基层往往是各类黑恶势力违法犯罪的重灾区,"村霸""乡霸"等基层黑恶势力横行乡里、欺压百姓,不仅危害社会大局稳定和国家长治久安,更会影响到党的执政基础,群众反映最强烈,也最深恶痛绝。该案从表象看是一起普通的寻衅滋事案,被告人出于无事生非、逞强耍横的主观故意而强拿硬要、任意毁损他人财物,公安机关在移送审查起诉时也未将该案列为恶势力犯罪。检察机关在办案过程中提高政治站位,准确理解和贯彻对黑恶势力犯罪"依法严惩、打早打小、除恶务尽"的精神,严格依据最高人民法院、最高人民检察院、公安部、司法部《关于办理黑恶势力犯罪案件若干问题的指导意见》的规定,从案件发生的背景、时间、地点、参与人员、行为表现、社会影响等方面进行综合判断,准确认定追诉恶势力团伙实施的寻衅滋事犯罪。

中共中央、国务院历来对"三农"问题高度重视,近年来,先后出台了《关于引导农村产权流转交易市场健康发展的意见》《关于稳步推进农村集体产权制度改革的意见》等重要文件,规划了实现美丽乡村建设的宏伟蓝图。该案发生在农村集体土地流转领域,是在农村集体产权制度改革的背景下,农村集体经济组织为了实现闲置土地资源效用最大化而将土地转租给民营企业家发展文化创意产业的典型事例。恶势力团伙瞄准民营经济借集体土地发展的机会趁火打劫,既影响了民营经济的健康发展,又扰乱了村集体土地正常流转秩序,损害了农村集体经济组织和村民的合法权益,同时也暴露出了农村基层政权建设中存在的问题。检察机关在司法办案中要主动将检察工作融入、服务于经济发展这个大局,在依法办案的同时注重运用检察建议等多种手段,督促属地政府、农村集体经济组织认真落实好"扫黑除恶"专项斗争各项要求,依法全面履职,构建良好的营商环境,保障人民安居乐业、社会安定有序,实现办案的政治效果、法律效果和社会效果的相统一。

撰写人:北京市顺义区人民检察院　董　军　程传华

天津市蓟州区人民检察院诉王某安等三人寻衅滋事案

【基本案情】

检察机关：天津市蓟州区人民检察院。

被告人：王某安，男，1991年11月生，某公司员工。

被告人：王某香，女，1963年12月生，蓟州区下仓镇桥头庄村农民。

被告人：王甲安，男，1990年6月生，蓟州区文昌街派出所辅警。

2018年4月天津市蓟州区启动村级组织换届选举工作，在村级组织中推行书记、主任"一肩挑"。围绕此次基层换届选举，蓟州区先后制定《关于严明基层组织换届选举工作人员纪律的通知》等一系列规定，以制度规范选举营造良好的乡村政治生态。

2018年7月29日，蓟州区下仓镇桥头庄村村民委员会举行换届选举活动。选举唱票结束时，候选人王某利（因病危另案处理）因落选村民委员会委员，对选举结果不满，遂挥掌多次殴打监票人头部。随后，王某利的次子王某安、妻子王某香、长子王甲安冲入唱票区，先后持凳子、U型锁等物殴打并辱骂现场工作人员及村民，任意损毁选举现场桌椅等用品，致使该村村民委员会选举中断，严重破坏选举现场秩序并造成一人轻伤三人多处轻微伤的后果。

【诉讼过程和结果】

本案由天津市公安局蓟州分局于2018年8月14日立案侦查，2018年9月6日以王某利、王某安、王某香、王甲安涉嫌寻衅滋事罪向天津市蓟州区人民检察院提请审查逮捕。

审查逮捕阶段，天津市蓟州区人民检察院依据法律法规，参考天津市委《关于做好2018年村级组织换届选举工作的意见》、蓟州区《关于在扫黑除恶专项斗争中严厉打击干扰破坏基层组织换届选举行为的通告》，认真审查证据材料，详细讯问犯罪嫌疑人，充分听取被害人意见，走访部分村民，与下仓镇政府、下仓镇桥头庄村村民委员会召开座谈会，详细核实案发原因、经过及对选举工作造成的影响。检察机关经审查认为，王某利、王某安等犯罪嫌疑人因对选举结果不满，在选举现场随意殴打他人，情节恶劣，并造成公共场所秩序严重混乱，涉嫌寻衅滋事罪，依法对犯罪嫌疑人批准逮捕。同时，蓟州区人民检察院将本案整理成反面典型案例向社会公开宣传,加强宣传引领,保障蓟州区村级组织换届选举工作顺利进行。

审查起诉阶段,部分村民提出犯罪嫌疑人破坏了村级组织换届选举工作,应以破坏选举罪追究其刑事责任。针对该意见,检察机关对在案证据梳理分析,认为犯罪嫌疑人的行为不构成破坏选举罪。犯罪嫌疑人行为发生于村民委员会换届选举过程中,村民委员会系基层群众性自治组织,而破坏选举罪破坏的是"各级人民代表大会代表"的选举与"国家机关领导人"的选举,二者并不一致,因此该行为不构成破坏选举罪。犯罪嫌疑人于换届选举现场,持械随意殴打他人,损毁选举用品,造成选举秩序严重混乱,涉嫌寻衅滋事罪。

蓟州区人民检察院于2018年10月18日以三名犯罪嫌疑人涉嫌寻衅滋事罪向蓟州区人民法院提起公诉。

法庭审理阶段,检察机关指控被告人破坏社会秩序,随意殴打他人,情节恶劣,其行为构成寻衅滋事罪。针对以上指控的犯罪事实,向法庭出示三组证据予以证明:一是被告人供述、被害人陈述,证实双方事前并无矛盾。二是部分现场录像资料、证人证言,证实三名被告人殴打他人具有随意性。三是法医学人体损伤程度鉴定意见、被害人伤情照片、部分现场录像资料,证实三名被告人的行为造成一人轻伤三人多处轻微伤且导致选举现场秩序严重混乱的后果。

在法庭辩论阶段,被告人及辩护人对指控罪名提出异议并发表以下辩护意见:一是被告人为了保护家人才与被害人发生冲突,系事出有因而非随意殴打他人。二是只有一名被害人构成轻伤二级,建议查清具体加害人,以故意伤害罪追究其刑事责任。

针对上述辩护意见,答辩如下:被告人主观上具有随意殴打他人的故意,且情节恶劣;客观上造成了破坏社会秩序的后果。一是辩护人提出的殴打他人系事出有因不成立,被告人行为系无事生非。在整个选举过程中,被告人对选举程序未提出任何异议,双方事前无言语冲突,在唱票结束时,被告人突然冲入唱票区对监票人实施殴打。二是被告人并无明确殴打对象。在案证据表明,被告人与几名被害人之间事前并无矛盾,证人证言、被害人陈述、现场录像均证实几名被告人存在"逮谁打谁,连拉架的也打"的情形,说明被告人并无特定殴打对象,随意性明显。三是被告人对殴打他人的结果持随意性态度。根据造成的一人轻伤二级、多人不同部位多处轻微伤的结果来看,几名被告人对殴打被害人的身体部位以及被害人的伤情程度并不关心,对行为结果持随意性态度。四是被告人的犯罪行为"情节恶劣"。一方面,该案发生于选举现场,村内不特定多数人可自由出入,被告人突然殴打现场工作人员及村民,引发群众聚集围观，部分村民恐慌离散，选举活动被迫中断，造成公共场所秩序严重混乱，且对其他村级组织换届工作产生不良影响；另一方面，犯罪行为造成一人轻伤三人多处轻微伤，应认定为"情节恶劣"。

经法庭审理，蓟州区人民法院以寻衅滋事罪判处王某安有期徒刑2年，缓刑3年；以寻衅滋事罪判处王某香有期徒刑1年6个月，缓刑2年；以寻衅滋事罪判处王甲安有期徒刑1年，缓刑1年6个月。一审宣判后被告人未上诉，检察机关未抗诉，判决已生效。

【典型意义】

在村级组织中推行书记、主任"一肩挑"，全面实现村党组织书记通过法定程序兼任村委会主任，是贯彻落实党的十九大精神，加强基层组织建设，推进乡村振兴战略的重要举措。该案发生在天津市村级组织全面推行书记、主任"一肩挑"过程中，系参选人员对选举结果不满而在选举现场寻衅滋事的典型案例。检察机关要严厉打击涉破坏农村选举犯罪，认真把握证据审查判断标准，准确认定破坏农村基层选举的行为定性，努力化解基层农村社会矛盾，加强法治宣传引领，积极参与社会治理，实现政治效果、法律效果和社会效果的有机统一。

（一）准确适用法律，精准打击基层涉农犯罪行为

村级组织换届是矛盾问题集中暴露和表现的高峰时期，对破坏村级基层选举的犯罪行为，要根据行为人实施破坏基层选举中的主观认知、客观表现及侵犯客体不同进行综合判断。一是在村级组织换届选举中，通过使用暴力制造混乱以阻碍、干扰村级换届选举秩序，不符合破坏选举罪的犯罪构成。破坏选举罪客观方面表现为破坏"各级人民代表大会代表"的选举与"国家机关领导人"的选举，侵犯的客体是选民和代表的选举权和国家的选举制度。村民委员会系基层群众性自治组织，破坏村民委员会的选举不符合破坏选举罪的客观方面，故破坏村民委员会选举的行为不构成破坏选举罪。二是在村级组织换届选举中，要根据行为人的客观表现准确认定犯罪行为人的主观动机。故意伤害罪往往事出有因，行为人主观上出于报复伤害的目的，伤害故意明显，伤害对象明确，对伤害结果持积极追求的态度。寻衅滋事罪的行为人往往主观上出于寻求刺激、发泄情绪、逞强耍横等动机，通过对人身权利、财产权利和公共场所秩序的侵害以最终达到破坏社会秩序的目的。对于犯罪行为人在村级换届选举中实施的，随意殴打他人、任意损毁选举现场物品、起哄闹事制造混乱等，以阻碍、干扰村级换届选举秩序的行为，应认定为寻衅滋事罪。

（二）严格证据标准，切实保证案件质量

在司法实践中，办理破坏村级组织选举中的寻衅滋事犯罪案件，认定"随意殴打"及"造成公共场所秩序严重混乱"的相关证据，应当紧紧围绕"殴打的理由、对象、目的等因素"及"选举现场的人数、所受影响的范围、程度"认定犯罪事实。一是"随意殴打"行为的审查重点。审查行为人殴打他人的理由是否异常，殴打对象是否明确，殴打他人是否以造成伤害为前提。对于行为人无故生非或借故生非，殴打对象不明确，殴打他人不以伤害为前提，而是追求殴打过程，通过殴打他人达到寻求刺激、发泄情绪的目的，则认定为"随意殴打"行为。二是"造成公共场所秩序严重混乱"的审查重点。审查选举现场人员数量是否众多，犯罪行为是否引发群众围观或恐慌离散，对选举工作影响程度。对于行为人实施犯罪行为时，选举现场人数众多，犯罪行为引发群众围观或恐慌离散，造成选举工作无法正常进行，则应认定"造成公共场所秩序严重混乱"。

（三）主动服务大局，充分发挥反面典型警示教育作用

做好村级换届选举，是完善党组织领导下的乡村治理体系、促进乡村善治的迫切需要。从以往情况来看，每逢村级组织换届，各种矛盾问题往往容易集中暴露和表现出来。检察机关要充分发挥检察监督职能作用，积极参与社会治理，把服务好基层换届选举工作与严厉查处侵害群众利益违法犯罪行为、开展扫黑除恶专项斗争有机结合，有效化解矛盾纠纷和问题隐患，切实维护农村基层社会和谐稳定。检察机关要加强基层农村普法，把"谁执法、谁普法"融入办案全过程，要努力办好每一个案件，把每一次办案和监督活动转化为生动的普法实践。蓟州区人民检察院将该案整理成反面典型案例向社会公开宣传，发挥警示教育作用，有效震慑企图破坏选举的违法活动，此举后蓟州区 949 个行政村组织换届选举工作顺利完成，再无一起违法犯罪案件发生。

撰写人：天津市蓟州区人民检察院　陈山磊　路朋霞

河南省中牟县人民检察院诉朱某秀非法占用农用地刑事附带民事公益诉讼案

【基本案情】

检察机关：河南省中牟县人民检察院。

被告人：朱某秀，男，1964年10月出生，个体经营者。

2014年2月15日、4月17日朱某秀分别与王某英、刘申庄村一组签订承包协议，承包了中牟县广惠街刘申庄村南林地100.793亩。该地块经公安机关委托鉴定，面积为106.1亩。2014年7月至2014年11月，朱某秀在未经县级以上林业主管部门批准的情况下，擅自毁坏承包地内的林地，用以硬化道路、修建仓库、开设陶瓷城，致使林地遭到破坏。经河南林业司法鉴定中心鉴定，破坏情况为：（1）非法占用农用地面积7.0724公顷（106.1亩），其中占用林业用地6.2051公顷（93.1亩），占用非林地0.8673公顷（13.0亩）。在占用的林业用地中，纯林为0.3249公顷（4.9亩），林种为用材林；人工未成林5.8802公顷（88.2亩）。（2）被占用的部分林地已被硬化和建成厂房，面积为6.1453公顷（92.2亩），原有地形、地貌及植被遭到严重破坏，不能恢复原貌，其中包括人工未成林5.8204公顷（87.3亩）和纯林用材林0.3249公顷（4.9亩）；部分地块林木虽遭破坏，但地面未进行硬化，仍可恢复造林，面积为0.0598公顷（0.9亩），全部是人工未成林。

经鉴定机构对涉案土地恢复原状所需费用进行评估，评估结论为：砌砖体拆除、运输费用19.1952万元，地面硬化拆除、运输费用26.4572万元，钢构体拆卸、运费28.9万元，覆土费用2.104011万元，养护费用3.506684万元，合计80.163095万元。

【诉讼过程和结果】

2016年3月22日，朱某秀被中牟县森林公安局以涉嫌非法占用农用地罪立案侦查，2016年9月20日取保候审。后移送中牟县人民检察院审查起诉。

中牟县人民检察院民行部门在与公诉部门案件信息共享过程中发现本案可能符合提起刑事附带民事公益诉讼的条件，遂调取该案案件材料进行审查。经审查认为被告人朱某秀不仅涉嫌非法占用农用地罪，同时损害了社会公共利益，应当依法承担民事责任，符合刑事附带民事公益诉讼的条件。中牟县人民检察院于 2017 年 7 月 13 日立案审查，并履行诉前公告程序。2017 年 11 月 24 日，中牟县人民检察院提起刑事附带民事公益诉讼。2017 年 12 月 20 日，中牟县人民法院以非法占用农用地罪判决被告人朱某秀有期徒刑 2 年 2 个月，缓刑 3 年，并处罚金 4 万元；并在判决生效之日起 6 个月内将涉案陶瓷城拆除，恢复林地原状，并支付公益诉讼机关中牟县检察院评估费 15600 元。

一审宣判后，被告人朱某秀未上诉，判决已生效。

【典型意义】

该案系由河南省人民检察院批准办理的全省首例刑事附带民事公益诉讼案，检察机关在依法严惩非法占用农用地犯罪的同时，运用刑事附带民事公益诉讼的方式，督促刑事被告人履行治理恢复义务，促进生态环境的及时修复。本案中，被告人朱某秀违反土地管理法规，在未经县级以上林业主管部门批准的情况下，擅自毁坏承包地内的林地，用以硬化道路、修建仓库、开设陶瓷城，造成林地大量毁坏，其行为已构成非法占用农用地罪；同时还应当承担排除妨碍、恢复原状的民事责任。

该案的典型意义主要体现在检察机关积极主动采取多种措施确保生态修复效果。中牟县人民检察院主动与林业主管部门沟通，委托其制定出科学有效的生态修复方案；通过耐心细致的释法说理，使被告人真诚悔罪，自愿作出恢复土地原状的履行承诺书并积极履行修复义务。尤其是在恢复原状保证金兑现方面，被告人承诺按照现行国家标准对涉案林地进行恢复，并自愿交纳 85 万元作为林地恢复的保证金。中牟县人民检察院函请中牟县人民法院对被告人朱某秀名下 85 万元银行存款进行保全，中牟县人民法院依法裁定对被申请人朱某秀银行存款 85 万元予以冻结，保证了恢复原状所需资金。在恢复原状后的验收方面，由法检两院组织林业、土地、乡镇等相关部门依据修复方案对恢复情况进行验收，保证了恢复质量，有效地维护了集体经济利益和环境权益。

撰写人：河南省人民检察院　李聪涛　康振平

江苏省扬州市邗江区人民检察院
诉某建筑公司、王某发等人非法占用农用地
刑事附带民事公益诉讼案

【基本案情】

检察机关：江苏省扬州市邗江区人民检察院。

被告人：王某发，男，1963年3月出生，个体。

被告人：葛某彬，男，1969年4月出生，扬州某建筑工程有限公司（以下简称某建筑公司）法定代表人。

被告人：侯某东，男，1967年1月出生，个体。

被告人：卞某新，男，1970年11月出生，个体。

被告人：吴某，男，1968年9月出生，扬州市邗江区施桥船闸管理所工作人员。

被告单位：某建筑公司，法定代表人葛某彬。

被告人：赵某荣，男，1959年3月出生，扬州市经济技术开发区施桥镇汪家村黄庄组组长。

被告人：张某平，男，1958年10月出生，扬州市经济技术开发区施桥镇汪家村夏桥组组长。

2016年初，王某发、侯某东、卞某新、吴某在明知土地性质的情况下，共同商议决定租赁扬州市经济技术开发区施桥镇汪家村黄庄组、夏桥组的集体土地使用权，再将土地转租给同样明知土地性质的葛某彬等人，建设建筑材料搅拌站及堆放砂石生产加工。2016年3月，由王某发、卞某新与刘某华（黄庄组集体土地承租人）、韩某中（夏桥组集体土地承租人）谈妥，补偿刘某华、韩某中一定费用后，二人租赁合同终止。2016年4月25日，扬州市经济技术开发区施桥镇汪家村夏桥组组长张某平，在明知侯某东等人租赁土地堆场生产加工的情况下，将夏桥组基本农田以外的耕地12.99亩租赁给侯某东。2016年4月28日，扬州市经济技术开发区施桥镇汪家村黄庄组组长赵某荣，在明知王某发等人租赁土地堆场生产加工的情况下，将黄庄组基本农田以外的耕地13.17亩土地租赁给王某发。王某发、侯某东、卞某新、吴某将上述夏桥组耕地6.49亩、黄庄组耕地13.17亩转租给葛某彬建设了搅拌站；2017年8

月 23 日，葛某彬作为法定代表人成立某建筑公司，经营上述通过破坏耕地建设的搅拌站。同时，王某发、侯某东、卞某新、吴某将上述夏桥组剩余部分耕地租赁给邹某等人用于建设建筑材料搅拌站。2016 年 6 月 20 日，葛某彬将其租赁上述耕地中的一块耕地面积为 6.49 亩转租给赵某红用于建设建筑材料搅拌站。经鉴定，上述被非法占用的耕地种植条件均达到严重破坏程度，已不具备耕种条件。

【诉讼过程和结果】

2017 年 8 月 30 日，扬州市公安局开发区分局以王某发等人（单位）涉嫌非法占用农用地罪移送扬州市邗江区人民检察院审查起诉。因王某发等人（单位）侵害了社会公共利益，2017 年 11 月 15 日，检察机关以刑事附带民事公益诉讼立案，并引导国土部门以委托有资质的社会机构进行评估和专家论证相结合的方式确定耕地恢复方案和费用。2017 年 12 月 22 日，扬州市邗江区人民检察院提起公诉的同时提起刑事附带民事公益诉讼，请求法院判令王某发等被告人（单位）对被破坏耕地恢复原状或连带承担耕地恢复费用 128.09 万元，并公开赔礼道歉。

2018 年 2 月 8 日，检察机关与各被告人（单位）达成调解协议，并督促各被告人（单位）通过拆除地上违章建筑、破除硬化土地、客土恢复耕层等方式恢复耕地。2018 年 3 月、4 月，专家组两次现场取样检验，出具鉴定意见，认定被破坏耕地已经达到种植条件。

2018 年 5 月 29 日，扬州市邗江区人民法院一审判决，以非法占用农用地罪判处被告人王某发、侯某东、卞某新、葛某彬等 4 人有期徒刑 8 个月至拘役 6 个月不等，并均处罚金 3000 元；以非法占用农用地罪判处被告人吴某、赵某荣、张某平等 3 人免予刑事处罚；以非法占用农用地罪判处某建筑公司罚金 3 万元。

【典型意义】

在当前新农村建设中，一些小、散、乱、污混凝土搅拌站企业为谋取其中不正当利益，占用周边耕地，破坏农用地资源。检察机关办理此类案件时，应注意以下几个方面：

（一）行为人明知土地性质仍将土地租赁给他人，为非法占用农用地犯罪提供条件的，可以依法审查认定共同犯罪

在认定非法占用农用地的被告人时，应当具体审查涉案人员在犯罪中的实际作用。本案中，张某平、赵某荣明知王某发等租赁土地用于实际经营活动，

会改变土地用途并造成土地资源严重毁坏,仍将土地租赁给他人,为犯罪提供帮助,与土地实际使用人系共同犯罪。王某发等4人在明知土地性质的情况下,共同商议决定将租赁的集体土地使用权转租给他人用于建设建筑材料搅拌站及堆放砂石生产加工,同时约定被转租人经营的搅拌站生产所需的砂石等材料必须从4人合伙经营的码头吊机设备进行调运,构成非法占用农用地罪共犯。

(二)依据鉴定意见提出民事公益诉讼诉求

本案系江苏省首例耕地保护领域刑事附带民事公益诉讼案件,案发时耕地资源被破坏后生态修复在江苏省尚无司法鉴定机构对耕地恢复费用进行鉴定,赔偿数额难以确定。检察机关充分发挥主导作用,引导国土部门委托有资质的社会机构按照"经济可行、技术合理、综合效益最佳、便于操作"的要求,制定耕地恢复方案,确定耕地恢复费用。同时组织科研机构、高等院校、行政机关的专家对恢复方案和费用进行科学论证,为检察机关提起民事公益诉讼提供了科学可靠的依据,保证了后续调解协议的顺利达成及耕地的及时有效恢复。

(三)运用民事调解手段促进侵权人自行修复治理

调解作为替代性纠纷解决方式之一,能够有效节约司法资源,在民事公益诉讼中应予倡导和鼓励运用。本案中,为确保被破坏耕地能够及时有效得到恢复,检察机关积极促成调解协议的达成并监督履行。一方面,要求各被告人(单位)将复垦所需资金交至法院专有账户,确保可强制执行;另一方面,规定各被告人(单位)可按照复垦方案自行恢复土地功能,督促、鼓励各被告人(单位)按时保质完成土地恢复。在检察机关全程跟踪监督下,各被告人(单位)积极履行复垦义务,经专家两次取样鉴定,认定被破坏耕地基本达到种植条件,调解协议内容于庭前履行到位,使得生态环境损害得到及时救济。

(四)综合运用提起诉讼、跟踪监督等手段保证修复效果

对非法占用农用地的犯罪行为,应当依法提起公诉。在单纯依靠刑事犯罪打击难以实现环境资源公益损失救济的情况下,检察机关运用刑事附带民事公益诉讼模式维护公共利益,由相关专家出具定损报告和环境修复方案,并据此提出民事公益诉讼请求,追究侵权责任。同时,注重通过监督执行保证环境修复效果。本案中,调解协议达成之后,检察机关对调解协议的履行进行持续跟踪监督,督促被告人(单位)积极进行环境修复,履行复垦义务。对于案发地未达刑事立案标准的其他被非法占用耕地,检察机关以本案的查办为契机,

采取以案释法、提出检察意见、建章立制等多种方式推动地方政府拆除案发地十余家小型混凝土搅拌站，有效整治了当地非法占用耕地的乱象，达到"办理一案，治理一片"的效果，还青山绿水于人民，回应了人民群众对美好生活环境需求的期盼。

承办人：江苏省扬州市邗江区人民检察院　王　林　王敏利　孙玉秀
撰写人：江苏省扬州市邗江区人民检察院　王　林

北京市顺义区人民检察院诉李某良贪污案

【基本案情】

检察机关：北京市顺义区人民检察院。

被告人：李某良，男，1957年9月出生，北京市顺义区张镇厂门口村党支部书记、村委会主任。

被告人李某良于2007年3月起担任北京市顺义区张镇厂门口村党支部书记、村委会主任，负责本村全面工作。在2012年3月、8月该市开展的粮食直补和农资综合补贴工作中，按照"农户自愿申请、村委会公示确认、乡镇政府审核、区县政府批准、市农业局备案"的要求，村委会负责协助张镇政府统计本村种植户及种植面积。在统计过程中，李某良指令村会计将不符合补贴要求的铁岭某种子研究有限公司北京分公司在厂门口村承租的地块计入统计范围，并以李某良个人名义申请上述地块上所种植农作物的粮食直补、良种补贴、生态农作物补贴款，李某良在统计表上签字确认。后李某良将申领到的上述补贴款共计人民币104720元占为己有，用于个人消费。

2017年3月14日，李某良因群众实名举报接受调查，3月21日退缴全部赃款。

【诉讼过程和结果】

2017年7月26日，北京市顺义区监察委员会以李某良涉嫌贪污罪移送北京市顺义区人民检察院审查起诉。

审查起诉阶段，顺义区检察院审查了全案卷宗，讯问了犯罪嫌疑人。针对该案被告人在调查前期曾经提供虚假证据、指使证人作伪证，试图隐瞒犯罪事实的情况，检察机关有针对性地加强释法说理工作，及时固定证据。在讯问过程中，检察机关向李某良行进了证据开示，李某良自愿如实供述了自己的罪行，对指控的犯罪事实没有异议，同意量刑建议，并依法获得了值班律师提供的法律帮助，符合认罪认罚从宽制度的适用条件。

2017年8月9日，顺义区人民检察院以李某良犯贪污罪向人民法院提起公诉。11月22日，顺义区人民法院公开开庭审理本案。

法庭调查阶段，公诉人宣读起诉书指控被告人李某良作为农村基层组织人员，利用其协助人民政府完成粮食直补工作的职务便利，骗取粮食直补款等补贴，其行为构成贪污罪。对于指控的犯罪事实，公诉人出示了四组证据予以证明：

一是被告人李某良的主体身份及职责情况，证实李某良于案发期间任村党支部书记、村委会主任，负责厂门口村全面工作，在发放农资综合补贴等工作中，村委会负责协助统计种植户及种植面积。二是李某良利用职务便利申请粮食直补款等补贴的情况，证实李某良指令村会计将不符合补贴要求的地块计入统计范围，并以其个人名义申请上述地块上所种植农作物的粮食直补等补贴款。三是补贴款的发放及使用情况，证实李某良共领取补贴款10.472万元，并用于个人及家庭日常消费。四是李某良的到案及退赃情况。

法庭辩论阶段，公诉人发表公诉意见：

第一，关于全案的事实证据。当庭出示的证据均系监察委依法取得，未发现违法事项，具备证明能力。证据之间相互印证，已形成完整的证据链条，足以认定起诉书指控的犯罪事实。

第二，关于本案的定性和法律适用。被告人李某良在担任村党支部书记、村委会主任期间，利用其协助人民政府统计种植户及种植面积的职务便利，骗取玉米、小麦的粮食直补款、农资综合补贴等款项，其行为触犯了《刑法》第382条第1款之规定，构成贪污罪。

第三，关于本案量刑建议。被告人李某良贪污数额较大，依据《刑法》第383条和最高人民法院、最高人民检察院《关于办理贪污贿赂刑事案件适用法律若干问题的解释》第1条第1款的规定，依法判处其3年以下有期徒刑或者拘役，并处罚金。鉴于其到案后如实供述犯罪事实，且退缴全部赃款，可以从轻处罚。

被告人李某良当庭认罪悔罪，其辩护人对公诉意见亦无异议，仅就量刑提出意见：李某良实因法律意识淡薄而犯罪，其本人没有前科劣迹，主观恶性较小，且已退缴全部赃款，并预交罚金，社会危害性较小，建议从轻处罚并适用缓刑。

法庭经审理，认为公诉机关对被告人李某良犯有贪污罪的指控事实清楚，证据确实、充分，罪名成立。鉴于被告人李某良到案后如实供述犯罪事实，退缴全部赃款，且自愿认罪认罚，对于辩护人的相关辩护意见予以采纳，对被告人李某良从宽处罚并适用缓刑。综合考虑犯罪事实和量刑情节，2017年11月29日，顺义区人民法院作出一审判决，以贪污罪判处被告人李某良有期徒刑1年，缓刑1年，并处罚金人民币10万元。随案移送的赃款人民币10.472万元发还张镇人民政府。

一审宣判后，被告人未上诉，检察机关亦未抗诉，判决已生效。

【典型意义】

在农村脱贫、惠农政策的执行过程中，村委会干部等基层群众自治组织的工作人员发案人数较多、占比较大。这类人员具有双重身份：一方面，其作为农村基层组织的成员，对于村集体事务具有管理权；另一方面，其在协助人民政府从事行政管理工作时，以国家工作人员论。准确把握该类人员的主体身份及职责，成为区分职务犯罪与非职务犯罪的重要依据。

在办理涉及"三农"工作的职务犯罪时，检察机关应着重从以下几个方面开展工作：一是强化证据审查。特别是围绕关于犯罪主体的证据的审查认定，对农村基层组织工作人员，不能简单地从外在身份来判断其是否为国家工作人员，而应当主要从其是否"依照法律从事公务"这一国家工作人员的本质属性来进行判断。二是在法庭审理中要突出指控和证明犯罪的重点。要紧紧围绕犯罪构成要件，建立起证据体系，将被告人的犯罪手段、犯罪心理等在庭审中充分展示，揭示其社会危害性。三是要结合办案开展法治宣传，增强农村基层组织工作人员的法治观念和廉政意识，有效预防相关犯罪的发生。

撰写人：北京市顺义区人民检察院　张静仁

天津市津南区人民检察院诉
王某陆受贿、贪污、玩忽职守案

【基本案情】

检察机关：天津市津南区人民检察院。

被告人：王某陆，男，1972年10月出生，天津市津南区八里台镇人民政府副镇长。

2013年6月至2014年7月，王某陆在担任天津市津南区八里台镇劳动保障服务中心主任期间，利用职权索取他人钱财，骗取国家补贴款，不认真履行职责、造成国家财产重大损失。其具体犯罪事实如下：

2010年12月开始，为鼓励辖区内企业吸纳本地城乡劳动力就业，天津市津南区出台相关政策，对兴办就业帮扶基地的企业进行岗位补贴，符合政策要求的每人每月按天津市最低工资标准的20%由区就业资金给予岗位补贴。2014年2月，王某陆将上述政策内容告知与其私交甚笃的天津某电子有限公司（以下简称某电子公司）业务经理李某伟（另案处理），并转告该公司法定代表人李某树（另案处理）。之后，李某树让李某伟及其公司其他人员收集部分村民的身份证、户口簿以冒充某电子公司本地户籍的职工，并制作虚假工资表等材料通过天津市津南区八里台镇劳动保障服务中心向津南区人力资源和社会保障局申报就业帮扶基地。其间，王某陆以"活动费"名义通过李某伟向李某树索要好处费24万元。2014年4月1日，李某树指派公司会计将24万元以转账方式存入王某陆个人的银行账户中。得款后，王某陆于同年4月25日应李某树要求，又将7.4万元退还；同年6月2日，其将上述款项中剩余的16万元以妻姐盛某棉名义存入中国农业银行八里台支行，归个人支配使用。

在向王某陆支付24万元后，李某树认为王某陆索要好处费过多而预期能够获得的岗位补贴较少，便通过李某伟与其协商退回部分钱款。后王某陆为退还向李某树索要的部分好处费，利用职务之便，虚构某电子公司职工岗前培训的事实，以向某电子公司支付培训补助费名义，于2014年4月14日从津南区八里台镇劳动保障服务中心骗取3.6万元，支付给某电子公司。

此外，2013年6月至2014年7月，王某陆在担任天津市津南区八里台镇劳动服务中心主任、负责就业帮扶基地岗位补贴审核工作期间，违反《津南区关于促进农村富余劳动力就业工作意见》《津南区"就业帮扶基地"认定管理办法》等规定,不认真履行职责,在未进行核实的情况下,违规审批同意某电子公司和天津市津南某压缩机配件厂岗位补贴申请材料并上报,致使某电子公司违规领取就业帮扶岗位补贴 8.6688 万元、天津市津南某压缩机配件厂违规领取就业帮扶岗位补贴 32.5152 万元,给国家造成经济损失共计 41.184 万元。

【诉讼过程和结果】

2018 年 7 月 3 日,天津市津南区监察委员会以王某陆涉嫌受贿罪、贪污罪、玩忽职守罪,向津南区人民检察院移送审查起诉。

审查起诉阶段,津南区检察院认真审阅案件,查微析疑,进一步核实证据,多次讯问犯罪嫌疑人,与被告人律师进行充分沟通,听取辩护人意见,与监察委办案人员进行会商,并指出王某陆受贿、贪污、玩忽职守案中对于王某陆受贿金额不准确。指控高某利(某压缩机配件厂实际经营人)对王某陆行贿的 2 万元的证据仅有高某利证言,且该笔款项系现金给付,王某陆不供认该起事实,亦无其他书面证据佐证,故无法将该笔钱款认定为王某陆的受贿款,津南区监察委亦认可津南区人民检察院提出的意见,未将此笔 2 万元作为受贿金额认定。

2018 年 8 月 16 日,津南区检察院向津南区人民法院提起公诉。2018 年 9 月 29 日公开开庭审理此案。

法庭调查阶段,公诉人宣读起诉书指控被告人王某陆 2013 年 6 月至 2014 年 7 月在担任天津市津南区八里台镇劳动保障服务中心主任期间,利用职权索取他人钱财,骗取国家补贴款,不认真履行职责、造成国家财产重大损失,其行为已构成贪污罪、受贿罪、玩忽职守罪,依法应予数罪并罚。对于指控的犯罪事实,公诉人向法庭提供证人证言、银行卡交易明细、主体身份证明、情况说明等相关证据予以证明。

法庭辩论阶段,公诉人发表公诉意见:被告人王某陆身为国家机关工作人员,利用职权为他人谋取利益,向他人索要数额巨大的钱款;利用职务上的便利,骗取国家数额较大的补贴款归个人使用;在工作中作为负责人对辖区企业申报真实性有第一责任,在审核审批过程中严重不负责任,致使岗位补贴款不当发放,被本不应得到的企业获得,造成国家财产重大损失,应当以受贿罪、贪污罪、玩忽职守罪追究其刑事责任,并数罪并罚。鉴于被告人王某陆当庭认罪;部分犯罪所得已退缴,酌定从轻处罚。

辩护人提出:被告人有从轻情节。(1)被告人有坦白情节且系初犯、偶犯，认罪悔罪态度好。（2）关于退赃退赔问题，已全额退回。（3）受贿金额 24 万元中应扣减 7.4 万元，即为 16.6 万元，7.4 万元退赃款是被告人在查处前及时退还的，因此这 7.4 万元不能认定为受贿款，被告人的实际受贿金额应为 16.6 万元。（4）关于玩忽职守罪，与国家工作人员职责相关，被告人对只具有初审的责任，实际责任在人力资源和社会保障局。被告人行为不是造成国家经济损失的主要行为。（5）关于补贴申请，3.6 万元实际是国家给予某电子公司的培训补贴费用，进入了某电子公司的账户，由某电子公司支配，被告人并没有非法占有支配该财物，因此不能认定为贪污罪。

公诉人针对辩护意见进行答辩：（1）对于退赃、偶犯、当庭认罪等没有意见，请法庭酌情考虑。（2）关于受贿金额扣减的答辩意见。受贿指被告人利用职权索取或者收受财物，收到财物进入个人账户时犯罪行为既遂，至于后期钱款如何处理，对于受贿行为认定没有影响，且本案被告人退还钱款也并非主动自愿而是在行贿人的要求后退还，因此受贿金额应当是 24 万元，退还赃款情节在量刑时可酌情考虑。（3）关于玩忽职守罪的答辩意见。被告人作为镇劳动保障服务中心的主要负责人，确保辖区申报材料真实性是其职责，没有尽到职责，造成虚假材料报送，使国家财产遭受损失，被告人应当承担责任。（4）关于 3.6 万元的答辩意见。该 3.6 万元的事实基础不存在，即某电子公司职工岗前培训是虚构的；而该笔钱款的用途是填补被告人个人债务，即李某伟向被告人行贿后要求其退还的钱款，此 3.6 万元虽然最终进入了某电子公司账户，但已造成国家财产损失。综上，被告人以虚构的事实基础骗领国家补贴款用于个人支配使用使国家财产遭受损失，构成贪污罪。

法庭经审理，认为公诉人出示的证据能够相互印证，予以确认。关于辩护人提出的受贿数额认定的问题，自该款进入其个人账户，其犯罪行为已经既遂，对辩护人该点辩护意见，不予采信。但就该情节在量刑时酌情予以考虑。关于辩护人提出被告人具有坦白情节的意见，被告人王某陆在归案后避重就轻，未能向监察机关如实供述其犯罪事实，不应认定为坦白，对该点辩护意见不予采纳。2018 年 12 月 25 日，津南区人民法院于对本案作出判决，以受贿罪判处王某陆有期徒刑 3 年，并处罚金人民币 20 万元；以贪污罪判处王某陆以有期徒刑 6 个月，并处罚金人民币 10 万元；以犯玩忽职守罪判处王某陆有期徒刑 6 个月；决定合并执行有期徒刑 3 年 6 个月，并处罚金人民币 30 万元。

【典型意义】

就业帮扶基地岗位补贴政策关系劳动务工人员的切身利益，旨在促进农村劳动力就业，缓解外来务工人员就业压力，进而提高其收入水平，这是一项民生工程，也同样是民心工程。被告人王某陆作为劳动保障服务中心的负责人，本应切实贯彻国家相关政策规定，为人民谋福祉，但其利用国家工作人员身份，不仅帮助某电子公司在没有资质的情况下制作假材料，虚报就业帮扶基地，收取"好处费"，将受贿所得用于个人消费；更是在未进行核实的情况下，违法审批，导致惠民政策难以落到实处，严重侵害了本应获得的就业帮扶基地岗位补贴的企业的合法利益，应依法严厉惩处。

最高人民法院、最高人民检察院《关于办理受贿刑事案件适用法律若干问题的意见》中"收受财物后及时退回或者上交的，不是受贿"的规定，上述"及时"的问题，主旨强调的是不具有主观故意情况下的排除和不认定，要求退回或者上交的主动性、及时性。行为人利用职权主动索要好处费，自该款进入其个人账户时，其犯罪行为已经既遂，后期在行贿人要求下退回财物，非主动退还，即便是在被司法机关查获之前退回，仍应当按照受贿罪既遂的全部数额认定。

贪污罪中认定国家工作人员利用职务上的便利非法占有公共财产，重点围绕行为人是否以非法占有的目的用于个人支配使用，只要该财物处于自己支配之后使国家钱款遭受损失，便已构成贪污罪。该行为不要求非法占有的财务必须进入个人账户，如用公共财物直接打款给行贿人的方式返还好处费，即便不经过个人账户，也应认定为非法占有公共财物。

检察机关在办理服务农村脱贫攻坚战中的职务犯罪案件时，要着重注意以下几点。一是与监察委做好配合，适时介入案件与监察委会商研究，促使案件在调查与起诉阶段达到相关疑点意见一致。二是注重做到证据完整，排除合理怀疑。尤其认定涉案金额时，受贿金额若涉及退还上交的问题时，着重研究金额是否进入个人账户、退还或者上交的时间节点、主动性等问题。三是做到"审理一案，教育一片"，开庭时邀请领导干部"零距离"接受警示教育洗礼，积极引导党员干部增强廉洁从政意识，达到政治效果、法律效果和社会效果的有机统一。

撰写人：天津市津南区人民检察院　杜海峰　付姚姚

浙江省东阳市人民检察院诉吕某微、吕某福诈骗、贪污案

【基本案情】

检察机关：浙江省东阳市人民检察院。

被告人：吕某微，男，1991年9月出生，东阳市横禾粮食专业合作社联合社（以下简称某联社）实际负责人。

被告人：吕某福，男，1962年3月出生，某联社法定代表人兼理事长。

吕某福自2011年开始成为规模种粮户，2015年1月20日成立某联社，担任法定代表人兼理事长，由其子吕某微负责审核相关种粮补贴申报材料等具体事务，并得到政府相关部门认可。自2011年以来，被告人吕某福、吕某微通过虚增、谎报种粮、机插面积等方式骗取各项农业补贴，其中吕某福共计骗取农业补贴9万余元，吕某微骗取农业补贴共计4万余元。2015年至2017年期间，被告人吕某微又利用负责涉农补贴资金申报资料审核的职务便利，采取虚报、谎报承包流转耕地面积、育秧服务面积和机插服务面积等方式，骗取育秧和机插等粮食生产补贴资金共计10万余元，其中吕某福共同参与弄虚作假，骗取机插和育秧等粮食生产补贴资金共计5万余元。

【诉讼过程和结果】

2018年6月，公安机关先后对吕某微和吕某福涉嫌诈骗案立案侦查，2018年9月、10月，公安机关先后向检察机关移送审查起诉。检察机关在审查起诉中发现职务犯罪线索，于2018年10月9日向监察机关移送线索。2018年10月19日，监察机关对吕某微、吕某福涉嫌贪污案立案调查，2018年11月5日向检察机关移送审查起诉。2018年12月20日，东阳市检察院以诈骗罪、贪污罪将吕某微、吕某福向人民法院提起公诉。2019年2月26日，人民法院依法公开开庭审理了本案，同年3月18日，法院以诈骗罪、贪污罪均判处吕某微、吕某福有期徒刑1年6个月，并分别判处罚金人民币10.5万元、11万元。

一审判决后，二被告人均未上诉，判决已生效。

【典型意义】

全国人民代表大会常务委员会《关于〈中华人民共和国刑法〉第九十三条第二款的解释》（以下简称《解释》），明确了村民委员会等村基层组织人员

协助人民政府从事规定的有关行政管理工作时,属于《刑法》第 93 条第 2 款规定的"其他依照法律从事公务的人员"。正确理解该《解释》,是准确适用法律办理案件的前提。检察机关办理该涉农领域职务犯罪案件过程中,深刻辨析拟制国家工作人员成立身份犯的适用条件,主动对接监察机关开展职务犯罪调查,明确打击范围,充分体现了检察机关法律监督职能和依法打击犯罪的责任担当。

(一)准确适用法律,为监察机关打击职务犯罪提供调查方向

该案公安机关以诈骗罪移送审查起诉。检察机关经审查认为,被告人以某联社负责人身份骗领助农补贴,存在利用职务之便实施犯罪嫌疑。因实务中关于"村基层组织"范围如何界定存有争议,为解决法律适用问题,该院深入探究《解释》本意及农民专业合作社发展现状,从三个方面向监察机关提供法律适用参考:(1)从立法解释的文义理解看,《解释》虽然没有明确农村基层组织的更多形式,但也没有将村基层组织限缩为基层政权组织。《解释》所列举的协助人民政府从事的具体行政管理工作,如有关计划生育、征兵工作等,均有相对应的专门组织开展协助活动,即《解释》天然地包括了村一级的基层政权组织以外的其他组织为"村基层组织"。(2)从农民专业合作社的发展历程看,仍然没有突破农村集体经济这一基本经济体制。我国《宪法》第 8 条规定:"农村集体经济组织实行家庭承包经营为基础、统分结合的双层经营体制。农村中的生产、供销、信用、消费等各种形式的合作经济,是社会主义劳动群众集体所有制经济。"伴随着家庭联产承包责任制的推行,村级集体经济在家庭分散经营与集体统一经营相结合的双层经营体制基础上,衍生出多种实现形式。尤其是在家庭联产承包责任制基础上,一些农民顺应市场经济的发展,在农村社区或突破社区界限,自发成立了农民专业合作社以及股份制、股份合作制等多种形式的经济组织,提高了组织化程度和收入水平。为促进和规范农民专业合作社的发展,2017 年全国人大常委会着手修订《农民专业合作社法》,并于 2018 年 7 月 1 日起正式实施,新增农民专业合作社联合社等内容。修法沿袭了原法关于农民专业合作社以农村家庭承包经营为基础这一农村基本经济制度的规定,认可土地经营权、林权等可以向合作社作价出资。可见,农民专业合作社或联合社并非新的经济体,而是社会主义市场经济体制下农村集体经济的有效实现形式,仍以农村集体土地为设立要素,以服务"三农"为设立目的。(3)从农民专业合作社的管理体系看,在引入公司化运作机制的基础上,统筹兼施行政管理手段,兼具经济属性和行政属性。根据《农民专业合作社法》规定,县级以上人民政府建立农民专业合作社工作的综合协调机制,统筹指导、协调、推动农民专业合作社的建设和发展;县级以上

人民政府农业主管部门、其他有关部门和组织依据各自职责，对农民专业合作社的建设和发展给予指导、扶持和服务。该种管理体系为行政机关委托、授权本案某联社履行职责提供行政规范。

监察机关认可上述法律适用意见，认为农民专业合作社联合社是农村集体经济的实现形式，以"三农"为服务对象，属于《解释》中的"村基层组织"，检察机关移送的职务犯罪线索合法且有效，依法立案调查。

（二）提前介入调查，严把基层组织人员履行职务的专项授权、实际履行原则

《解释》强调村基层组织人员必须是在协助人民政府从事行政管理工作时，才属于"其他依照法律从事公务的人员"。公务主要表现为与职权相联系的公共事务以及监督、管理国有财产的职务活动。本案中，某联社由5个专业合作社出资设立，接受财政、农业主管部门指导监督并受其委托，做好为农服务工作和农业公共服务事项。具体而言，被告人吕某微、吕某福根据财政、农业部门的委托、授权，开展审核、上报补贴材料以及协助下放国家财政直接补助资金等活动，系依照委托、授权内容实施职务行为。则被告人实施的骗领助农补贴行为是否一律评价为职务犯罪？该院提前介入后发现，在某联社成立前，被告人吕某福也有申报行为，但这种申报是单体行为，尚未接受委托、授权，不与行政职权挂钩，因而该部分行为系个体骗取补贴，无职权来源，不应定性为职务犯罪。

为进一步明晰法律适用标准，该院就接受委托、授权的基层组织人员实施的行为是否一律认定为"利用职务上的便利"向监察机关提出继续调查建议：一是权力来源特定，委托、授权具有专项性。细分规模种粮、统防统治、育秧、机插四类补贴，申报程序相当，但因申报补贴实施细则仅明确联合社负有审核、公示、上报育秧、机插和统防统治补贴的职责，因而在具体认定中就不应把骗取规模种粮补贴的行为定性为职务犯罪。二是有职权但无行为，仍不能直接评价为职务犯罪。审核、公示、上报统防统治补贴属于专项授权、委托事项，但实践中该项补贴仍由农业局根据确定的规模种粮补贴面积直接发放，因而行为人骗领该项补贴未涉及职权内容，对该部分应认定为诈骗罪。三是不具备职权内容的劳务活动，不认为是公务。某联社由不同的合作社组成，农业部门会在农忙时节临时雇用联合社成员查田，并支付相应报酬，如查田过程中虚报面积，对受雇用人员则不宜认为定职务犯罪，因为受雇用者与雇用者成立直接的劳动关系，受雇用人员以其劳务获得报酬，其查田行为并无职权可言。

（三）全面依法审查，从事实和法律层面正确定性、准确量刑

从行为比重看，隐藏的实际负责人才是行为主角，是更需要法律惩治的对

象。吕某微是不是某联社的关联人员，首先是事实认定问题，包括吕某微本人在内的所有言词证据均直接肯定吕某微就是某联社实际负责人，各类补贴的申请表、登记表上也均签写了吕某微的名字，且表上的签字、盖章均得到农业、财政部门认可，并据此下发资金，可见吕某微实际负责人的地位是现行且有效的。其次是法律适用问题，吕某微不是当然的国家工作人员，从刑法总则角度，吕某微系村基层组织人员协助人民政府从事行政管理工作的拟制国家工作人员，其所负有的对育秧、机插面积的核查职责是上报程序中的一个环节，非最终的决定机构，因而不属于村民自治而是协助管理；从刑法分则角度，吕某微也是受国家机关委托、默认认可的管理、经手国有财产的人员，可以成为贪污罪的主体。另，吕某微与吕某福共同实施犯罪，吕某微也因吕某福的既定身份而成为职务犯罪的主体。

联合社法定代表人与实际负责人同时入罪的情况下，如何区分犯罪地位，仍应结合具体行为具体认定。本案中，吕某福在贪污一节所起的作用主要表现在三方面：一是向吕某微提供其早年与村干部签订的虚假转包合同，指使刚接触农业的吕某微据此虚报补贴；二是主动让村干部出具虚假的机插服务面积证明，让吕某微据此虚报补贴；三是明知吕某微在申报部分规模种粮户育秧补贴过程中存在虚假成分，仍在相应的虚报材料中签字，且吕某福实施前两项行为骗取的补贴金额占其贪污犯罪金额的多数，因此，综合评价吕某福的行为，无论从犯意的提起、行为所起的作用，还是犯罪金额，吕某福在贪污一罪中均不应认定为从犯。

（四）打击预防并重，引导行政机关开展涉农领域综合治理

该案行为人采用虚增、谎报的形式骗领助农补贴，系涉农领域职务犯罪的典型手段，易形成犯罪效应。该院在审查中发现，财政、农业主管部门在受理、发放国家直接补助资金过程中存在授权但不监督、委托但不监管现象，为各农民专业合作社或联合社骗领资金提供空间。针对发现的问题，该院联合公安机关、监察机关开展全市范围内涉农领域职务犯罪集中整治，先后查处了一批骗领补助资金犯罪，推动行政主管部门完善监管制度、丰富监管措施，取得良好的政治效果、法律效果和社会效果。

撰写人：浙江省东阳市人民检察院 厉剑婷

广东省兴宁市人民检察院诉杨某清滥用职权案

【基本案情】

检察机关：广东省兴宁市人民检察院。

被告人：杨某清，男，1957年12月出生，兴宁市黄陂镇樟坑村支部书记、村民委员会主任。

被告人杨某清于2010年至2016年，任兴宁市黄陂镇樟坑村支部书记，村民委员会主任，黄陂镇不具备生产、生活条件（以下简称"两不具备"）贫困村庄搬迁安置工作领导小组成员、验收组成员期间，在从事"两不具备"贫困村庄搬迁安置工作过程中，滥用职权，明知钟某香等4户农户不符合申报"两不具备"贫困村庄搬迁补助条件，仍给予初审通过并上报审批，明知叶某茂等17户农户不符合"两不具备"贫困村庄搬迁补助验收条件，仍签名通过验收，致使不符合"两不具备"贫困村庄搬迁补助条件的上述21户农户获得了每户3万元的专项资金补助，造成"两不具备"贫困村庄搬迁补助专项资金损失人民币63万元未追回。

【诉讼过程和结果】

2018年6月13日，广东省兴宁市监察委员会以杨某清涉嫌滥用职权罪，向本院移送审查起诉。

审查起诉阶段，经审查，本案认定杨某清具有滥用职权行为的事实清楚、证据确实充分。但认定杨某清符合滥用职权罪主体要件的证据不足。审查发现，杨某清属于黄陂镇"两不具备"贫困村庄搬迁安置工作领导小组成员、验收组成员，但监察委只移送了杨某清任兴宁市黄陂镇樟坑村支部书记、村民委员会主任的任职证明，没有提供村委会或杨某清在"两不具备"贫困村庄搬迁安置工作过程中的职权职责方面的证据。退查后，监察委补充了以下证据：(1) 广东省人民政府办公厅文件《印发广东省不具备生产生活条件贫困村庄搬迁安置工作实施方案的通知》，证实：县级政府是组织实施搬迁工作的责任主体；搬迁村所在的乡镇政府是搬迁安置工作的具体实施者；各级扶贫办（老区办）负责具体管理工作。(2) 2012—2015年《兴宁市黄陂镇樟坑村南坑片搬迁可行性报告》，明确成立镇"两不具备"贫困村庄搬迁工作领导小组,村支部书记为领导小组成员。(3)黄陂镇《关于做好2013、2014、2015年贫困村庄搬迁农户建房验收要求》,证实村支部书记为验收组成员,镇"两不具备"贫困村庄搬迁农户建房验收工作由驻村领导、驻村组长、村支部书记共同签名验收。

法庭审理阶段,被告人杨某清及其辩护律师对起诉指控的事实及出示的证据均无异议,但提出杨某清作为樟坑村支部书记、村委主任,不符合滥用职权罪的主体要件,不构成滥用职权罪的辩解辩护意见。

公诉人答辩认为,被告人杨某清作为黄陂镇"两不具备"贫困村庄整体搬迁工作领导小组成员、验收组成员,其参加黄陂镇樟坑村"两不具备"贫困村庄搬迁农户建房验收等工作,是代表黄陂镇政府行使行政管理职权的行为,符合全国人民代表大会常务委员会《关于〈中华人民共和国刑法〉第九章渎职罪主体适用问题的解释》的规定:虽未列入国家机关人员编制但在国家机关中从事公务的人员,在代表国家机关行使职权时,有渎职行为,构成犯罪的,依照刑法关于渎职罪的规定追究刑事责任。因此,作为黄陂镇"两不具备"贫困村庄整体搬迁工作领导小组成员、验收组成员的杨某清符合滥用职权罪的主体要件。被告人杨某清滥用职权,造成"两不具备"贫困村庄搬迁补助专项资金损失人民币63万元的行为,构成滥用职权罪。

2018年10月15日,兴宁市人民法院以被告人杨某清犯滥用职权罪判处有期徒刑1年。一审宣判后,告人未上诉,判决已生效。

【典型意义】

村"两委"干部能否构成滥用职权罪,在学术界和司法实践中均有争议。一种意见认为,村"两委"干部不能构成滥用职权罪。理由是:《刑法》第397条规定的滥用职权罪的主体是国家机关工作人员,非国家机关工作人员不能构成滥用职权罪的主体,而村党支部是党的农村基层组织,村民委员会是依据村民委员会组织法选举产生的群众性自治组织,均不属于国家机关。因此,村"两委"干部不属于国家机关工作人员,不符合滥用职权罪的主体,不能构成滥用职权罪。另一种意见认为,村"两委"干部可以构成滥用职权罪。理由是:村"两委"干部虽不属于国家机关工作人员,但村"两委"在镇党委的领导下开展工作,根据村民委员会组织法规定,村民委员会有协助镇人民政府工作的义务。因此,村"两委"干部在镇党委、政府领导下协助镇人民政府工作时,应属于国家机关工作人员,符合滥用职权罪的主体,可以构成滥用职权罪。

笔者认为,由于村"两委"干部工作性质的特殊性,决定了村"两委"

干部主体的多变性。村"两委"干部作为农村基层组织的工作人员,在从事辖区内的日常管理工作中,不能成为国家工作人员的主体,更不符合国家机关工作人员的主体身份;当村"两委"干部在协助镇人民政府工作时,根据全国人民代表大会常务委员会《关于〈中华人民共和国刑法〉第九十三条第二款的解释》规定,村"两委"干部符合国家工作人员的主体,但仍不符合国家机关工作人员的主体;当村"两委"干部在受委托行使国家行政管理职权时,根据全国人民代表大会常务委员会《关于〈中华人民共和国刑法〉第九章渎职罪主体适用问题的解释》的规定,① 村"两委"干部也可以成为滥用职权罪的主体。因为全国人民代表大会常务委员会的这一立法解释,突破了滥用职权罪的主体仅限于国家机关工作人员的范围,将实际行使国家行政管理职权的非国家机关工作人员也规定为滥用职权罪的主体。

因此,是否具有行政管理职权,是认定村"两委"干部能否构成滥用职权罪主体的关键。村"两委"干部是否符合滥用职权罪的主体,不可一概而论。这要看村"两委"干部在协助镇人民政府工作过程中,是否实际行使了行政管理权。如果实际行使了行政管理权,则符合滥用职权罪的主体,可以构成滥用职权罪。如果没有行政管理权,则不符合滥用职权罪的主体,不能构成滥用职权罪。因此,在办理村"两委"干部滥用职权案件过程中,要注意及时收集有关滥用职权罪主体要件方面的证据,及时收集和固定能够证实行为人在实施滥用职权行为时是否具有行使行政管理职权的证据材料。在实际工作中,村"两委"干部可从两个方面获得行政管理职权:一是国家机关将其部分行政管理职权委托村"两委"行使,这种情况一般发生在专项工作中。② 二是国家机关直接将村"两委"干部任命为镇政府专项工作的工作人员,与在职在编镇干部一起共同行使行政管理职权。③

本案中,"两不具备"贫困村庄搬迁工作是广东省委、省政府在"十二五"期间向全省人民作出公开承诺的十件民生实事之一,是省委、省政府作

---

① 相关原文如下:在依照法律、法规规定行使国家行政管理职权的组织中从事公务的人员,或者受国家机关委托代表国家机关行使职权的组织中从事公务的人员,或者虽未列入国家机关人员编制但在国家机关中从事公务的人员,在代表国家机关行使职权时,有渎职行为,构成犯罪的,依照刑法关于渎职罪的规定追究刑事责任。

② 如在征地拆迁过程中,有些县、镇人民政府将征地拆迁工作中面积核实、房屋结构核实、农户信息核实、资金发放等具体工作职权委托村"两委"行使,从而使村"两委"干部在这些工作中获得行政管理职权。

③ 很多镇由于工作任务重而人员少的问题突出,为完成上级下达的专项工作任务,往往把熟悉所在村情况的村"两委"干部直接任命为镇政府专项工作机构的工作人员,这种情况在镇一级比较常见。

出的一项重要工作部署，为做好该项工作，广东省人民政府办公厅出台了《广东省不具备生产生活条件贫困村庄搬迁安置工作实施方案》明确规定：县级政府是组织实施搬迁工作的责任主体；搬迁村所在的乡镇政府是搬迁安置工作的具体组织者；各级扶贫办负责具体管理工作。"两不具备"贫困村庄搬迁安置工作分项目申报、实施、验收三个阶段。为切实做好搬迁户的建房指导和竣工验收工作，兴宁市人民政府办公室出台相关文件规定：由各镇组成验收工作组对完成搬迁的农户进行竣工验收。从上述文件可以看出，搬迁村所在的乡镇政府对搬迁安置工作具有行政管理职权。被告人杨某清作为村支部书记、村民委员会主任，被黄陂镇人民政府任命为镇"两不具备"贫困村庄搬迁安置工作领导小组成员、"两不具备"贫困村庄搬迁农户建房验收小组成员，其对黄陂镇"两不具备"贫困村庄搬迁安置工作即具有领导、管理的职责。被告人杨某清以黄陂镇"两不具备"贫困村庄搬迁农户建房验收小组成员的身份参与验收工作的行为，是代表镇人民政府行使行政管理职权的行为，符合全国人民代表大会常务委员会《关于〈中华人民共和国刑法〉第九章渎职罪主体适用问题的解释》的规定，符合滥用职权罪的主体要件。因此，被告人杨某清任黄陂镇"两不具备"贫困村庄搬迁安置工作领导小组成员、"两不具备"贫困村庄搬迁农户建房验收小组成员期间，在参与黄陂镇"两不具备"贫困村庄搬迁农户建房验收过程中，明知钟某香、叶某茂等21户农户不符合"两不具备"贫困村庄搬迁补助条件，仍签名通过验收，致使不符合"两不具备"贫困村庄搬迁补助条件的上述21户农户获得了每户3万元的专项资金补助，造成"两不具备"贫困村庄搬迁补助专项资金损失人民币63万元未收回的行为，构成滥用职权罪。

承办人：广东省兴宁市人民检察院　李炎飞　吴志远
撰写人：广东省兴宁市人民检察院　吴志远

五、涉农检察典型案例（民事）

北京市怀柔区人民检察院依申请就马某柱等十二名农民工与王某宝劳务合同纠纷支持起诉案

【基本案情】

检察机关：北京市怀柔区人民检察院。

申请人：马某柱等12名农民工。

2017年，王某宝承包位于北京市怀柔区桥梓镇口头村修建民房等工程，并雇用马某柱等12名农民工在工地工作。工程于2017年2月开工，7月完工。完工后，王某宝未足额支付马某柱等人劳务费，经马某柱等人多次索要，王某宝出具其签字认可的《薪资表》，承认仍欠付马某柱等12名农民工2017年4月至7月劳务费共计16.2743万元，但之后并未支付。

【监督过程和结果】

为维护自身合法权益，马某柱等12名农民工于2018年2月5日向怀柔区检察院申请支持其向北京市怀柔区法院起诉，请求法院判令王某宝支付所欠劳务费。2018年2月7日，怀柔区检察院经审查认为该案符合支持起诉案件受理条件，根据《民事诉讼法》第15条之规定，决定予以受理。

承办检察官经审查《施工协议》和王某宝签字认可的《薪资表》等证据材料，并分别询问马某柱等农民工代表和王某宝，认定了上述王某宝于2017年雇用马某柱等12名农民工工作但未足额支付劳务费的案件事实。

根据《合同法》第44条第1款、第60条第1款规定，依法成立的合同，自成立时生效，当事人应当按照约定全面履行自己的义务。马某柱等12人与王某宝口头达成劳务合同，系双方当事人的真实意思表示，且不违反法律、行政法规的强制性规定，合同合法有效。马某柱等人已按约定提供劳务，王某宝理应按照约定支付劳务费。《民事诉讼法》第15条规定，机关对损害个人民事权益的行为，可以支持受损害的个人向人民法院起诉。本案中，马某柱等12人作为农民工，属于弱势群体，缺乏相应的诉讼能力，在其民事权益受损害的情况下，检察机关可以支持其向法院起诉。

综上，怀柔区检察院于2018年3月2日决定对马某柱等12名农民工劳务合同纠纷系列案支持起诉,并于同年 3 月 5 日向怀柔区法院提交《支持起诉意见书》。怀柔区法院于 2018 年 5 月 28 日作出一审判决,因王某宝在判决前支付了马某柱等农民工 3 万元劳务费,该院支持马某柱等 12 名农民工要求支付劳务费共计 13.2743 万元的诉讼请求。后王某宝向马某柱等人足额支付了所欠劳务费。

【典型意义】

农民工作为社会弱势群体,缺乏相应的诉讼能力。检察机关通过支持起诉协助解决其讨薪问题,有利于维护其合法权益。这既是检察机关支持起诉制度的应有之义,也是检察机关讲政治、顾大局的具体体现,是服务经济社会发展、保障民生的有效措施,是以人民为中心发展思想的生动实践。该系列案件是怀柔区检察院办理的首批支持起诉案件,收到了良好的政治效果、法律效果和社会效果,并积累了有益的办案经验。

(一)谋农民工之所需,建立信息共享机制

怀柔区检察院先后走访怀柔区司法局、人力资源和社会保障局、信访办、法院等,加强与相关单位沟通,深入了解本区农民工讨薪讨债问题的实际状况,并建立信息互通、线索移送等机制,为有效帮助农民工讨薪打下坚实基础。怀柔区司法局根据相应工作机制,主动向怀柔区检察院移送了本系列案件线索,成为案件启动的关键。经初步审查,怀柔区检察院认为马某柱等 12 名农民工为社会弱势群体,缺乏相应的诉讼能力,可能存在民事权益受损的情况,符合支持起诉案件的受理条件,决定受理此系列案。

(二)急农民工之所盼,力促案件快速办理

考虑到春节临近和申请人数较多的情况,为让马某柱等 12 名农民工安心过个好年,第四检察部承办检察官多次与法律援助律师联系,引导其尽快提交支持起诉申请材料,为加快案件受理,在法律援助律师提交申请材料后,主动协助该院第七检察部以最快速度完成案件受理工作。进入办理环节后,承办检察官集部门全体干警之力快速完成听取当事人意见、调查核实、文书制作等工作,在保证案件质量的同时,极大缩短办案时间。

(三)想农民工之所忧,注重办案实际效果

考虑到马某柱等 12 名农民工不在本区居住的情况,承办检察官采取电话和当面沟通相结合的方式,与法律援助律师一同为其讲解法律程序和规定,使农民工安心等待处理结果。谈话中,承办检察官了解到王某宝是因两户建房房主尚未结清工程款,且在施工过程中出现人员事故等情况,致其没有能力支付。鉴于该情况，承办检察官试图约见两户房主，促成双方结清工程款，尽快让马某柱等农民工拿到劳务费，但未成功。马某柱等农民工和王某宝依然感谢承办检察官所做工作，并对怀柔区检察院支持起诉意见表示认可。在向怀柔区法院提交支持起诉意见书后，承办检察官注重跟踪问效，及时向法官了解案件审理情况，建议法院快审快结，并始终保持与法律援助律师的联系，直至被告交付拖欠劳务费，挽回农民工的全部经济损失。

检察机关在开展民事支持起诉工作时，应当想群众之所想，急群众之所急，在日常工作中与相关机关建立信息共享机制，确保工作及时对接；在办理案件时，依法运用支持起诉制度，最大限度挽回农民工等弱势群体损失，有效维护人民群众合法权益。

承办人：北京市怀柔区人民检察院　何斯雅
撰写人：北京市怀柔区人民检察院　何斯雅　李晓芬

江苏省泰州市高港区人民检察院支持胡某某等八名农民工起诉追索劳动报酬案

【基本案情】

检察机关：江苏省泰州市高港区人民检察院。

申请人：胡某某等8名农民工。

被告：李某某、A公司。

2012年9月10日，李某某与A公司签订建设工程承包合同，约定由李某某包工包料承建A公司两栋综合楼，每平方米承包价为800元。2013年2月、3月，两栋综合楼主体结构完工，A公司办理了总面积为3915.77平方米的不动产产权证，并以该房产向银行抵押贷款700万元。

2014年3月9日，A公司法定代表人向李某某出具了总额为208万元的工程款欠条，但一直未支付。同年7月14日，李某某向泰州市高港区人民法院起诉，要求A公司支付208万元建设工程款，法院判决支持了李某某的诉讼请求。同年12月，李某某申请强制执行；但因A公司房产已被其他案件查封又无其他可供执行的财产，2015年5月，法院终结本次执行。其后，李某某向法院提出，其享有建设工程款优先受偿权。

2017年4月17日，泰州市高港区人民法院根据银行诉请，判决A公司向银行偿还借款700万元及利息，且银行因抵押权享有优先受偿权。其后，法院根据银行申请，将A公司房地产及附属设施进行司法拍卖，拍得566.4万元。

2018年8月至2019年4月，李某某夫妇及胡某某等农民工多次聚集在A公司综合楼，阻挠法院将拍卖的房地产及附属设施交付给买受人。泰州市高港区检察院应区委政法委邀请共同参与相关事件处置。

随后，李某某向泰州市高港区人民检察院申请监督，认为其对A公司房产拍卖款中的208万元先于银行享有建设工程款优先受偿权。李某某还表明，该208万元中包含了胡某某等8名农民工的工资。

【监督过程和结果】

（一）倾听各方诉求，提出合理处置方案

高港区检察院赴现场参与共同处置后，认真听取了李某某和农民工的意见，并向法院了解李某某、银行的相关诉讼及执行情况。考虑到李某某是否享有建设工程款优先受偿权还存在争议，且工程款中包含了多名农民工的工资，高港区检察院提出了将拍卖款中的 208 万元暂扣在法院执行账户待后续处置，同时李某某等人不再阻挠交付，由法院将相关房地产交付给买受人的方案。该方案得到了法院、李某某及农民工的一致认可，相关房地产得以交付。

（二）深入调查取证，核实工程款组成

首先，高港区检察院赴当地建设局、房产登记部门调取了建设工程合同以及 A 公司房产登记的原始资料等，并对 A 公司进行现场勘查，核实工程建设情况和工程款总数额。其次，向不同工种的工人调取工资欠条，分别核实工作量；向建筑行业调查了解，根据市场行情判断欠条内容的真实性。再次，询问相关证人，结合 A 公司法定代表人和李某某的原始结算清单，以及调取到的双方银行往来明细，计算二人之间的借款往来情况。最终，高港区检察院认为，根据现有证据，足以证实李某某主张的 208 万元中，包含了工程欠款和经济往来欠款两部分；其中，因工程款未支付而被拖欠的农民工工资为 119.97 万元。

（三）及时转换思路，工人利益优先

案件审查过程中，高港区检察院发现李某某 2014 年起诉 A 公司要求支付建设工程款时，未主张优先受偿权，因此判决书中也未予以明确。而这一权利是不是必须在诉讼中明确主张，司法实践中存在较大争议。在李某某实际难以再行主张优先受偿权的情况下，高港区检察院转换办案思路，决定将工人工资从建设工程款中分离出来，优先予以考虑。经审查，李某某不具备用工主体资格和合法经营资格，A 公司将工程发包给他，导致农民工工资被拖欠，应当与李某某共同承担工人工资的清偿责任。2019 年 12 月，高港区检察院依法支持胡某某等 8 名农民工，以李某某和 A 公司为共同被告，追索劳动报酬计 119.97 万元。

（四）促成调解落实，切实保障生存权益

疫情防控期间，胡某某等人面临更加急迫的生存问题。高港区检察院和区法院特事特办，在征求工人意见、推选一名农民工代表后即组织庭审。2020 年 3 月 26 日，在检察院和法院的共同努力下，胡某某等 8 名农民工与李某某、A 公司达成调解协议：A 公司对 119.97 万元工人工资承担清偿责任；李某某放弃该部分权利。调解结案后，考虑到 A 公司尚有 208 万元拍卖款被暂扣在法院账户，为了促使调解协议尽快落到实处，2020 年 4 月 13 日，区法院和区检察院召开联席会议，达成了保障工人基本生存权益和平衡诉讼多方利益的基本共识。此外，对于工人因工资被拖欠而遭受的其他损害，将根据案件具体情况，通过司法救助等方式予以帮助。

【典型意义】

张军检察长始终强调,要在检察监督工作中坚持双赢多赢共赢。我们检察机关办理的监督案件,只有让人民群众感受到公平和正义,使监督对象感受到真诚和善意,才符合新时代对检察工作的新要求、新期待。尤其在"涉农"案件中,农民工作为社会弱势群体,为社会经济发展贡献了巨大力量,他们的合法利益更应当得到充分保护,这是全社会的责任,也是检察机关的使命。

(一)坚持"以人为本",把维护农民工权益作为出发点和落脚点

本案中,李某某在除斥期间内主张建设工程款却未明确要求优先受偿权,在执行过程中是否还能对抗银行的抵押权,确实存在争议。虽然检察机关认为,"建设工程款优先受偿权是一种法定优先权,无需当事人另外予以明示";但是在与法院充分沟通后,感受到在"审执分离"原则下追求建设工程款优先受偿权存在的现实难度。因此,检察机关及时转变思路,把落脚点放在建设工程款中的农民工工资上。本案中,农民工将劳动力物化为建设工程,是其他一切权利存在的基础;而工资,是维系农民工及其家庭成员生活的基础来源,具有人的基本生存权属性,认定工资优先受偿,是正确的价值衡量,也是公平正义的内在要求。

(二)坚持"检察主导",充分运用调查核实权夯实案件法律基础

"打铁还需自身硬",检察监督案件更要有坚实的证据体系和充足的法律依据。本案中,检察机关通过调取原始欠条和调查市场行情,核实了农民工工资数额,及其真实性;通过调取工商登记以及建设合同,证明了李某某不具有合法经营资格,以及公司明知的事实,从而顺利将公司确定为承担农民工工资清偿责任的主体。该做法符合《建设领域农民工工资支付管理暂行办法》的规定,并与2020年5月1日正式实施的《保障农民工工资支付条例》的规定不谋而合,体现了检察监督工作的合法性和前瞻性。

(三)坚持"效果为先",将矛盾化解和沟通对接贯彻监督工作始终

检察监督不是"你输我赢",而是共同推动问题的解决。本案中,检察机关事前充分听取法院和当事人意见,体谅法院的执行难、共情当事人的生活难,优化解决方案;事中积极配合法院,做好释法说理和沟通协调工作,促使当事人依法起诉并达成调解协议;事后与法院多次沟通,积极争取区委政法委支持及司法救助,明确了保护农民工权益和平衡各方利益的执行方向,力求取得案件政治效果、法律效果和社会效果的有机统一。

承办人、撰写人:江苏省泰州市高港区人民检察院　金秋桦

内蒙古自治区人民检察院依申请抗诉沙某等五户牧民与达某等人草场承包经营权纠纷案

【基本案情】

检察机关：内蒙古自治区人民检察院。

提请抗诉机关：内蒙古自治区人民检察院锡林郭勒盟分院。

申请人：沙某等五户牧民。

1984年锡盟东乌旗道特淖尔镇巴彦图嘎嘎查开始第一轮家庭草场承包，1994年嘎查以1984年承包草场人口为基础开始第二轮家庭草场承包。2004年嘎查重新调整草场，按照每人1380亩草场分配，沙某一家8口人共分得11040亩草场，并于2004年7月15日与嘎查签订承包经营合同，东乌旗人民政府颁发了草场承包经营权证。沙某一家分得的草场中有一部分是从达某家的草场调整而来，但达某一直占用已划给沙某家的草场。那某、萨某与通某、达某甲、布某与三某等四户牧民也因同样的原因分别与达某、桑某等人产生纠纷，达某、桑某等人不认可2004年草场调整事宜，一直未在2004年调整草场后的合同上签字，也未领取新的草原承包经营权证。

达某、桑某等人持有的承包合同是1994年延期时签订的合同，持有的草场承包经营权证已于2005年9月被东乌旗经营管理站通知撤销，同时通知新颁发的草场承包经营权证生效。

达某等人不服巴彦图嘎嘎查2004年调整草场找相关单位要求解决此事未果，以道特淖尔镇人民政府为被告向东乌旗人民法院提起行政诉讼。东乌旗人民法院于2007年3月作出行政裁定书，裁定道特淖尔镇人民政府对嘎查调整草场事宜重新作出具体行政行为。2007年3月道特淖尔镇人民政府作出《针对巴彦图嘎嘎查2004年调整草场情况做出的决定》，认为"从2004年巴彦图嘎嘎查分配草场情况看，少数牧民占领大面积草场，大部分牧民的草场面积小，强烈要求应得的草场。嘎查将分配草场的申请提交到镇上，嘎查反映的情况真实，镇政府同意嘎查开成员大会，重新分配草场。同时，经过分管牧业的副旗长和民政局同意。故2004年嘎查调整草场是解决了大部分牧民的困难，因此并无不当"。达某等人对该决定未提出行政复议或行政诉讼。达某等人对东乌旗人民法院行政裁定提出上诉后,锡盟中级人民法院于 2008 年 10 月作出二审行政裁定,裁定驳回起诉,维持原裁定。2011 年 10 月,沙某等五户起诉至东乌旗人民法院,要求达某等人停止对其草场承包经营权的侵权行为,归还被占用草场等。

  2012 年 8 月,东乌珠穆沁旗人民法院对该系列案件作出一审民事判决。该院一审认为,因 2004 年道特淖尔巴彦图嘎嘎查重新分配草场,2004 年 7 月原告与巴彦图嘎嘎查签订草场承包合同书,2004 年 11 月东乌旗人民政府给原告颁发草场承包经营权证及草场使用证,任何组织和个人不得侵占、买卖或者以其他形式非法转移该草场。被告如果对原告该草场上的经营权的合法性有异议,应当通过法定程序解决,而不应该占用该草场。判决被告达某、桑某等人在本判决生效后立即归还草场,并支付相应的赔偿金。达某、桑某等人不服一审判决,向锡盟中级人民法院提起上诉。锡盟中级人民法院于 2013 年 1 月作出二审民事判决。该院二审认为,双方当事人的争议发生于巴彦图嘎嘎查重新制定划分草场标准,调整草场的过程中。故本案不属于人民法院民事调整受案范围。裁定撤销东乌珠穆沁旗人民法院一审民事判决,驳回沙某等五户一审的起诉。

  沙某等五户牧民不服,向内蒙古自治区高级人民法院申请再审。内蒙古自治区高级人民法院于 2013 年 11 月裁定驳回再审申请。

  沙某等五户牧民向锡盟检察分院申请监督。

【监督过程和结果】

  锡盟检察分院受理沙某等五户牧民的监督申请后,经审查提请内蒙古自治区人民检察院抗诉。内蒙古自治区人民检察院经审查认为,锡盟中级人民法院 (2012) 锡民三终字第 47 号民事裁定适用法律错误,理由包括:

  (一)沙某等五户对争议草场享有承包经营权的权属明确

  根据《物权法》第 17 条规定,不动产权属证书是权利人享有该不动产的物权的证明。东乌旗道特淖尔镇巴彦图嘎嘎查 2004 年重新制定划分草场标准,五户牧民与嘎查签订了草场承包合同,并由东乌旗人民政府颁发了《草原承包经营权证》。沙某等五户取得的草场使用权证能够证明其对分得的草场有占有、使用和获得收益的权利,任何组织和个人不得侵占。

  (二)草场调整后达某、桑某等人无权占有使用该草场

  达某、桑某等人持有的草场承包经营权证已被东乌旗经营管理站通知撤销,同时通知新的草场承包经营权证生效。达某等人就草场调整事宜将道特淖尔镇人民政府诉至东乌旗人民法院后,东乌旗人民法院裁定道特淖尔镇人民政

府就调整草场重新决定作出具体行政行为。达某等人对道特淖尔镇人民政府重新作出的具体行政行为并未提起行政复议或行政诉讼,对前述行政裁定的上诉已被裁定驳回。

(三) 本案应由人民法院受理

本案中沙某等五户与达某等人在调整后草场的使用权方面并不存在争议。沙某等五户对调整后的草场已经取得承包经营权证,达某等人对调整后的草场使用权已经终止,因此本案不属于使用权属争议而属于草场承包经营权纠纷。本案应属人民法院受案范围,锡盟中级人民法院裁定驳回起诉错误。

2016年4月,内蒙古自治区人民检察院向自治区高级人民法院提出抗诉。

2016年12月,自治区高级人民法院作出民事裁定,认为本案属于土地承包经营权侵权纠纷,而非确权纠纷,检察机关抗诉理由成立,裁定撤销原二审民事裁定和一审民事判决,指令东乌旗人民法院对本案进行审理。2017年6月,东乌旗人民法院对五个案件分别作出一审民事判决,判决达某、桑某等人返还占用的草场(返还草场面积分别为3705亩、2475亩、3863亩、1620亩、4590亩),支付五户相应的草场赔偿金(赔偿金数额分别为人民币50万元、20万元、30万元、10万元、50万元)。

达某、桑某等人不服,向锡盟中级人民法院提起上诉。2018年1月,锡盟中级人民法院对五案作出终审裁定,裁定驳回上诉,维持原判。

【典型意义】

关于对土地承包经营权或草原承包经营权有异议而发生的纠纷应当采取行政程序还是司法程序处理的问题,关键在于争议的土地(草场)权属争议和登记颁证的时间及关联关系。如果权属争议发生在登记颁证后,异议人只能在法定期限内对政府颁证行为提起行政诉讼。如果未在法定期限内提起行政复议或行政诉讼,新的权利人依法享有对土地(草场)使用及获得收益的权利,有权要求非法占用人予以返还,该类纠纷依法属于人民法院民事案件受案范围。

本案中沙某等五户牧民在巴彦图嘎嘎查2004年重新调整草场后分别签订了草场承包合同,并取得草场承包经营权证,对调整后的草场依法享有占有、使用及获得收益的权利。达某、桑某等人对调整后草场的使用权已经终止,本案不属于使用权属争议,应属于草场承包经营权纠纷。根据最高人民法院《关于审理涉及农村土地承包纠纷案件适用法律问题的解释》第1条第2项规定,人民法院应当依法受理承包经营权侵权纠纷。本案当事人已经取得争议草场的权利证书,草场的权属已经清楚明确,人民法院应依法受理作出判决,裁定告知由有关人民政府处理属于适用法律错误。

沙某等五户牧民申诉系列案件属于典型的蒙文蒙语诉讼案件。该案历次判决书、裁定书、申请人监督申请书、证据材料均为蒙文，检察机关在审查过程中依法保障了申诉人和被申诉人双方当事人的诉讼权利，依法听取了双方当事人的意见，抗诉书同时制作了蒙文版和汉文版。草场对牧民生产生活的重要性不言而喻。沙某等五户牧民于 2004 年分得的草场在长达十几年的时间里一直被他人非法侵占，申诉人依法获得的草场承包经营权证未能得到认可，受到了较大的经济损失。本案前后经历五次法院审理，经过检察机关依法抗诉，人民法院采纳了检察机关的抗诉意见，对本案依法进行审理并作出判决，五户牧民的草场得以返还，获得了相应的赔偿金，牧民被侵害的合法权益依法得到了应有的救济。

承办人、撰写人：内蒙古自治区人民检察院　乌　兰

四川省成都市人民检察院依申请抗诉吕某某与某包装厂劳动纠纷案

【基本案情】

检察机关：四川省人民检察院。

提请抗诉机关：四川省成都市人民检察院。

申请人（仲裁申请人、一审被告、二审上诉人、再审申请人）：吕某某，男，1973年2月出生，农民工。

吕某某于2014年8月到四川省成都市青白江区某包装厂上班，双方没有签订劳动合同，某包装厂为其购买了社保。2014年11月27日，吕某某夜班后回家途中发生交通事故。2015年1月5日，吕某某向该包装厂出具了一份《承诺书》，其上载明：本人已清楚明知，若本人因发生车祸一事被认定为工伤，除去社保支付的工伤赔偿费用外……乙方（即吕某某）郑重承诺，自愿放弃要求甲方支付前述赔偿费用的权利，甲方不承担任何赔偿责任。……该承诺书末尾有吕某某的签名摁印。2015年1月12日成都市人力资源和社会保障局作出工伤认定书，认定吕某某所受事故伤害属于工伤。2015年7月29日成都市劳动能力鉴定委员会对吕某某所受事故伤害评定为八级伤残。

2015年9月23日，吕某某向青白江区人事争议仲裁委员会申请劳动仲裁，要求解除劳动关系；某包装厂向吕某某支付双倍工资、一次性伤残就业补助金等。2015年12月4日青白江区人事争议仲裁委员会裁决支持了吕某某的请求。某包装厂不服，诉至青白江区人民法院，请求判令：不向吕某某支付一次性伤残就业补助金等费用。2016年4月28日，青白江区人民法院以吕某某对某包装厂作出放弃赔偿的承诺，系对自身权益的一种处分，合法有效为由，判决支持了某包装厂的诉讼请求。吕某某不服一审判决，向成都市中级人民法院提起上诉。2016年8月30日，成都市中级人民法院以吕某某向某包装厂作出的放弃赔偿的承诺，是对自己民事权利的处分，不损害国家、集体利益和第三人利益，在该《承诺书》未依法被撤销或者变更前，对双方当事人均有约束力为由，判决驳回吕某某上诉请求。吕某某不服二审判决，向四川省高级人民法院申请再审，2017年3月17日，四川省高级人民法院裁定驳回吕某某的再审申请。吕某某向人民检察院申请监督。

【监督过程和结果】

四川省成都市人民检察院受理吕某某的监督申请后,调取了法院的一、二审卷宗,认真听取了吕某某的意见,重新审查了吕某某与某包装厂签订的《承诺书》,并就《承诺书》签订背景、过程等事实向某包装厂进行了多次询问,并就吕某某提交的拟证明胁迫事实的录音证据材料组织双方当事人听证。2017年7月19日,提请上级检察院抗诉。2017年12月5日,四川省人民检察院向四川省高级人民法院提出抗诉。

2018年1月29日,四川省高级人民法院采纳检察机关意见,指令成都市中级人民法院再审本案。2018年5月23日,成都市中级人民法院再审认定案涉《承诺书》确系某包装厂胁迫吕某某签订,依法应为无效,判决:撤销二审判决和成都市青白江区人民法院一审判决;某包装厂于判决生效之日起15日内向吕某某支付一次性伤残就业补助金等费用共计70041.50元。

【典型意义】

习近平总书记强调:"全面建成小康社会离不开农民工的辛勤劳动和奉献,要更多关心、关爱农民工,特别是不能拖欠、克扣农民工工资,维护好农民工合法权益。"农民工是户籍制度下城乡二元社会结构的产物,是"农民"身份与"工人"职业的一种特殊结合,对推动我国经济社会发展,城镇化进程作出了巨大贡献。人民检察院对农民工权益的保护应当是全方位的,不仅包括依法打击拖欠农民工工资的行为,还应当依法维护农民工劳动保障权益,确保党和国家保护农民工合法权益的法律政策不折不扣得以落地落实。

(一)人民检察院在办理涉农民工民事诉讼监督案件时,应当在精准监督理念指引下,秉持客观公正立场,既要维护司法权威和司法公信,又要维护农民工劳动保障权益,确保监督质效

民事检察监督具有权力制约、权利保障价值。制约价值主要体现为民事检察监督能够制约民事审判权力与执行权力,防止权力滥用与恣意。保障价值主要体现为民事检察监督能够保障当事人民事诉权的行使,防止其正当权利被侵害。人民检察院是国家的法律监督机关,在新时代下,要居中监督,不偏不倚,依法审查人民法院判决、裁定所基于的事实根据和法律依据,发现民事判决、裁定确有错误,符合法定监督条件的,依法提出抗诉或再审检察建议。本案中,人民检察院通过抗诉,监督人民法院纠正了错误判决,保护了农民工合法权益,维护了社会公平正义。

（二）人民检察院进行涉农民工民事诉讼监督，通过书面审查卷宗、当事人提供的材料等对有关案件事实难以认定的，应当充分运用调查核实职能

人民检察院组织法规定，人民检察院行使法律监督权，可以进行调查核实。办理民事诉讼监督案件，通过对卷宗、当事人提供的材料等进行书面审查后，对有关事实仍然难以认定的，为查清案件事实，确保精准监督，应当进行调查核实。根据《人民检察院民事诉讼监督规则（试行）》等相关规定，调查核实可以采取以下措施：（1）查询、调取、复制相关证据材料；（2）询问当事人或者案外人；（3）咨询专业人员、相关部门或者行业协会等对专门问题的意见；（4）委托鉴定、评估、审计；（5）勘验物证、现场；（6）查明案件事实所需要采取的其他措施。调查核实的目的在于查明人民法院的民事判决、裁定是否存在错误，审判和执行活动是否符合法律规定，为决定是否监督提供依据和参考。本案中，法院没有对《承诺书》真实意思表示进行充分审查，作出了错误判决。人民检察院通过调查核实，查明《承诺书》形式上只有吕某某个人签字，无某包装厂盖章或法人代表人签字，系吕某某单方意思表示；《承诺书》内容上全文只有吕某某重复承诺对自身权利的放弃及其个人应当承担的责任，并无任何关于某包装厂应当承担的义务内容，明显不符合合同关系存有合意且权利义务并存的一般特征，由此认定该《承诺书》系单方法律行为；签署《承诺书》的日期明显早于工伤认定日期，吕某某作为完全民事行为能力人，在能否认定工伤以及工伤认定尚未进行的情况下，便单方承诺放弃工伤保险待遇，显然不符合常理。

（三）人民检察院在涉农民工民事抗诉案件中，应当恪守民事检察司法权属性，对当事人提供的新证据以及检察院行使调查核实权所收集的证据，尽可能地采取公开听证，进一步查清案件事实，固定证据

根据《人民检察院民事诉讼监督规则（试行）》等相关规定，人民检察院审查民事诉讼监督案件，认为确有必要的，可以组织有关当事人听证。本案中，承办检察官在审查申诉人新提交的拟证明承诺书存在受胁迫情形的录音证据材料，询问吕某某及其援助律师和某包装厂的法律顾问、财务会计及法定代表人基础上，就本案新证据及各方询问笔录组织双方当事人听证，最终某包装厂自认：其利用吕某某担忧其不予协助办理工伤认定无法认定工伤的心理和经济拮据的处境，以帮助认定工伤并为吕某某垫付因工伤产生的医药费为条件胁迫吕某某在工伤认定前作出放弃工伤保险待遇的承诺，以此规避法律，免除企业责任。

（四）人民检察院在涉农民工民事诉讼监督案件中要准确把握新法与旧法之间的适用关系，有区别地观察新法的溯及力问题，更好维护农民工劳动保障权益

根据法律规定，一般情况下，新法适用坚持无溯及力原则，但在"更优保护的特别规定"情形下，新法无溯及力存在以下例外：一是新法补充旧法漏洞，原则上适用新法。二是新法对民事权益的保护优于旧法，原则上适用新法。三是在涉及法律行为效力的情形下，"更优保护"可理解为"尽可能维护法律行为有效"。本案在审查过程中，正值《民法总则》施行前后，提请抗诉、抗诉后启动再审程序时必然会面临案涉存在胁迫情形的民事法律行为效力如何认定的问题。承办检察官认为本案应当适用《民法通则》的相关规定。《民法总则》在尊重私法自治原则的基础上虽将受胁迫民事法律行为的效力由原《民法通则》的无效修正为可撤销，但其并未明确规定"对该法实施以前成立的民事法律行为，适用民法通则无效而适用民法总则可撤销的，则适用民法总则"；参照合同法解释的相关精神观察法的溯及力的更优保护原则，某包装厂为了免除自己的法定责任，以提出工伤认定申请及配合工伤认定为条件，胁迫吕某某作出放弃法定权利的单方承诺，该行为明显不利于农民工合法权益的保护，也违反法律禁止性规定。故本案适用《民法通则》相关规定，以案涉《承诺书》无效为由提请抗诉并启动再审程序，合法合理，并得到法院采纳。

（五）人民检察院要落实"谁执法、谁普法"普法责任制，每一位民事检察官都应当成为调处民事纠纷的行家里手，加强释法说理，最终实现案结事了人和

本案中，经承办检察官释法说理后，该企业表示若本案再审，愿意接受法院判决并积极履行，同时也认识到在工伤事故处理方面存在不足，愿意积极整改。本案最终通过抗诉启动再审程序得以改判，改判后，某包装厂及时履行了给付义务，并完善了内部事故处理制度，避免了再次侵犯农民工劳动保障权益事件的发生。

承办人：四川省成都市人民检察院　高建峰
撰写人：四川省成都市人民检察院　苏　云　张理恒　杨　陈

广东省始兴县人民检察院不支持赖某丽、江某菁与村小组侵害集体经济组织成员权益纠纷抗诉案

【基本案情】

检察机关：广东省始兴县人民检察院。

申请人（一审原告、再审申请人）：赖某丽，女，1992年10月出生，农民。

申请人（一审原告、再审申请人）：江某菁（系申请人赖某丽女儿），女，2016年1月出生，农民。

2012年10月30日，始兴县太平镇罗围村下村组赖某丽与始兴县司前镇河口村江屋村民小组（以下简称江屋小组）江某登记结婚。

2015年7月28日江屋小组与始兴县国土资源局签订了一份《武深高速项目征收土地协议书》，获得了一笔补偿款1625131.07元。同年9月17日江屋小组收到了上述补偿款。

2016年1月20日，赖某丽将其户口从始兴县太平镇罗围村下村组迁入江屋小组，其婚生女江某菁于2016年1月13日出生后也于2016年1月21日入户在江屋小组。2016年7月5日，江屋小组召开村民代表会议，决定在2016年1月19日前具有该村民小组户口的村民才有资格分配等内容，同年10月，该组村民领取了人均7154.78元的收益分配款。江屋小组以赖某丽、江某菁在2016年1月19日前未取得该小组的户口不具有村民资格为由，未将其列入分配名单予以分配上述集体收益，双方就此发生纠纷。因未能协商解决，赖某丽、江某菁向司前镇人民政府寻求解决。2016年11月8日，始兴县司前镇人民政府对双方进行了调解。

2017年4月28日，为维护自身权益，赖某丽、江某菁（赖某丽作为当时未满十周岁的未成年人江某菁的母亲和监护人，是该案中江某菁的法定代理人）起诉至始兴县人民法院，请求：（1）江屋小组支付其集体经济收益分配款14309.56元；（2）江屋小组负担本次诉讼费用。始兴县人民法院于同日依法受理该案。2017年7月26日，始兴县人民法院作出（2017）粤0222民初493号民事判决，判决驳回赖某丽、江某菁的诉讼请求。赖某丽、江某菁不服一审判决向法院申请再审。2017年11月8日，始兴县人民法院作出（2017）

粤 0222 民申 10 号裁定书，裁定驳回赖某丽、江某菁的再审申请。

【监督过程和结果】

赖某丽、江某菁不服该裁定，于同年 12 月 11 日向始兴县人民检察院申诉请求检察院予以支持，维护自身的合法权益。始兴县人民检察院于同年 12 月 13 日依法受理该案，于 2018 年 3 月 13 日办结，并依法作出不支持监督赖某丽、江某菁申请决定。理由是：

本案争议的焦点之一是关于能否适用江屋小组决定的分配人口截至时间的问题。依据最高人民法院《关于审理涉及农村土地承包纠纷案件适用法律问题的解释》第 24 条规定："农村集体经济组织或者村民委员会、村民小组，可以依照法律规定的民主议定程序，决定在本集体经济组织内部分配已经收到的土地补偿费。征地补偿安置方案确定时已经具有本集体经济组织成员资格的人，请求支付相应份额的，应予支持。"《村民委员会组织法》第 22 条规定："召开村民会议，应当有本村十八周岁以上村民的过半数，或者本村三分之二以上的户的代表参加，村民会议所作决定应当经到会人员的过半数通过。法律对召开村民会议及作出决定另有规定的，依照其规定。"第 24 条第 1 款规定："涉及村民利益的下列事项，经村民会议讨论决定方可办理：……（七）征地补偿费的使用、分配方案……"《广东省征收农民集体所有土地各项补偿费管理办法》第 6 条第 2 款规定，集体所有的土地征地各项补偿费的使用和收益分配办法，必须经村民会议或村民代表会议过半数通过，报乡级人民政府备案。依据本案调取的案卷材料以及赖某丽、江某菁的申诉材料来看，江屋小组依照法律规定的民主议定程序，于 2016 年 7 月 5 日作出《讨论表决高速征地补偿款分配方案》，决定在本集体经济组织内部分配已经收到的土地补偿费，分配人口的截止时间是 2016 年 1 月 19 日。适用江屋小组决定的分配人口截至时间，在该集体经济组织内部分配已经收到的土地补偿费并无不当。

本案争议的焦点之二是关于赖某丽、江某菁是否有权分配该笔征地补偿款的问题。首先，依据《集体经济组织成员的确定办法》第 3 条规定："本办法所称农村经济组织成员，包括普通成员和特殊成员。"第 4 条规定："普通成员是指拥有土地共有权、保留型土地使用权、承包经营权、集体资产管理与处置的参与权、集体收益分配权等项完整权利，承担完全义务的农村居民。保留型土地使用权指除承包经营权外，已实际取得和保留的宅基地、林盘地、自留地等土地使用权。本办法所称普通成员等同与其他法律法规所称的农村集体经济组织成员。"第 6 条规定："下列人员确定为农村集体经济组织普通成员：由集体经济组织普通成员繁衍并在该集体经济组织共有的土地上生产、生活的后代；与集体经济组织普通成员形成法定初次婚姻关系的；父母或一方具有集体经济普通成员资格的子女，符合承包经营条件，但未承包到集体土地的；……"第9条规定："普通成员资格因下列情形而丧失：……取得其他农村集体经济组织成员资格的……"以及《集体经济组织成员资格认定办法》第8条第1项规定："与本集体经济组织成员依法结婚的嫁入、赘入的婚嫁人员，自领取结婚证之日起一年内将户籍迁入本集体的，当然取得本集体经济组织成员资格；超出一年将户籍迁入本集体经济组织的，必须自迁入之日算起满七年方可取得本集体经济组织成员资格；但户籍迁入前已是国家机关、事业单位、国有企业、群团组织、民主团体在职在编人员的除外。"2012年10月30日，始兴县太平镇罗围村下村组赖某丽与江屋小组江某登记结婚，婚后赖某丽的户籍仍在始兴县太平镇罗围村下村组，不具有江屋小组村民资格。2016年1月20日、2016年1月21日，赖某丽、江某菁才分别将户籍迁入江屋小组。江屋小组决定在该集体经济组织内部分配已经收到的土地补偿费，分配人口截至时间是2016年1月19日，而赖某丽、江某菁在2016年1月19日均未将户籍迁入该集体经济组织。因此，江屋小组在赖某丽、江某菁不具有江屋小组村民资格的情况下未对其分配该笔征地补偿款并无不当。

依据最高人民法院《关于审理涉及农村土地承包纠纷案件适用法律问题的解释》第24条规定，只有当征地补偿安置方案确定时具有本集体经济组织成员资格的人，请求支付相应份额的，法院才予以支持。《合同法》第32条规定："当事人采用合同书形式订立合同的，自双方当事人签字或者盖章时合同成立。"第33条规定："当事人采用信件、数据电文等形式订立合同的，可以在合同成立之前要求签订确认书。签订确认书时合同成立。"第44条规定："依法成立的合同，自成立时生效。"2015年7月28日，始兴县国土资源局与江屋小组签订《武深高速项目征收土地协议书》，同年9月17日，江屋小组收到了上述补偿款。在本案中，《武深高速项目征收土地协议书》生效的时间即是征地补偿安置方案确定时间（2015年7月28日），而非征地补偿款到位时或召开村民大会讨论分配时或村民实际领取征地补偿款。在征地补偿安置方案确定时，江某菁尚未出生，赖某丽未将户口从始兴县太平镇罗围村下村组迁入江屋小组，因此，赖某丽、江某菁在征地补偿安置方案确定时不具有该集体经济组织成员资格的，因此其请求支付相应份额，法院不予以支持并无不当。

综上所述，始兴县人民法院作出的民事判决，认定事实清楚，适用法律正确，判决并无不当，根据《民事诉讼法》第208条及《人民检察院民事诉讼监督规则（试行）》第90条的规定，始兴县人民检察院决定不支持赖某丽、江某菁的监督申请。

【典型意义】

"三农"问题关系党和国家事业发展全局,因此检察机关尤其是基层检察机关,必须立足检察职能,以促进农业发展、维护农村稳定、保障农民利益为切入点,着眼于解决影响社会和谐稳定的突出问题和引发矛盾纠纷的源头性问题,切实负担起化解社会矛盾、维护社会和谐的重任,为新农村建设、为乡村振兴战略的全面实施提供有力的司法保障。近年来,随着我国基础设施的大力发展和农村经济的快速发展,农村土地被依法征收的情况越来越多,因农民维权意识的提高和征地补偿的矛盾纠纷逐年增多,社会不稳定因素随之增加,通过法律途径解决纠纷,化解矛盾的成效也日益突出。在赖某丽、江某菁与村小组侵害集体经济组织成员权益纠纷抗诉案中,始兴县人民检察院依法依规、严谨办理案件,认真听取当事人意见,为双方分析矛盾,找准矛盾纠纷的切入点,以法说理、以理服人、促使当事人息诉服判。在此案中,检察机关立足检察职能,充分发挥民事检察的法律监督作用,服务服从"三农"建设,做好释法说理工作,引导农民群众在法治框架内解决矛盾纠纷,实现村民自治与法治的有效结合,为"三农"建设的健康发展创造稳定有序的法治环境。

撰写人:广东省始兴县人民检察院　罗　晶

# 六、涉农检察典型案例（行政）

吉林省人民检察院依申请抗诉郑某与九台市人民政府林权登记纠纷案

【基本案情】

检察机关：吉林省人民检察院。

提请抗诉机关：吉林省长春市人民检察院。

申请人：郑某，男，1948年2月生，农民。

1982年1月，吉林省九台市人民政府（以下简称九台市政府）为九台市波泥河镇大营城村（以下简称大营城村）颁发了第1807号林权证两个，林地名称为四队西沟和城子山。1995年12月8日，九台市政府为下洼子村村民郑某颁发了第1405号林权执照，林地名称为城子山，1996年11月12日，九台市政府又为郑某颁发了第2045号林权执照，林地名称为大营城西沟。2008年6月30日，大营城村认为九台市政府为郑某颁发的第1405号、第2045号林权执照属重复发证，侵犯其合法权益，遂向长春市人民政府申请行政复议。长春市人民政府于2008年9月24日作出行政复议决定，维持了九台市政府为郑某颁发的第1405号、第2045号林权执照的行政行为的合法性。

2008年11月6日，大营城村将九台市政府起诉至九台市人民法院，认为九台市政府为郑某颁发林权执照的行政行为侵犯其合法权益，要求撤销被告为第三人郑某颁发的九府（林）权字第1405号、第2405号林权执照。九台市人民法院于2008年11月25日作出（2008）九行初字第35号行政判决，判决撤销九台市政府为郑某颁发的九府（林）权字第1405号、第2045号林权执照。郑某不服一审判决，向长春市中级人民法院提起上诉，长春市中级人民法院于2009年3月24日作出（2009）长行终字第58号行政判决，驳回上诉，维持原判。郑某不服二审判决，向长春市中级人民法院申诉，长春市中级人民法院于2010年7月14日作出（2010）长行监字第18号驳回申诉通知书驳回郑某的申诉。

【监督过程和结果】

郑某不服，于2015年10月16日向长春市人民检察院申请监督。2016年1月20日，长春市人民检察院认为长春市中级人民法院（2009）长行终字第58号行政判决认定事实主要证据不足、适用法律错误，提请吉林省人民检察院向吉林省高级人民法院提出抗诉。2016年4月25日，吉林省人民检察院依法向吉林省高级人民法院提出抗诉。

吉林省人民检察院经审查，认为终审判决认定事实的主要证据不足，适用法律错误。理由如下：

（一）终审判决认定事实的主要证据不足

长春市中级人民法院以九台市人民政府未提供为郑某颁发林权证的证据、依据为由，判决撤销九台市人民政府为郑某颁发的九府（林）权字第1405号、第2405号林权执照，证据不足。(1) 发证机关履行了为林权执照申请人发放林权证前的审核程序职责。终审卷宗证据显示，郑某向发证机关提出了办理林权执照的申请，九府（林）权字第1405号、第2405号林权执照上有经办勘察人和签发人的签字，林地的四至界限也有林业林权证发放审核工作人员的签名。(2) 关于林权执照和存根证明力问题。审判卷宗记载，大营城村没有出示本案争议的第1807号林权执照原件，只提供了第1807号林权执照的2个存根，郑某出示了九府（林）权字第1405号、第2405号林权执照，但没有出示上述执照的存根。《林木林地权属争议处理办法》第6条规定："县级以上人民政府或者国务院授权林业部依法颁发的森林、林木、林地的所有权或者使用权证书（以下简称林权证），是处理林权争议的依据。"依据该法规，确定林地权属应依据林权证。且现有证据，无法证实郑某的林权证是伪造的。(3) 九台市人民政府虽在诉讼中称当年为郑某发放林权证没有依据，但《行政诉讼法》第34条规定："被告对作出的行政行为负有举证责任，应当提供作出该行政行为的证据和所依据的规范性文件。被告不提供或者无正当理由逾期提供证据，视为没有相应证据。但是，被诉行政行为涉及第三人合法权益，第三人提供证据的除外。"本案申请监督人郑某提供了申请办理林权执照的证据及政府颁发的林权执照，故郑某所持有的第1405号、第2045号林权证是合法有效的。

（二）本案终审判决适用法律错误

本案系林权争议案件，现有证据显示本案已经行政复议，但当事人在行政机关没有对争议的林地作出确权的处理决定的情况下就提起了行政诉讼，依照法律规定，一审法院不应受理案件。《森林法》第17条第2款和第3款规定："个人之间、个人与单位之间发生的林木所有权和林地使用权争议，由当地县级或者乡级人民政府依法处理。当事人对人民政府的处理决定不服的，可以在接到通知之日起一个月内，向人民法院起诉。"《林木林地权属争议处理办法》第2条第1款规定："本办法所称林木、林地权属争议，是指因森林、林木、林地所有权或者使用权的归属而产生的争议。"第 4 条规定："林权争议由各级人民政府依法作出处理决定。林业部、地方各级人民政府林业行政主管部门或者人民政府设立的林权争议处理机构（以下统称林权争议处理机构）按照管理权限分别负责办理林权争议处理的具体工作。"第 22 条规定："当事人对人民政府作出的林权争议处理决定不服的，可以依法提出申诉或者向人民法院提起诉讼。"吉林省高级人民法院《关于审理林权案件和民事案件的指导意见》第 19 条规定，在林权争议中，如果争议双方对争议林权均持有有效证书，并且一方或双方对对方持有的《林权证》不服而向人民法院提起行政诉讼的，人民法院应告知其先申请人民政府对争议的林权进行确权。本案在诉讼中，终审判决未适用以上法律规定，系适用法律错误。

2016 年 6 月 15 日，吉林省高级人民法院作出（2016）吉行抗 2 号行政裁定书，指令长春市中级人民法院另行组成合议庭进行再审，再审期间中止原判决的执行。2016 年 11 月 18 日，长春市中级人民法院作出（2016）吉 01 行再 8 号行政裁定书，裁定撤销长春市中级人民法院（2009）长行终字第 58 号行政判决及吉林省长春市九台区人民法院（2008）九行初字第 35 号行政判决，驳回大营城村的起诉。

【典型意义】

涉农检察工作是检察机关加强法律监督工作的延伸和拓展，行政检察工作应当自觉融入农村经济社会治理大局，坚持民生导向，以维护农村农民利益为出发点，秉承"穿透式"监督原则，推动司法公正、促进依法行政，维护农民的合法权益。本案属林权争议案件，根据法律法规规定，林权争议案件应履行行政处理决定前置程序后才能提起诉讼，即凡是有关林权争议的案件均应首先由当地政府给予确权处理，只有对政府的确权处理决定不服的，才可以在接到通知之日起一个月内向人民法院提起诉讼。案件中当事人对政府发放林权执照的行政行为是否合法所提起的行政复议，不能等同于法律规定的人民政府先行确权的决定，因此，本案一、二审法院受理此案没有法律依据。林权争议案件中，争议的双方当事人往往有的出示林权执照而没有提供存根，有的只能出示存根而没有提供林权执照，这就涉及林权执照和林权登记存根的效力问题。我国《林木林地权属争议处理办法》第 6 条明确规定：县级以上人民政府或者国务院授权林业部依法颁发的森林、林木、林地的所有权或者使用权证书，是处理林权争议的依据。因此，确定林地权属应依据《林权证》。

案件承办人坚持法治思维，运用法治手段，在明辨是非、定分止争的基础上，力争案结事了、息诉罢访。本案是行政检察工作助推农村社会治理能力和治理体系法治化现代化建设的有益实践。

承办人：吉林省人民检察院　王利民

撰写人：吉林省人民检察院　黄　新

上海市人民检察院依申请抗诉何某富与区人力资源和社会保障局工伤认定纠纷案

【基本案情】

检察机关：上海市人民检察院。

申请人（一审原告、二审上诉人、再审申请人）：何某富，男，1965年8月生，农民工。

何某富系在沪农民工，于2012年9月3日经人介绍至上海甲装饰工程有限公司（以下简称甲公司）担任电焊工。2012年10月12日，何某富从脚手架上跌落发生事故受伤。2013年8月26日，何某富向上海市嘉定区劳动人事争议仲裁委员会申请仲裁。2013年12月6日，仲裁委员会作出嘉劳人仲〔2013〕办字第3254号裁决，确认何某富与甲公司自2012年9月3日至2012年10月12日期间存在劳动关系。2014年1月14日，何某富向上海市嘉定区人力资源和社会保障局（以下简称嘉定人保局）提出工伤认定申请。2014年1月20日，嘉定人保局以何某富的工伤认定申请超过规定的受理时限为由，作出嘉定人社认〔2014〕字第0645号工伤认定申请不予受理决定，对何某富的申请不予受理。何某富不服，向法院提起行政诉讼。

另查明，何某富发生事故的建材市场由上海乙建材市场经营有限公司（以下简称乙公司）经营管理。乙公司将建材市场内广告牌维修工作发包给甲公司，由甲公司安排何某富从事维修工作并向何某富支付报酬。但甲公司与何某富未签订劳动合同，也未为何某富缴纳社会保险。

再查明，何某富于2012年10月12日发生事故后，曾于2012年12月14日申请劳动仲裁，要求确认与乙公司存在劳动关系。2013年1月25日嘉劳人仲〔2012〕办字第4539号裁决对何某富的请求不予支持。后何某富于2013年7月向上海市嘉定区人民法院起诉乙公司、甲公司健康权纠纷，因法院释明何某富要承担一半的责任，而工伤理赔则不区分责任，可全部获赔，何某富申请撤诉，法院予以准许。

原一审判决认为，嘉定人保局具有作出被诉工伤认定行为的主体资格。《工伤保险条例》第17条第2款、第18条和《上海市工伤保险实施办法》第17条第2款、第18条中，对劳动者申请工伤认定的时限和应提交的材料作出了明确的规定。何某富个人的工伤认定申请时限为事故发生之日起的1年内。何某富于2012年10月12日受伤,于2014年1月14日向嘉定人保局提出工伤认定申请。何某富的申请显然已经超过了法定的1年申请时限,嘉定人保局据此作出不予受理决定并无不当。何某富认为其需先确认劳动关系后才能办理工伤认定申请,申请时限应中止的主张,因相关法律法规并未规定受伤者个人的申请时限可以中止的情形,故何某富的主张不能成立。据此判决驳回何某富的诉讼请求。

原二审判决认为:何某富所称的事故发生于2012年10月12日,其于2014年1月14日才申请工伤认定,显然已超过1年的申请期限。嘉定人保局所进行的劳动争议仲裁和诉讼并不影响其申请工伤认定权利的行使,何某富超过法定期限提出工伤认定申请并无正当理由。嘉定人保局据此对何某富的申请作出工伤认定不予受理决定,并无不当。何某富认为其进行劳动争议仲裁和诉讼期间应当从1年的申请期限内扣除,缺乏法律依据。据此判决驳回上诉,维持原判。

【监督过程和结果】

何某富不服,向检察机关申请法律监督。上海市人民检察院于2015年6月12日向上海市人民法院提出抗诉。

主要抗诉理由:(1)2010年国务院《工伤保险条例》并未明确规定工伤职工或其近亲属的1年工伤认定申请法定期限是否可以适当延长,但国务院在《对〈关于对《工伤保险条例》第十七条、第六十四条关于工伤认定申请时限问题的请示〉的复函》中明确,工伤认定申请时限应扣除因不可抗力耽误的时间。根据该复函的精神,工伤认定申请法定期限不是除斥期间。2010年6月21日施行的《上海市高级法院行政审判庭关于工伤认定行政案件法律适用若干问题的解答(一)》(以下简称《解答》)亦规定:"对于职工超过1年期限之后提出工伤认定申请的,若行政机关根据职工提出的逾期申请的正当理由或遇到不可抗力的证明材料而受理其申请的,可以认定其法律适用的合法性。"根据《解答》的精神,行政机关对于当事人因正当理由或不可抗力逾期提出工伤认定的,可予受理。(2)根据《工伤保险条例》和《上海市工伤保险实施办法》的相关规定,提出工伤认定申请应当提交与用人单位存在劳动关系(包括事实劳动关系)的证明材料。结合本案实际情况,因甲公司与何某富之间未签订过书面劳动合同,何某富亦无法于事故发生后及时提供双方存在劳动关系的其他相关凭证,故何某富通过仲裁确认劳动关系是申请工伤认定的必要条件,何某富因故逾期提出工伤认定申请,具有正当理由。施行于

2014年9月1日的最高人民法院《关于审理工伤保险行政案件若干问题的规定》第7条第1款明确规定："由于不属于职工或者其近亲属自身原因超过工伤认定申请期限的,被耽误的时间不计算在工伤认定申请期限内。"第2款进一步将包括"当事人对是否存在劳动关系申请仲裁、提起民事诉讼的"在内的5种情形明确为不属于职工或者近亲属自身原因。本案生效判决虽略早于该司法解释施行前作出,但结合本案实际情况,显然将申请仲裁确认劳动关系作为何某富逾期提出工伤认定申请的正当理由,将被耽误的时间予以扣除,更符合立法精神,亦是法理上应有之义。本案扣除何某富为确认劳动关系申请仲裁时间后,并未超过1年的受理期限。终审判决认定何某富逾期提出工伤认定申请并无正当理由,嘉定人保局不予受理决定并无不当,存在错误。(3)何某富系在沪打工的农民工,文化水平低,认识能力有限,事故发生后并未怠于维权,而是通过各种途径积极主张自己的权利,先后两次申请仲裁确认劳动关系,其间向法院提起健康权纠纷民事诉讼,经法院释明撤诉后转而向嘉定人保局申请工伤认定,基于法院一事不再理原则何某富事实上已经丧失了其他的司法救济途径。再结合何某富逾期申请工伤认定确有正当理由,从保护劳动者合法权益角度出发,在计算工伤认定申请时限时扣除何某富为确认劳动关系而申请仲裁的期间应当更为合情合理。

上海市高级人民法院于2015年7月13日裁定提审本案。本案再审过程中,经上海高级人民法院行政庭与上海市人民检察院民行处共同研商,最终在双方共同努力下,何某富与嘉定人保局达成庭外和解,嘉定人保局同意重新受理工伤认定申请。因何某富撤回再审申请,上海市高级人民法院于2015年8月31日裁定终结本案再审程序。后何某富通过嘉定人保局作出的工伤认定,于2016年获得10余万元工伤赔偿款。

【典型意义】

关于本案逾期提出工伤认定申请是否应当受理的认定,检察机关认为《工伤保险条例》规定的申请期限并不是除斥期间,基于何某富逾期提出申请具有正当理由、工伤认定申请法定期限因正当理由而中止、中断或者延长符合现行行政法规的立法精神、新的司法解释亦明确当事人对非自身原因被耽误的时间不计算在工伤认定申请期限内等方面原因,嘉定人保局作为一级劳动保障部门,从保护劳动者合法权益、保护农民合法权益角度出发,对何某富的工伤认定申请予以受理,合法合情合理。

最高人民检察院明确要求各级检察机关将司法救助、农民工权益保障等与精准扶贫结合起来。将监督重点放在农民工、残疾人等特殊群体请求给付劳动报酬、抚养费、抚育费、赡养费、损害赔偿等案件上，加大工作力度，切实维护人民群众合法权益。本案的申请人何某富系在沪打工的农民，属于弱势群体，维权受阻，可能面临无法获得任何工伤赔偿的后果。而检察机关通过行使抗诉权，嘉定人保局同意重新受理何某富的工伤认定申请，何某富经过工伤认定程序最终获得了工伤赔偿款。检察机关站在保障农业兴旺、农村稳定、农民安心的高度，积极履职，依法行使法律监督权，保障了农民的合法权益。

承办人、撰写人：上海市人民检察院　张　璘

河南省人民检察院依申请抗诉冯某国等人与长垣市公安局治安管理处罚纠纷案

【基本案情】

检察机关：河南省人民检察院。

提请抗诉机关：河南省新乡市人民检察院。

申请人：冯某国等人。

2012年，河南省某路桥有限公司（以下简称某公司）对长垣市文化路东延工程进行施工，其间，委托翟某才清理工程施工产生的土方。2012年5月8日晚，翟某才组织工程车辆进入长垣市蒲东区南关村一组未被征用耕地内进行挖土作业，南关村一组村民发现后予以制止，并拨打110电话报警。长垣市公安局（原长垣县公安局）蒲东派出所出警后，拍摄现场照片后离开，未作进一步有效处理。在双方协商未果的情况下，南关村一组部分村民以偷拉耕地上土方为由将两辆工程运输车、一台挖掘机扣留。之后，为维护自身权益，防止某公司将车开走导致此事不了了之，南关村一组部分村民分班轮流看护被扣车辆。2012年5月12日凌晨，长垣市公安局将正在现场看护被扣车辆的村民冯某国等人口头传唤至长垣市看守所进行询问。当日凌晨，长垣市公安局以冯某国等人涉嫌聚众扰乱单位秩序为由，作出行政拘留15日并处罚款1000元的行政处罚决定。冯某国等人对处罚决定不服，向河南省公安厅提出复议。河南省公安厅以冯某国等人组织、策划村民聚众扰乱单位秩序的违法事实证据不足、定性不准、处罚不当为由，撤销长垣市公安局对冯某国等人的行政处罚决定，责令重新作出处罚决定。后长垣市公安局对冯某国等人作出行政拘留8日并处罚款500元的行政处罚决定。冯某国等人不服，再次向河南省公安厅提出复议，河南省公安厅予以维持。

2013年1月10日，冯某国等人起诉至长垣市人民法院，请求撤销长垣市公安局作出的行政处罚决定。新乡市中级人民法院裁定本案由封丘县人民法院管辖。封丘县法院经审理，判决撤销长垣市公安局作出的行政处罚决定。长垣市公安局、某公司不服提起上诉，新乡市中级人民法院将该案发回重审。封丘县法院重审后，仍然判决撤销长垣市公安局行政处罚决定。长垣市公安局、某公司再次提起上诉,新乡中院作出终审判决,认为冯某国等人实施的看守车辆行为同样能导致无法施工,构成扰乱单位秩序,长垣市公安局作出的行政处罚决定证据确凿,适用法律法规正确,判决撤销重审判决、驳回冯某国等人的诉讼请求。冯某国等人不服二审判决,向新乡中院申请再审。2015年4月29日,新乡中院裁定驳回再审申请。冯某国等人向检察机关申请监督。

【监督过程和结果】

河南省新乡市人民检察院经审查认为,新乡中院二审行政判决认定事实的主要证据不足,判决驳回冯某国等人的诉讼请求明显错误,遂提请河南省人民检察院向河南省高级人民法院提出抗诉,理由为:长垣市公安局对冯某国等人作出的行政处罚决定事实不清、证据不足,该局在作出处罚决定前收集的证据,不足以证实冯某国等人对某公司的单位秩序进行扰乱。

第一,根据《行政处罚法》第30条规定,"公民、法人或者其他组织违反行政管理秩序的行为,依法应当给予行政处罚的,行政机关必须查明事实;违法事实不清的,不得给予行政处罚",长垣市公安局未查明具体的案发地点,无法认定涉案村民扰乱了某公司施工场地的正常施工秩序,长垣市公安局不能对冯某国等人进行行政处罚。

第二,根据《治安管理处罚法》第5条第1款规定,"治安管理处罚必须以事实为依据,与违反治安管理行为的性质、情节以及社会危害程度相当",即使能够认定涉案地点在长垣市文化路(现匡城路)东段,长垣市公安局也无证据证明该地点属于某公司的施工场地。长垣市公安局认定的案发地点在长垣市城大路西侧,所涉地块并未办理土地征收手续,不能直接作为城镇建设用地用于工程建设。另外,长垣市政府案发当时尚未取得征地批文,相关施工项目属于违法施工,不应受法律保护,长垣市公安局对冯某国等人不应作出行政处罚决定。

第三,根据《治安管理处罚法》第95条第2项规定,"依法不予处罚的,或者违法事实不能成立的,作出不予处罚决定",长垣市公安局收集的证据不足以证实冯某国等人存在行政处罚决定书中认定的违法事实,长垣市公安局对冯某国等人应作出不予行政处罚决定。

综上所述,新乡中院二审行政判决认定事实的主要证据不足。根据《行政诉讼法》第91条第3项、第93条第1款之规定,河南省检察院向河南省高院提出抗诉。

河南省高院经再审认为,长垣市公安局所提供对被处罚人冯某国等人的讯问笔录具有诱导性质,不能证明被处罚人冯某国等人承认扣押车辆的事实。由于治安拘留属于较轻微的法律惩罚,不能适用刑事案件中的共同行为理论,故本案被处罚人冯某国等人仅参与保管车辆的行为,不能进而认定为具有"共同扣押"性质,并以扰乱单位秩序进行行政处罚,涉案的处罚决定应属适用法律错误。长垣市公安局以扰乱单位秩序的理由进行处罚,但从讯问笔录看施工行为的合法性,被处罚人冯某国等人的行为具有防卫性质,涉案被诉的处罚决定属于证据不足,事实不清。综上,原一审判决事实清楚,适用法律正确,应予维持;原二审判决适用法律错误,应予撤销。对河南省检察院的抗诉,予以支持。判决:撤销新乡中院二审行政判决,维持封丘县法院一审行政判决。

【典型意义】

习近平总书记指出,河南是农业大省,也是人口大省,做好"三农"工作,对河南具有重要意义。河南检察机关充分发挥行政检察"一手托两家"作用,一方面监督人民法院公正司法,另一方面督促行政机关依法行政,办理一案、警示一片、教育一方,为服务做好"三农"工作、保障乡村振兴战略实施提供了坚强法治保障。

人民检察院办理涉农行政诉讼监督案件,应当注重保护农村集体产权和维护农民合法权益。"三农"问题是关系国计民生的根本性问题,农业强不强、农村美不美、农民富不富,决定着亿万农民的获得感和幸福感,决定着我国全面建成小康社会的成色和社会主义现代化的质量。立足行政检察职能,服务和保障做好"三农"工作是检察官的重要政治责任。做好涉农行政检察工作,依法保障农用地不被非法占用,对于坚守耕地红线,巩固和完善农村基本经营制度,有效助推乡村振兴战略实施,在河南这样的农业大省和人口大省显得尤为必要和重要。本案中,人民检察院通过抗诉,监督人民法院纠正了错误判决,对冯某国等人的防卫性行为予以肯定和保护,有效避免了农村集体土地再次被非法侵占、破坏,切实保障了农民的合法权益。

人民检察院办理涉农行政诉讼监督案件,应当注重运用调查核实权,强化对行政机关的"穿透式"监督。行政处罚是否依法、规范,关系人民群众的切身利益,一直是检察机关的监督重点。深入、全面进行调查核实,查明案件事实,是实现精准监督、保障当事人尤其是农民合法权益的关键所在。本案中,人民检察院针对涉案农民法治意识、自我保护意识不强的实际情况,通过调查核实,不但发现公安机关违反办案规定在看守所对冯某国等人进行询问、在未作出行政处罚决定的情况下对冯某国等人先行拘留,而且查明冯某国等人并没有实施行政处罚决定书中认定的违法行为,在案证据不足以支持公安机关作出对冯某国等人的行政处罚决定,还查清了冯某国等人的行为具有一定的正当性,二审法院判决驳回冯某国等人的诉讼请求属于适用法律错误,从而为成功抗诉奠定了坚实基础。

撰写人:河南省新乡市人民检察院　张世光

福建省永春县人民检察院督促县工商行政管理局依法解除超期查封案

【基本案情】

检察机关：福建省永春县人民检察院。

被建议单位：福建省永春县工商行政管理局。

行政相对人：王某辉，男，1962年2月出生，化肥经营店负责人。

2015年1月26日，福建省永春县工商行政管理局（以下简称县工商局）对王某辉经营的化肥经营店内待售的3种肥料进行抽样检验。根据福建省工商局商品质量检验分局于2015年2月13日出具的检验报告，外包装标示"复合肥贵化，江西六国化工有限公司，50KG/包 总养分≥45% N－P205－K20 15－15－15"、外包装标示"六国复合肥，安徽六国化工有限股份公司，50KG/包 N－有效 P205－K20 16－16－16 总养分≥48%"字样的2种肥料抽取样品"总养分"项目均不达标；外包装标示"钙镁磷 湖北禹辉化工有限公司 P205≥12%"字样的肥料抽取样品"五氧化二磷"指标不合格。

福建省永春县工商局于2015年3月2日作出封存不合格化肥的行政强制措施，并于2015年3月3日对该案立案调查。2015年4月1日，县工商局作出延长查封、扣押期限决定，将行政强制措施延长至2015年4月30日。2015年6月9日，县工商局对王某辉作出责令停止销售、没收违法销售的肥料7吨并处以罚款16000元的行政处罚决定。

福建省永春县人民检察院经审查发现，县工商局在办理王某辉销售质量不合格化肥行政处罚一案中，存在超期限查封的情形。根据《行政强制法》第25条第1款规定："查封、扣押的期限不得超过三十日；情况复杂的，经行政机关负责人批准，可以延长，但延长期限不得超过三十日。法律、行政法规定另有规定除外。"《行政强制法》第27条规定："行政机关采取查封、扣押措施后，应当及时查清事实，在本法第二十五条规定的期限内作出处理决定……"本案中，县工商局于2015年4月1日作出延长查封、扣押期限决定，将行政强制措施延长至2015年4月30日，却直到2015年6月9日才对王某辉作出永工商处字〔2016〕第020号行政处罚决定，超过法律规定的查封期限。

【监督过程和结果】

线索发现。永春县人民检察院在履行行政执法检察监督过程中，经查阅县工商行政管理局永工商处字〔2015〕第 020 号王某辉销售质量不合格化肥案的行政处罚案卷，发现存在执法不规范问题，遂依职权启动监督程序。

监督意见。2016 年 6 月 12 日，永春县检察院根据《人民检察院检察建议工作规定（试行）》① 第 3 条的规定，向县工商局提出检察建议：建议在办案过程中，应严格按照法定程序履行职责，提高依法行政意识，正确行使行政强制措施权。加强执法人员业务培训，增强执法人员法律实体程序意识。

监督结果。2016 年 6 月 29 日，县工商局作出整改并回复：（1）认真整改，严把案件质量关。针对存在实施行政强制措施超期和行政强制措施用词不规范等问题，究其原因，主要在于机构改革期间人员调整以及依法行政的意识尚待加强。该局今后将督促办案机构严把质量关，认真整改，确保依法行政。（2）强化培训，提高依法行政意识。该局将举办全局法治培训班，重点学习行政强制法、行政处罚法、行政诉讼法、行政复议法等法律及总局执法程序的有关规定，针对存在的问题，举一反三，力争办案质量有新的提高。

【典型意义】

"春种一粒粟，秋收万颗子。"农资作为特殊产品，与农业收成、农村稳定和农民利益休戚相关。加强和改进涉农检察工作，严厉打击假劣农资坑农害农行为，是检察机关落实以人民为中心的发展思想、服务农村农民农业、助力脱贫攻坚的重大举措。永春县人民检察院高度重视"三农"工作，既与相关行政机关形成打击合力，对该领域违法犯罪保持高压态势，以双赢多赢共赢理念为指导，通过该案的办理，监督行政机关规范执法、依法行政，在春耕备耕的关键时期及时依程序作出行政处罚决定，在有力震慑违法犯罪的同时，也警示广大农民增强防范意识，切实维护行政机关执法公信力和人民群众的合法权益，实现政治效果、法律效果和社会效果的统一。

"程序不正义，结果无意义"，行政强制措施对行政相对人的人身、财产权益具有较强的侵害风险性，更需要依法依规执行。本案中行政机关的超期查封行为违反了程序正当性原则，永春县人民检察院在全市率先发出首份关于涉及公民财产权益的行政强制措施《检察建议书》，督促县工商行政管理局规范查封、扣押行政强制行为。2016 年，永春县人民检察院联合永春县政府法制

---

① 2019 年，《人民检察院检察建议工作规定》替代《人民检察院检察建议工作规定（试行）》。——编者注

办、林业局、工商局等 8 个行政机关出台《关于涉及公民人身、财产权益的行政强制措施监督与协作配合意见》《关于涉及公民人身、财产权益的行政强制措施监督工作规则（试行）》两份工作机制，省检察院全文转发并推广。工作机制建立以来，永春县检察院充分发挥职能作用，共办理涉及公民人身、财产行政强制措施案件 15 件，向行政机关发出《检察建议书》15 份，均获采纳，督促行政机关坚持"程序公正和实体公正并重"，有力助推依法行政的政府治理体系建设。

撰写人：福建省永春县人民检察院　官雅黎　陈　燕

贵州省贞丰县人民检察院督促县人社局依法
履行农民工劳动报酬保障监管职责案

【基本案情】

检察机关：贵州省贞丰县人民检察院。

被建议单位：贵州省贞丰县人力资源和社会保障局（以下简称人社局）。

2018年11月1日，贞丰县检察院接到县信访局邀请，提前介入参与贞丰县"龙场镇新童村安置点2017年易地扶贫搬迁工程"农民工讨薪事件调解工作。调解过程中了解到，该项目是脱贫攻坚重点扶贫工程，项目完工与否系贞丰县是否打赢脱贫攻坚战的关键，直接影响春节前贫困户按时搬迁入住。

经调查核实：贞丰县"龙场镇新童村安置点贞丰县2017年易地扶贫搬迁工程"（二期）总承包方是贵州甲建设公司和贵州乙建设公司，总承包方分别与分包方惠东县丙劳务公司签订劳务大清包合同，工程总价3527.776713万元，工期为150天，劳务分包合同价按实际完成建筑面积×450元/平方米计算，合同还约定劳务分包人按期完成工程后增加100万元奖励，另外还奖励分包人40万元，如劳务分包人不能按期完成工程则应承担90万元违约金。截至2018年9月，总承包方已支付分包方工程价款2979.993万元，还有547.783713万元未支付，工程款支付比例已达84.47%。总承包方以分包方不按合同规定提交已支付劳务款2979.993万元的税务发票进行结算，且总承包方支付比例已达到合同约定的支付比例，分包方有支付农民工工资能力而不支付为由，拒绝支付分包尾款547.783713万元。经查实，分包方确实存在未按合同规定开具2979.993万元劳务款发票提供给总承包进行结算，存在未按期完成工程建设的行为。总承包方以工程验收不合格为由要求分包方及时整改，而分包方以未结清的工程尾款为由拒不整改，纠集100余人多次上访讨要农民工工资。总承包方多次召开项目协商会议，研究整改方案，下发整改通知书，签订后期拨付款项协议等形式促进工程完工，但分包方由于自身资金不足整改不到位，总承包验收不合格再次拒绝支付547.783713万元尾款，双方各持己见，对工程尾款结算一直未达成共识，分包方多次协商索要尾款未果后，最终导致劳务大清包方以农民工林某泉为代表的20多名班组长多次到县政府、市政府上访，上访诉求涉及1100余名农民工工资690余万元未支付，激化了社会矛盾，造成了恶劣的社会影响。

【监督过程和结果】

贞丰县检察院在获悉"龙场镇新童村安置点 2017 年易地扶贫搬迁工程"农民工讨薪事件后，了解到该案关系贞丰县重点扶贫项目，涉及贞丰县易地扶贫搬迁贫困户能否按期搬迁入住的问题，关系民生民利，社会关注高，矛盾突出。经调查核实后，院党组决定指派行政检察办案检察官提前介入了解案情，其间，参与县政府、信访局组织召开的联席会议 6 次，形成会议纪要 3 次，检察机关全程跟踪监督各相关单位落实会议纪要内容。检察机关一方面督促施工方贵州甲建设公司、贵州乙建设公司缴纳农民工工资保证金 690 余万元；另一方面现场监督核准发放农民工工资 570 万余元；在调查核实期间，农民工频繁上访，矛盾激烈，当地党委政府，为维护社会稳定，责成贞丰县检察院检察长作为包保责任人，以召开联席会议的形式调解处理支付农民工工资尾款 500 余万元事宜。经检察长组织调解，总承包方贵州甲建设公司、贵州乙建设公司已全部支付农民工工资剩余尾款。检察机关通过依法督促行政机关履职，使该起拖欠农民工工资信访案得到妥善化解，及时有效维护了社会稳定。

贞丰县检察院在履行职责中发现，在辖区内存在大量在建工程项目的施工总承包单位未按照规定存储务工人员工资保证金，各建设单位在招用农民工时未落实农民工实名制管理制度，未开设农民工工资（劳务费）专业账户专项支付农民工工资，上述企业的行为严重侵害农民合法权益。贞丰县检察院向人社局发出督促履职检察建议，建议人社局依法履行建设工程单位存储务工人员工资保障金的监管职责和农民工劳动报酬保障的监管工作职责。

【典型意义】

（一）充分行使检察调查权，依法推进监督工作

检察机关在帮助农民工讨薪工作中，始终坚持法律监督机关的宪法定位，坚持双赢多赢共赢的监督理念，正确处理检察机关与行政执法机关监督制约与协调配合的关系，到位而不越位，推动职能部门正确履职。一是精准掌握以发改局、财政局、交通局、住建局等政府投资的在建工程情况，重点以饮水工程，易地扶贫搬迁工程，棚户区改造工程、农村基础设施"组组通"工程以及其他涉及脱贫攻坚工程为主要排查对象，排查项目欠薪情况，摸清底数，对症下药，有效遏制欠薪问题。二是充分行使检察调查权，对有拖欠农民工工资的工程项目，摸清企业工程项目建设情况，了解有无转包、分包和违反相关规定的情况，重点掌握工程款拨付进度和比例等重要信息，做到"底数清、情

况明"。三是检察机关与人社局、信访局、公安局、法院等部门保持长期联系,针对农民工欠薪行为成立微信群,各方共享信息,掌握农民工讨薪台账和案件具体情况。找出重点预防的工程项目发出监督履职检察建议,跟踪监督整改,防范讨薪风险。

(二)以个案监督实现类案监督,积极参与社会治理

依法履行行政检察职能,以"做广、做深、做强"为重点,拓宽思路,积极作为。一是针对每个欠薪案件制定调解方案,积极参与由党委、县政府牵头成立专案组办理案件,专案组调查核实后提出处理意见向县委、政府领导汇报,形成一致意见把上访案件有效化解在县域。二是以个案监督为突破口,实现类案监督。在行政检察监督中,运用政治智慧抓住案源,以个案为突破口发现案件线索,以类案检察建议的方式督促行业主管部门按照法定职责履职,监督用人单位落实与农民工签订劳动合同、实行农民工实名制管理、开设农民工工资专用账户、施工总承包单位代发工资、存储务工人员工资保证金、维权信息公示等制度,从源头上预防和减少拖欠农民工工资的情况发生,实现办一件案影响一个行业的效果。三是树立底线思维,在履职中发现可能引起群体性事件的拖欠劳动报酬案件线索,主动与相关部门做好矛盾风险化解,注重与工程单位加强"检企共建",在重点工程中建立以预防和惩处欠薪行为为重点的劳动者维权"绿色通道",对涉及劳动者人数多的案件,优先给予办理,有效把矛盾化解在萌芽状态,严防群体性事件发生,从源头遏制拖欠农民工工资的现象,防患于未然,让农民工工资有保障,维护社会稳定。

(三)督促落实制度,从源头上预防欠薪行为

对发生的农民讨薪案件进行深入研判,寻找引发事件的根源,分析出现恶意欠薪的主要原因。一是监督建立诚信"黑名单"制度,针对克扣、无故拖欠农民工工资的行为,严格督促相关单位按照规定程序列入拖欠劳动者工资"黑名单",有效维护劳动者权益。二是督促落实保证金制度。依据劳动法、劳动合同法、《劳动保障监察条例》《国务院办公厅关于全面治理拖欠农民工工资问题的意见》《贵州省建设工程务工人员工资支付保障金实施办法》《农民工工资保证金管理暂行办法》《贵州省关于进一步明确农民工资垫付及清偿责任规范工资支付行为的通知》等相关规定,督促人社劳动部门和行业主管部门监督施工方在工程项目签订协议后一个月内,开工前按照中标价的2%缴纳务工人员工资保障金到人社局,并开设务工人员工资专户,务工人员实名制管理,缴纳工伤保险,签订劳动合同等保护务工人员合法权益的相关事宜,从源头上预防拖欠务工人员工资情况的发生。

（四）发挥行政检察监督职能，维护农民工权益

在帮助农民工讨薪工作中，充分行使行政检察权，围绕脱贫攻坚特殊群体利益开展法律监督，始终将"精准掌握情况，强化监督化解矛盾"作为工作的着力点，在深入摸排和调查取证的基础上，针对相关部门履职不及时、不到位的情况，发出督促履职检察建议。重点针对有脱贫攻坚在建项目的行业主管部门（如交通、水务、教育、住建、乡镇政府等单位）发出督促履职检察建议，切实维护农民工合法权益。检察机关职能信任度逐渐提升，农民工主动向检察机关求助人数逐年成倍增长，合理合法反映诉求逐渐成为农民工的自觉行为，促进了社会安全稳定。

承办人、撰写人：贵州省贞丰县人民检察院　王　芳

湖北省丙市人民检察院
监督丙市人民法院行政非诉执行违法案

【基本案情】

检察机关：湖北省丙市人民检察院。

申请人：李某明，农民工。

2014年湖北省甲市某劳务有限公司（以下简称甲市某劳务公司，法定代表人杨某英）与湖北省乙市某建设集团工程有限公司某分公司（以下简称乙市某分公司）达成协议，由甲市某劳务公司承包丙市某农贸市场建设工程的劳务，甲市某劳务公司委派唐某明担任丙市某农贸市场建设工程的现场负责人（项目经理），负责该工程的劳务分包。2015年5月，重庆籍的农民工李某明、郭某炳二人向湖北省丙市人力资源和社会保障局投诉甲市某劳务公司拖欠工资，经丙市人力资源和社会保障局立案调查，发现丙市某农贸市场工程现场负责人唐某明分别欠下李某明、郭某炳等人的劳务工资合计47.154581万元。2015年8月28日，丙市人力资源和社会保障局作出劳动保障监察限期改正指令书，要求甲市某劳务公司（丙市某农贸市场工程项目经理唐某明）于2015年9月7日前支付郭某炳等工人工资47.154581万元。同年9月22日，丙市人力资源和社会保障局作出劳动保障监察行政处理决定书，要求甲市某劳务公司于2015年10月19日前支付郭某炳等工人工资47.154581万元，加付郭某炳等工人赔偿金23.5772905万元。因甲市某劳务公司未按照要求改正和执行，2016年5月27日，丙市人力资源和社会保障局依法向丙市人民法院申请强制执行，2016年7月6日，丙市人民法院作出行政裁定书，准予强制执行。丙市人民法院在该公司银行、车辆信息、京东、支付宝、财付通账户中未获取相关开户信息，2016年11月23日，丙市人民法院以未查到被执行人甲市某劳务公司可供执行的财产为由，依照最高人民法院《关于执行案件立案、结案若干问题的意见》规定作出执行裁定书，终结本次执行程序。

【监督过程和结果】

李某明系甲市某劳务公司拖欠工资一案中被拖欠工资的人员，认为丙市人民法院在执行行政裁定书中存在违法行为，2018年12月24日向丙市人民检察院申请监督。

丙市人民检察院办案人员第一时间调取法院执行卷宗，通过查看法院执行卷宗，发现两个疑点：一是法院给甲市某劳务公司送达法律文书时送达地址记载不详，无法证实甲市某劳务公司已真正签收法律文书。二是法院在执行该案时，仅仅依靠法院网络执行查控系统查询财产，未到甲市某劳务公司现场进行调查，无法证实法院已穷尽财产调查措施。另外针对甲市某劳务公司是否具有履行能力，办案人员多次前往甲市工商局、银行、社区、派出所开展调查，并采取"四步走"的方式对该案进行核实。第一，锁定法定代表人户籍信息。通过借助公安部门的户籍信息网络，查询该公司法定代表人杨某英户籍信息，获悉杨某英原为甲市某设计院工作人员，后离职经商，已于2004年12月31日由甲市某地迁址至北京某地。第二，掌握公司登记信息。通过查阅工商部门企业登记信息，发现杨某英于2004年9月24日注册成立甲市某劳务公司，注册地址为甲市某地，2013年杨某英使用已作废的原甲市户籍身份证进行公司变更登记，将公司地址变更为甲市另外一地区，经走访社区这两个公司住所地根本不存在，公司及其法定代表人联系电话均已停用。第三，固定公司税收情况。依靠税务部门缴纳税收明细，获取该公司2016年至2018年先后承接中国某第二工程有限公司、湖北某房地产发展有限责任公司、中建三局某公司的工程，其间企业所得税应税收入、增值税应税收入高达数百万元，应缴纳税额高达上万元。第四，了解法定代表人相关银行账户。获知杨某英系原甲市设计院工作人员的信息后，办案人员到甲市人社部门了解杨某英离职退休待遇发放情况，倒查法定代表人杨某英的中国农业银行某账号及其新的联系方式。通过上述"四步走"调查方式，查实了甲市某劳务公司具有履行能力，该公司长期以转借公司资质提取费用的方式维持公司运作。为规避经营风险，该公司以虚假地址和负责人手机停用作为逃脱责任的保护伞，该做法使得农民工维权无路，严重破坏了社会诚信建设。

丙市人民检察院认为，丙市人民法院在执行行政裁定书中存在怠于执行的违法情形。理由如下：

（一）未依法将甲市某劳务公司纳入失信被执行人员名单

最高人民法院《关于公布失信被执行人名单信息的若干规定》第1条规定："被执行人未履行生效法律文书确定的义务，并具有下列情形之一的，人民法院应当将其纳入失信被执行人员名单，依法对其进行信用惩戒：（1）有履行能力而拒不履行生效法律文书确定义务的……（3）以虚假诉讼、虚假仲裁或者以隐匿、转移财产等方法规避执行的……"结合本案来看，甲市某劳务公司至今还在承接大量工程，且纳税交易记录频繁和纳税金额较大，该公司有履行能力却拒不履行，丙市人民法院未将其纳入失信被执行人员名单，违反了最高人民法院《关于公布失信被执行人名单信息的若干规定》中第1条的规定。

（二）未穷尽调查措施即裁定终结本次执行程序

最高人民法院《关于严格规范终结本次执行程序的规定（试行）》第1条规定："人民法院终结本次执行程序，应当同时符合下列条件：……（二）已穷尽财产调查措施，未发现被执行人有可供执行的财产或者发现的财产不能处置……"第3条规定："本规定第一条第三项中的'已穷尽财产调查措施'，是指应当完成下列调查事项：……（3）无法通过网络执行查控系统查询本款第二项规定的财产情况的，在被执行人住所地或者可能隐匿、转移财产所在地进行必要调查……"最高人民法院《关于进一步规范近期执行工作相关问题的通知》规定："人民法院终结本次执行程序前，应严格执行《最高人民法院关于民事执行中财产调查若干问题的决定》，积极采取现场调查等方式，查明被执行人财产状况和履行义务能力，一般应当完成下列调查事项：……3. 住房公积金、金融理财产品、收益类保险、股息红利等未实现网络查控的财产，应前往现场调查，并制作调查笔录附卷为凭……"结合本案来看，丙市人民法院仅凭网络查询，未获取公司银行、车辆信息、京东、支付宝、财付通账户中相关开户信息，遂裁定终结本次执行程序，但甲市某劳务公司至今仍在大量承接工程，且纳税交易记录频繁和纳税金额较大。丙市人民法院对该公司金融理财产品等未实现网络查控的财产没有进行现场调查，在没有查明公司财产状况和在未穷尽调查措施的情况下裁定终结本次执行程序，违反了最高人民法院《关于严格规范终结本次执行程序的规定（试行）》第1条、第3条和最高人民法院《关于进一步规范近期执行工作相关问题的通知》的相关规定。

综上所述，丙市人民法院在执行行政裁定书中存在怠于执行的违法情形。根据《行政诉讼法》第11条、《人民检察院行政诉讼监督规则（试行）》第31条规定，特向丙市人民法院提出如下检察建议：（1）依法将甲市某劳务公司纳入失信被执行人员名单。（2）严格依照法律规定适用终结本次执行程序。（3）加大力度，将本案所拖欠农民工工资执行完毕。

2019年3月21日，丙市人民法院向丙市人民检察院的检察建议作出回复，丙市人民法院经过复查，采取了以下措施：（1）恢复对行政裁定书的执行程序。（2）组织人员对被执行人甲市某劳务公司纳税交易记录及金融理财产品等情况进行调查，进一步加大对涉及农民工拖欠工资的执行力度。（3）依法对甲市某劳务公司进行信用惩戒。截至2017年1月，行政裁定书涉及支付郭某炳等工人工资47.154581万元已执行完毕，另外加付郭某炳等工人赔偿金 23.5772905 万元，甲市劳务公司已制定还款计划，支付进展正有序推进。

【典型意义】

随着社会经济发展，农民工成为一个城市发展不可或缺的力量，及时足额发放农民工工资，既关系农民工家庭的健康发展，也关系和谐社会的构建。部分企业在追求利益最大化的同时，存在故意拖延或者拒付农民工工资等违法现象。根据最高人民检察院部署的农民工讨薪专项监督活动，该院积极行使行政诉讼监督职责，围绕重点企业、重点领域、重点环节开展监督，在法律监督过程中充分发挥调查核实权，积极与丙市人民法院沟通协调，促进丙市人民法院正确司法，妥善处理该案，有效化解社会矛盾，减少农民工诉累，为建设社会诚信提供坚强的司法保障。

承办人：湖北省当阳市人民检察院　石光明
撰写人：湖北省当阳市人民检察院　陈　佳

七、涉农检察典型案例（公益诉讼）

北京市朝阳区人民检察院督促黑庄户乡政府依法履行农用地监管职责案

【基本案情】

检察机关：北京市朝阳区人民检察院。

被建议单位：北京市朝阳区黑庄户乡人民政府。

2010年11月，北京市朝阳区黑庄户乡万子营西村经济合作社将23265.6平方米集体土地出租给北京市某货物运输服务有限公司（以下简称某公司），同年12月，公司在承包地上自建16195.11平方米的建筑物作为物流仓储库房，建设时所占宗地土地利用现状为有林地，在北京市朝阳区土地利用总体规划（2006—2020年）中为林业用地，相关建设未取得土地、规划等相关部门的审批手续，属违法用地违法建设行为。根据城乡规划法、《北京市城乡规划条例》《北京市禁止违法建设若干规定》、北京市人民政府《关于建立制止和查处违法用地违法建设联动工作机制的意见》等相关法律法规规定，涉案建筑物属违法占用农用地，黑庄户乡政府为本行政区域内制止和查处违法建设工作的责任主体，负责本行政区域内禁止违法建设工作，应及时制止和查处乡村违法建设。涉案违法建设已存在使用近9年，北京市国土资源局于2012年对涉案违法行为作出行政处罚决定，并申请北京市朝阳区人民法院强制执行。2013年，朝阳区法院因执行困难决定中止执行。截至2019年8月，作出7年之久的行政处罚决定仍未能执行到位，被侵占近10年的农用地亦未能恢复，造成土地资源长期处于受侵害状态。

【监督过程和结果】

为及时保护受损公益，北京市朝阳区人民检察院在充分调查和沟通的基础上，于2019年11月8日向黑庄户乡政府发出检察建议，建议其对涉案违法用地违法建设行为进行依法处理，加强与法院、土地执法等部门的协调配合，共同做好土地、规划、建设工作，切实保护农用地资源。收到建议后，黑庄户乡政府立即启动整改程序，责成相关村委会与违法占地人立即整改腾退。截至2019年12月，涉案1.6万余平方米的违法建设已全部拆除，使受损的2.3万余平方米的农用地恢复种植条件。

【典型意义】

大量土地执法领域违建拆除案件的积聚成为法院强制执行的"死疙瘩",土地执法部门作出的违法占地处罚决定难以执行到位,造成受损农用地资源长期难以恢复种植条件。对于这类损害农用地资源的违法建设案件,应依托公益诉讼检察职能开展对属地政府等职能部门的跟进监督,加强源头治理和系统治理,从根本上推动解决土地占用恢复难题。

一是违法占地的违法建设触及利益深,办理难度大,此类多年难以处理的"硬骨头"案件体现检察担当。随着经济水平的不断发展,一些城乡接合部的乡镇通过"以租代征"、假借"高效农业""生态农业"等从事非农项目的开发建设,违法占用农用地的违法行为高发,严重破坏了农用地资源。拆除违法占地的建设,因群众关注度高、涉及利益复杂、矛盾多发易发,违建拆除与土地恢复难度很大,一直是令行政执法与司法部门十分头痛的"死疙瘩"和"硬骨头",对此类案件的办理,体现了检察机关在公益保护中的责任担当和对执法部门的有力支持。

二是采用调阅卷宗、联合实地勘查、无人机取证等多种方式全面进行调查取证。为查明案件事实,朝阳区检察院先后调取了原国土部门的行政处罚卷宗、法院的裁判执行卷宗,与法院、原国土资源及属地政府的执法人员进行了座谈,并组织多部门联合实地查看案件现场。为有效解决因占地面积和周边环境等客观条件限制导致人工调查取证难的问题,在本案中开展无人机飞行取证工作,利用倾斜摄影测量技术,采用八旋翼、四旋翼两台无人机分别完成视频与照片拍摄,充分发挥无人机取证拍摄面广、全面客观、动态追踪、精准捕捉等技术优势,突破了执法记录仪与相机拍摄取证中的视野局限,为固定公益诉讼案件证据提供了更为便捷、翔实、可靠的数据支撑。

三是凝聚执法与司法合力,实现双赢多赢共赢效果。本案中,在以公益诉讼检察建议形式督促属地政府切实履行监管职责的同时,朝阳区检察院同步以检察建议形式督促法院依法恢复行政非诉执行,增强土地恢复的执行力与权威性,推动从体制、机制上与执法合力上破解"两违"拆除难题,彰显了检察机关保护公共利益、维护司法公正、促进依法行政、服务社会治理的积极意义,实现了多赢效果。

四是坚持效果导向,推动系统治理。黑庄户乡政府以本案的办理为契机,采用此次违建拆除与农用地恢复中的方法和经验，推动区域内相关问题的集中整治，促进农村地区违法占用农用地等违法建设行为的整体解决，累计拆除违法建筑2.8万余平方米，保护土地资源3.5万余平方米，实现了"办理一案，教育一片"的系统治理目标。

承办人：北京市朝阳区人民检察院　张　宁　郭　朋
撰写人：北京市朝阳区人民检察院　郭　朋

辽宁省喀左县人民检察院督促凌河保护区管理局依法履行护岸堤坝修复职责案

【基本案情】

检察机关：辽宁省喀左县人民检察院。

被建议单位：辽宁省喀左县凌河保护区管理局。

辽宁省朝阳市喀左县白塔子镇下洼子村蒿桑河为大凌河一级支流，发源于建昌县王宝营子大黑沟，流经喀左县白塔子镇，于大西山村汇入大凌河。蒿桑河全长38千米，流域面积317平方千米。

辽宁省朝阳市喀左县凌河保护区管理局为喀左县政府设立的直属事业单位，主要职责为：编制保护区保护规划、土地利用规划、河道治理规划及有关专业规划并组织实施；负责凌河保护区内河道维护和安全运行管理；负责保护区内的重点区域非法采沙和用地、违法使用滩涂、影响河道和堤坝安全，违规排放污染物等问题的经常性巡查和处理。

截至2019年3月，白塔子镇下洼子村内蒿桑河护岸堤坝损毁仍相当严重，每当汛期，百姓农田经常遭受洪水的侵袭，仅2018年汛期，百姓的农田就两次被洪水冲毁，给百姓的生活和财产造成了重大损失，百姓反响极大。

根据《防洪法》第8条的规定，喀左县凌河保护区管理局未依法履行对白塔子镇下洼子村蒿桑河损毁堤坝的修复职责，使河道生态环境遭到破坏，百姓的生命财产安全难以得到保障。

【监督过程和结果】

喀左县检察院第三检察部工作人员第一时间对流经白塔子镇下洼子村的蒿桑河进行了现场勘察，并走访询问了沿河两岸当地百姓和村里工作人员，详细了解蒿桑河护岸堤坝损毁情况和给周围百姓造成的危害。在获得初步证据后，工作人员分头行动，双管齐下。一方面，迅速将案件情况向分管检察长汇报，并及时与辽宁省朝阳市喀左县凌河保护区管理局协调沟通，确定相关单位的职权范围、权限及权责清单；另一方面，通过法律数据库、"两法"衔接平台等渠道查询相关国家法律依据。

在将有关证据和法律职责固定以后，喀左县检察院第一时间与喀左县凌河保护区管理局进行了情况沟通,喀左县凌河保护区管理局立即向县政府做了专项汇报。该案件引起了县领导的高度重视,在充分调研的基础上,决定多方筹措资金对蒿桑河进行综合治理,并积极争取立项建设,进行系统修复。

2019年4月2日,喀左县检察院根据《行政诉讼法》第25条第4款、最高人民检察院、最高人民法院《关于检察公益诉讼案件适用法律若干问题的解释》第21条第1款的规定,决定立案审查。

2019年5月31日,喀左县人民检察院向喀左县凌河保护区管理局发出诉前检察建议,建议喀左县凌河保护区管理局切实履行职责,及时对白塔子镇下洼子村内蒿桑河段护岸堤坝毁损部分进行系统修复,恢复河道生态环境,保障百姓生命及财产安全,维护社会公众利益。

在各方共同努力下,2019年6月,凌河保护区管理局启动蒿桑河河道系统修复工程,修复蒿桑河毁损河道10.42公里,蒿桑河综合治理初见成效。2019年夏,蒿桑河水位涨势迅猛,因河道修复加固效果良好,未再发生以往冲毁农田等情况,百姓生命财产安全得到了保障,社会公共利益得到了维护。

【典型意义】

蒿桑河是喀左县白塔子镇下洼子村百姓们世代赖以生存的母亲河,护岸堤坝是守护河道安全的屏障,直接关系着周围百姓的生命财产安全,是实现农民安居乐业的重要农业设施。喀左县检察院高度重视涉农公益案件,在办理该案过程中,充分发挥检察监督职能,切实维护百姓生命财产和农民权益,协调多方共同启动蒿桑河河道系统修复工程。该工程的建设施工,不仅保护了沿河百姓和近千亩农田的安全,更是在设计规划之初便加入了沿河景观设计、湿地气候生态走廊等现代化设计理念,在建设的总过程中也始终秉持着守护安全、保障农业、恢复生态的初心,是功在当代,利在千秋的惠农工程。

本案属于公益诉讼"等"外领域案件,根据最高人民检察院关于探索办理"等"外案件的精神要求,喀左县检察院集中办案力量,根据喀左地区实际情况,积极稳妥地开展"等"外案件办理工作。一方面,积极向上级院请示,促使整个案件的办理得到了上级院的全程指导。另一方面,在立案之前,积极向当地党委、人大进行了专门汇报,获得了当地党委、人大的肯定和支持,为该项工作的开展打下了良好的基础。喀左县人民检察院还在该案件立案前与相关部门进行了大量的沟通,在达成了全面共识后,再进入案件办理程序,从而保证了案件的顺利办结。

本案的成功办理,解决了人民群众反映强烈的汛期防洪问题,守护了群众生命和财产安全。2019年,本案被辽宁省人民检察院评为全省重大、有影响力、监督效果好的案例。2020年4月，朝阳电视台新闻频道对本案作专题报道，进一步宣传检察机关公益诉讼的职能作用，号召大家共同维护公益，守护美好家园。

承办人：辽宁省喀左县人民检察院　袁赵伟
撰稿人：辽宁省喀左县人民检察院　陈心妍

北京市石景山区人民检察院督促区水务局依法履行河道监管职责案

【基本案情】

检察机关：北京市石景山区人民检察院。

被建议单位：北京市石景山区水务局。

自2018年年底起，石景山区某敬老院未经水行政主管部门批准，擅自在潭峪村所辖的潭峪沟河道管理范围内新建排水口排放污水。经检测，其排出水质的化学需氧量、氨氮浓度均超过《水污染物综合排放标准》规定限值，对潭峪沟的水环境造成损害，对周边集体土地上林木的正常生长产生威胁。石景山区水务局（以下简称区水务局）作为辖区水行政主管部门，未及时依据《北京市河湖保护管理条例》（以下简称《条例》）第28条、第43条之规定进行查处，怠于履行监管职责，导致社会公共利益受到侵害。

【监督过程和结果】

2019年3月，石景山区人民检察院接群众来信举报，反映石景山区某敬老院西墙外有污水排放。办案人员对该线索进行现场调查，发现该敬老院西墙外有一根管道，管口处有刺鼻性液体流出，可能存在私设排水口排污的情形，遂开展相关调查。经调查发现，该敬老院曾于2018年3月因"在石景山区黑石头大队潭峪村未经水行政部门批准擅自在河道管理范围设置排污口"被区水务局责令限期改正并处以5万元罚款。然而，办案人员在2019年4月至8月间的三次现场调查中发现，该敬老院仍通过西墙外私设的排水口在潭峪沟河道管理范围内排放污水，破坏潭峪沟河道及周边生态环境。2019年8月9日，石景山区人民检察院依法立案，通过诉前审查明确该敬老院违反了《条例》第28条第1款的规定，依据《条例》第43条的规定，区水务局存在怠于履行河湖保护监管职责致使社会公共利益受到侵害的情形。

2019年8月16日，石景山区人民检察院依法向区水务局发出《检察建议书》，建议依法对该敬老院未经水行政主管部门批准，擅自在河湖管理范围内新建排水口的违法行为进行查处；进一步加强辖区内河湖水环境监管力度，加强河道水生态环境保护。2019年8月16日，区水务局按照法定程序对该敬老院作出罚款 10 万元的行政处罚，并加大水环境执法力度，加强水生态环境保护。该敬老院及时缴纳了罚款。

2019 年 10 月 15 日，区水务局向检察机关书面回复落实诉前检察建议情况。

2019 年 12 月 5 日，办案人员与区水务局工作人员共同赴案发现场，实地查验诉前检察建议落实情况。通过现场打开院内四个污水井盖发现，原未经处理直接流向西墙外侧排水口的污水管道已彻底封堵，现在院内生活污水均流入三个化粪池，经过滤后流入市政污水管网，私自排放污水的问题得到解决，潭峪沟水环境及周边林木生长受到侵害威胁的状态得以消除。

【典型意义】

（一）整治农村环境，建设美丽乡村

开展农村人居环境整治，是建设美丽中国的重要内容。党的十九届四中全会提出，实行最严格的生态环境保护制度，"加强农业农村环境污染防治"。石景山区属于北京城六区之一，早于 2002 年便完成全部农业人口户籍整建制变更为城镇居民工作，但转居不征地，原农村集体土地性质不变，原农村集体经济组织继续保留，农村污染防治薄弱的问题在石景山区依然存在。案件发生地即属于集体经济组织所辖范围，地处城乡接合部，容易成为监管盲区。该敬老院排放的污水不仅对潭峪沟河道管理范围内的水环境造成损害，也对周边集体土地上林木的正常生长产生威胁。附近村民曾多次向监管部门、市政热线反映，问题始终未得到彻底解决。检察机关收到举报后，将其作为农村污染防治方面的突出问题，加强与属地管理、行业监管等多部门沟通交流，着力加以解决，共同促进美丽乡村建设。

（二）积极实地调查，固定关键证据

该案线索来源于石景山区某敬老院所在的潭峪村当地居民来信举报。收到举报线索后，办案人员迅速前往该敬老院西墙外核实情况，虽然在垃圾渣土和杂物堆积下发现了较为隐蔽的排水管，但第一次调查时并未发现有正在排水的行为。为此，办案人员于 2019 年 4 月至 8 月间反复多次赴现场调查取证，终于在排水口被渣土杂物掩盖且不定期、小流量排水的情况下，于 2019 年 8 月 6 日拍摄到了该敬老院通过私设排水口正在排污的视频，从而收集固定关键证据，确认社会公共利益受到侵害的事实和状态，夯实了案件办理的证据基础。

（三）加强走访调查，了解背景情况

在行政公益诉讼案件诉前调查阶段，不仅要核实社会公共利益受到侵害的事实和状态，更要了解这些现实问题背后的具体情况。为掌握该敬老院及周边潭峪沟地区更详细的情况，办案人员主动与属地街道办进行沟通，从而获取了该敬老院曾被行政处罚的情况。经调阅行政机关执法卷宗发现，2017年8月至11月间，环保部门因该敬老院水污染物排放超标共作出三次行政处罚；2018年4月9日，区水务局因该敬老院擅自在河湖管理范围内新建排水口而作出行政处罚，从而明确了该敬老院在违法私设排水口一事上存在罚后再犯、多次破坏生态环境的事实，促使检察机关在该案办理过程中及后续监督上更注重整改的彻底性和效果的长期性。

（四）依法从重处罚，力求精准监督

根据《条例》第7条第4款规定，水行政主管部门承担着履行河湖保护管理的执法职责。该案中，违法行为人在2018年被责令立即停止违法行为、将现场恢复原状、拆除排污口和处以5万元行政罚款的情况下，一年后因同一行为再次违反《条例》第28条第1款"需要在河湖管理范围内新建、改建或者扩大排水口的，应当经有管辖权的水行政主管部门审查批准"的规定。在此情况下，办案人员就违法事实、法律依据和处罚标准等问题与区水务局积极沟通，在认定行为人违法的主观故意上形成共识，确保检察建议监督精准。《条例》第43条规定："违反本条例第二十八条第一款规定，未经水行政主管部门批准，擅自在河湖管理范围内新建、改建或者扩大排水口的，由水行政主管部门按照管辖权限责令停止违法行为，限期恢复原状，处5万元以上10万元以下的罚款。"依据上述规定，区水务局基于该敬老院反复私设排水口存在恶意再犯的情形，在5万元以上10万元以下的罚款额度中，作出了最高额10万元的罚款决定，该敬老院在接到行政处罚决定书后主动按时缴纳了全部罚款。案件的办理实现了对违法行为的有效震慑和对潭峪沟河道生态环境的及时保护。

（五）提高"回头"频率，确保建议落实

行政公益诉讼案件的办理着重于保护国家利益和社会公共利益，从根本上解决人民群众关心和反映强烈的问题。该案中，石景山区人民检察院在监督有关行政机关依法履职落实检察建议的同时，做好以下三项工作：一是在案件终结审查前做好跟踪监督工作，三次前往涉案现场反复查验诉前检察建议落实情况，并前往该敬老院院内打开四个污水井盖查看污水处理情况，确认该院原未经处理直接流向西墙外侧排水口的污水管道已封堵，院内生活污水现均流入三个化粪池，经过滤后流入市政污水管网；二是对涉案敬老院进行普法教育，要求其积极配合区水务局开展工作，严格依法排放生活污水，不得再私设暗管偷

排污染生态环境;三是发挥"回头看"这一推动公益诉讼检察工作提质增效的有力措施,采取第一季度每月回访,第二至第四季度每季度回访一次的形式,在一年内主动"回头看",加强跟踪监督,避免问题反弹回潮,巩固监督成效。

(六)以点代面监督,促进综合治理

潭峪沟隶属永定河流域,起点为石景山区北部山区边界,全长7.4公里,河道均位于石景山区境内。案件发生地紧邻潭峪沟,处于浅山区地带。浅山区是山区生态环境和平原生态系统的交错区,是重要的水源涵养地,是生态环境的一座天然屏障,生态保护与污染防治尤为重要。在办理该案的过程中,办案人员深挖线索再监督,不仅就本案涉及的污水直排问题向区水务局发出诉前检察建议,同时还就该敬老院西墙外长期堆积的生活垃圾和建筑垃圾问题,向属地街道、城市管理部门、城管执法部门发出了诉前检察建议,堆积的垃圾得到了全面清理。针对涉案敬老院周边问题,共立案5件,发出诉前检察建议4份,督促多方一齐履职,有效改善了潭峪沟河道生态环境及周边居民生活环境,确保了浅山区生态屏障功能的发挥。

承办人、撰写人:北京市石景山区人民检察院　张云波　蔡　夏

辽宁省东港市人民检察院督促东港市自然资源局、有关乡（镇）人民政府依法履行土地监管职责案

【基本案情】

检察机关：辽宁省东港市人民检察院。

被建议单位：辽宁省东港市自然资源局及相关乡（镇）人民政府。

辽宁省丹东市东港市地处辽东半岛东端，南临黄海，辖区南部退海平原盛产优质粳米，是国家重要粮食产区。南端93公里海岸线近海滩涂，是水产品养殖基地。2014年东港市引进南美白对虾养殖，亩产值万元以上，远高于种植水稻、玉米的亩产效益。受经济利益驱使，东港市沿海乡镇出现了将耕地挖成池塘养虾的情况，因未得到及时、有效制止，大量村民及村民小组等单位争相效仿，挖池养虾的现象迅速蔓延至沿海5个乡镇和2个国营农场，严重破坏耕地，甚至是永久基本农田。经过4年的时间，破坏耕地养虾逐渐成为部分违法村民家庭收入的主要来源，虾池与村民形成一定程度利益固化，破坏耕地、挖池养虾的现象演变成当地政府管不住、治不了的难题，损害了国家利益和社会公共利益。

【监督过程和结果】

2018年4月初，辽宁省丹东市东港市人民检察院获取涉案线索后，借用东港市自然资源局土地管理卫星图片，比对2012年与2017年东港市沿海乡镇、农场耕地情况，初步确定被破坏耕地大概位置。2018年4月25日开始，东港市检察院与东港市自然资源局行政执法大队、东港市华阳测绘公司组成联合调查组，开始对涉案耕地的准确位置、面积及耕种层被破坏深度进行测绘。2018年7月末，完成5个乡镇、2个农场被毁损耕地测绘工作，确定被毁坏耕地面积7121.259亩，其中永久基本农田816.53亩，明确毁坏耕地责任人200余人。东港市检察院遂决定开展"保护耕地，还塘于田"公益诉讼专项监督行动，对违法行为立案审查。

2018年10月末，东港市检察院组织东港市自然资源局、涉案乡（镇）人民政府等相关行政机关召开联席会议，集中统一发送《检察建议书》，督促各

行政机关依法全面履行职责。收到《检察建议书》后，各行政机关高度重视，积极与检察机关协商整改方案。整改期间，东港市检察院检察长、分管公益诉讼工作副检察长亲自指挥、跟进整改进程，多次与被监督单位主要领导、涉案耕地村委会负责人、东港市人大代表、政协委员进行座谈，共商整改措施，建立耕地保护长效机制。开展"保护耕地，还塘于田"专项整治活动后，未发生新的挖塘毁地行为。随着一系列整改措施相继实施，整改效果凸显，已有近2000亩耕地得到有效恢复，违法占用耕地的行为得到有效遏制。部分被毁耕地因海产品养殖周期问题尚未完全整改，为做到维护公益与最大限度减少群众损失兼顾，由违法行为人向行政机关提交整改计划，承诺收获养殖物后立即将耕地恢复原状。对于拒不整改，涉嫌违纪违法行为人，坚决移送相关机关予以查处。专项活动开展过程中，共向东港市纪检监察委移送违法占地线索10人；督促东港市自然资源局向东港市公安局移送涉嫌非法占用农用地犯罪线索16人，公安机关已刑事立案12人，现已移送审查起诉8人，人民法院判决4人，做到了维护公益与打击违法违纪行为的共同推进。

【典型意义】

（一）充分做到发挥检察公益诉讼职能与保护国家粮食安全有机结合

"十分珍惜和合理利用每一寸土地，切实保护耕地"是我国的一项基本国策。耕地是保障国家粮食安全的最基本依赖，保护耕地就是保护粮食安全。检察机关开展"保护耕地，还塘于田"专项整治活动，正是立足于我国是农业大国、人口众多的基本事实，不论是从经济建设还是国家安全的角度，我们都应该守住耕地尤其是永久基本农田的红线，为国家经济社会发展提供坚实保障。通过开展"保护耕地，还塘于田"专项活动，及时制止了挖塘毁地行为的进一步恶性发展，及时恢复了部分被毁损耕地，为有效维护国家的粮食安全打下坚实的基础，切实发挥了公益诉讼对国家利益和社会公共利益的保护作用，达到了政治效果、法律效果与社会效果的有机统一。

（二）坚决做到聚焦党政中心工作大局，助推法治政府建设

东港市检察院公益诉讼工作，紧紧依靠地方党委、政府支持，善于把影响区域社会稳定和发展的问题作为工作的切入点和突破口，使公益诉讼更好地服务于地方经济社会发展和社会治理的需要。近年来，土地资源保护工作一直是东港市委、市政府的"心病""痛点"。东港市检察院"保护耕地，还塘于田"专项整治活动实施后，主动向东港市委、市政府报告，市委、市政府高度重视，市委书记、市长多次听取专项活动概况、整改措施、整改进程及整改效果等情况的汇报，对公益诉讼工作积极融入全市工作大局给予高度评价，同

时要求东港市检察院与政府相关部门联合发力,将专项整治活动与"扫黑除恶"专项斗争中整治乱象工作相结合,强化整改措施,提高整改质效,促进法治中国建设。

(三)充分践行"在监督中支持,在支持中监督"理念,形成监督合力

东港市检察院始终坚持双赢多赢共赢、支持与监督并重的公益诉讼监督理念,与行政机关建立了良好互动工作关系,形成保护国家利益和社会公共利益合力。专项整治工作前期,部分行政机关工作人员有怕被问责心理,工作积极性不高,东港市检察院采用座谈会、约谈主要负责人等方式,阐明检察公益诉讼工作中检察机关与行政机关只是分工不同、职能不同,根本目的是一致的。办案中,检察机关不以监督者自居,更不居高临下,检察建议也不是一发了之,而是积极与行政机关配合,直接参与整治工作。调查取证阶段,与被监督行政机关、测绘公司组成联合调查组,实地勘查、测绘、核实证据,利用"无人机"拍摄完善证据体系。整改工作阶段,与被监督行政机关组成联合工作组,共同做违法责任人的思想工作,研究整改措施,落实整改方案,促进问题的最终解决。

承办人:辽宁省东港市人民检察院 常正纲 栾先君
撰写人:辽宁省丹东市人民检察院 景文奇

上海市浦东新区人民检察院督促惠南镇人民政府依法履行环境保护监管职责案

【基本案情】

检察机关：上海市浦东新区人民检察院。

被建议单位：上海市浦东新区惠南镇人民政府。

浦东新区人民检察院在履职过程中发现，位于浦东新区惠南镇的农用地上被违法堆放了大量工程渣土、建筑垃圾和生活垃圾。涉案地块系一般农田，自2017年9月以来，该镇的农户将大治河两岸的33.3亩农用地以2万元/亩的价格出租给上海甲建设工程有限公司、上海乙建设工程有限公司、上海丙保洁服务有限公司等三家公司，用于堆放工程渣土、建筑垃圾以及部分生活垃圾，堆放高度3—7米不等，经测算渣土及垃圾共计65540.86立方米，涉及村民13户。上述涉案土地对渣土及垃圾没有任何防渗设施，不仅造成土地受损，还存在污染临近河流及地下水的隐患。

【监督过程和结果】

在案件办理中，浦东新区人民检察院向土地管理部门调取了地籍图，拍摄了案发现场照片，走访村居并取得了土地权利人的陈述和相关证人证言，通过上述证据证实了垃圾堆放、土地受损的事实及土地面积。根据《上海市城市管理行政执法条例》第4条第4款和上海市政府《关于扩大浦东新区城市管理领域相对集中行政处罚权范围的决定》第1条及第2条第1款第1项、第5项、第17项的规定，镇人民政府负责并具体承担本辖区内城市管理行政执法工作，执法事项包括对违反市容环境卫生管理、环境保护管理以及土地管理的违法行为行使行政处罚权（具体由镇城管来处理）。在发现有人违法堆放垃圾后，当地村、居委会以及群众对这一情况曾向镇政府相关部门进行举报，但镇政府均未及时进行处理，垃圾违法堆放行为持续存在，致使土地受损、环境存在被污染的隐患，镇政府未依法及时履行法定监管职责与公共利益受损害之间存在因果关系，镇政府存在怠于履职的情形。

在向行政机关制发诉前检察建议前，浦东新区人民检察院还专门听取了行政机关的意见。经过前期的调查核实，浦东新区人民检察院于2018年2月14

日向惠南镇人民政府制发诉前检察建议,建议镇政府:(1)切实履行监管职责,行使行政处罚权。(2)采取有效措施,恢复土地原状。(3)建立长效监管机制,防止垃圾污染环境。制发检察建议的同时,浦东新区人民检察院还向浦东新区区委、区政府作了报告,将案件情况和制发的诉前检察建议一并报送,争取浦东新区党委和区政府的支持。

2018年3月13日,惠南镇人民政府对整改情况进行回复。截至2018年5月,整改工作已全部完成。

【典型意义】

在收到检察机关的诉前检察建议书后,惠南镇人民政府及时履行监管职责,行使行政处罚权,对倾倒工程渣土、建筑垃圾和生活垃圾的当事人及涉事村民分别处以8000元的行政罚款,并委托第三方评估公司对土壤及地下水是否造成环境损害,以及环境损害的类型、范围和程度进行鉴定。截至2018年5月,农用地上违规堆放的工程渣土、建筑垃圾和生活垃圾共计65540.86立方米已全部清理完毕,清理平整后的土地上全部补种了绿化及经济作物。为了建立长效监管机制,惠南镇人民政府还出台了《惠南镇渣土治理实施意见》,有效管理镇域内的建筑垃圾和渣土治理问题。

作为长江经济带上的特大城市,近年来上海每年产生的生活垃圾700余万吨、建筑垃圾约1亿吨,垃圾处理能力有限且处置费用较高,于是郊区的农用地和一些无人管理的闲置土地成了倾倒垃圾的重灾区。垃圾的随意倾倒,既损害了日益稀缺的土地资源,又存在污染土地、地下水和附近河流的隐患。而行政机关监督管理不到位的问题应当引起高度重视,检察机关通过办理违法堆放工程渣土、建筑垃圾和生活垃圾公益诉讼案,督促行政机关依法履职,切实履行检察机关在加强农村生态环境建设和农村土地资源保护方面的司法职能。

承办人、撰写人:上海市浦东新区人民检察院　龚月芳　王亚丽　陈　鹤

天津市宝坻区人民检察院督促郝各庄镇人民政府等单位依法履行环境监管职责案

【基本案情】

检察机关：天津市宝坻区人民检察院。

被建议单位：天津市宝坻区郝各庄镇人民政府、大口屯镇人民政府、朝霞街道办事处。

2019年1月，宝坻区人民检察院在开展"建设美丽宜居乡村"公益诉讼专项监督活动集中宣传时，接到各街镇群众举报，宝坻区郝各庄镇东五庄村东侧、大口屯镇第二小学北侧、朝霞街道瀚海商贸中心东侧分别露天、无序堆放大量生活垃圾和其他固体废物，恶臭难闻，蚊蝇肆虐。经调查，三处垃圾堆占地面积分别为245m^2、296m^2、291m^2，垃圾主要来自当地村民多年的非法倾倒和随意堆放，因垃圾紧邻耕地，不仅影响群众生产生活，而且严重破坏村庄环境。根据《天津市市容和环境卫生管理条例》规定的属地管理原则，郝各庄镇政府、大口屯镇政府及朝霞街道办事处对辖区内市容和环境卫生负有法定监督管理职责，对村民非法倾倒和堆放垃圾行为怠于履行监管职责。

【监督过程和结果】

2019年2月，办案人员对垃圾现场进行实际测量、勘验、拍照，固定证据。经调查核实，村民在未经有关部门批准的情况下，将生活垃圾和其他固体废物收集并运至涉案垃圾堆处非法倾倒和随意堆放，致使周边生态环境遭到严重破坏。郝各庄镇政府、大口屯镇政府及朝霞街道办事处对长期以来非法倾倒垃圾污染环境、社会公共利益受到侵害的问题，未予发现和制止，未依法履行监督管理职责。另外，在办案人员多次现场调取证据过程中，仍有村民不断非法倾倒垃圾，且不听劝阻，致使污染面积持续扩大，生态环境处于持续受侵害状态。

2019年3月25日、4月2日、4月5日，宝坻区检察院分别向三家单位发出检察建议。一是对涉案垃圾堆进行彻底清理，并采取长效治理措施；二是对辖区范围内非正规垃圾堆放点进行全面摸底调查，与市容管理部门相互配合，有计划、有步骤地全面清理各类生活垃圾，有效改善辖区内农村人居环境；三是开展农村人居环境整治宣传活动，提高村民环境卫生意识，摒弃乱扔乱倒等不文明行为。

街镇政府收到检察建议后，及时研究制定整改方案，对垃圾堆进行全面清理，对土地进行平整，并在原垃圾堆周围设置垃圾桶，便于收储周边村民产生的固体废物垃圾。同时，竖立警示牌，引导广大群众将垃圾放在指定地点，甚至在电线杆上安装了高清摄像头，以便形成对随意倾倒垃圾破坏生态环境者的震慑及追责。街镇政府复函称，已组织所有村结合镇环境保洁外包单位环卫服务集团有限公司对镇域内非正规垃圾堆放点进行了全面摸底调查；结合当前人居环境整治和全域清洁化活动，通过张贴标语、广播宣传、建立村规民约等方式，提高村民环境卫生意识，摒弃乱扔乱倒等不文明行为；完善镇环境卫生网格化管理、门前三包以及镇全域清洁化工程考核等有关制度，构建户集、村收、公司运输逐级处置的垃圾治理运营模式，建立长效治理措施，实现好农村垃圾治理常态化，有效避免问题反弹。

【典型意义】

2018年2月，中共中央办公厅、国务院办公厅印发的《农村人居环境整治三年行动方案》正式实施，其中涉及的农村生活垃圾、畜禽养殖废弃物、农村水环境污染等均属行政公益诉讼生态环境和资源保护范畴。为充分发挥检察公益诉讼职能，2019年1月8日，宝坻区检察院出台了《关于"建设美丽宜居乡村"公益诉讼专项监督活动实施方案》，以涉农领域环境治理中的热点、难点、焦点问题为切入点，集中办理了一系列破坏乡村生态环境和自然资源的检察公益诉讼监督案件。通过制发诉前检察建议，督促行政机关履行职责，助力干净整洁有序的村庄环境得以实现，促进农村人居环境水平不断提升，满足广大农民对农村人居环境的新期待，为建设美丽宜居乡村提供有力司法保障。

诉前程序是检察机关提起行政公益诉讼的必经程序，对督促行政机关依法履职，有效维护国家、社会公共利益起到及时提醒、及时发现、及时处理和及时保护的作用，既发挥了行政机关纠正违法行为的主动性，又有效节约了司法资源，与提起公益诉讼具有同等重要的位置。检察机关办理行政公益诉讼案件，不应只是关注个案，还应关注类案的研究，善于从个案中捕捉隐藏其后的深层次社会治理问题，向行政机关发出高质量的检察建议，真正实现办理一案、治理一片、惠及一方的良好效果。

撰写人：天津市宝坻区人民检察院　胡佳文

吉林省双辽市人民检察院诉兴隆镇
人民政府怠于履行环境监管职责
行政公益诉讼案

【基本案情】

检察机关：吉林省双辽市人民检察院。

被告单位：吉林省双辽市兴隆镇人民政府。

2018年4月，双辽市人民检察院干警对兴隆镇辖区走访时，发现双辽市203国道与兴隆镇的耕耘排水干道大有村段交会处的公路桥东起向西延伸约3公里的排水干道内存有大量生活、建筑垃圾以及畜禽尸体。汛期时易堵塞河流，妨碍行洪、泄洪。四周空气恶臭，路人很远就需掩住口鼻，严重影响社会环境，及周边群众生活质量和身体健康。

【诉前程序】

兴隆镇政府作为主管兴隆镇环境质量的行政单位，对兴隆镇辖区内存在的生活垃圾对周边环境产生的污染防治负有监管职责，兴隆镇政府未依法全面履行其法定监管责任，亦未采取有效措施恢复环境原状，致使国家和社会利益仍处于受侵害状态。2018年5月14日，双辽市人民检察院向兴隆镇政府发出《检察建议书》，建议其"依法履行监督管理职责，立即采取措施排除危害，恢复环境原状"。

2018年6月10日，兴隆镇政府向双辽市人民检察院回函："我镇在接到建议书后，立即召集水利、环保等有关部门对耕耘排水干道的垃圾进行集中巡查处理。共出动铲车5台，工人20余人，对排水干道进行清理。共清理排水干道8公里，各种垃圾5吨。并且要求各村对耕耘排水干道进行长期管护，广泛宣传，坚决杜绝再向排水干道内倾倒各种垃圾。" 2018年7月17日，兴隆镇政府又向双辽市人民检察院送交《耕耘排水干道兴隆镇段垃圾形成原因说明》，阐述了垃圾堆积的主要原因是附近居民环保意识较弱，多年来有少部分居民向排水干道内倾倒日常生活垃圾。镇政府已加大有关环保宣传力度，并及时对排水干道内垃圾进行清理，组织人员定期巡查。

但在双辽市人民检察院回访调查时发现，兴隆镇政府在收到双辽市检察院的《检察建议书》后，只是组织人力对排水干道内垃圾进行了不完全清理。之后还有人继续向排水干道内倒入新的垃圾。截至回访时，排水干道内仍存有大量生活垃圾，国家和社会公共利益仍处于受侵害之中。

【诉讼过程和结果】

鉴于检察建议未实现应有效果，双辽市人民检察院于2018年10月8日向双辽市人民法院提起行政公益诉讼。2018年11月27日，双辽市人民法院对本案公开开庭审理。

双辽市人民检察院派员以公益诉讼起诉人的身份出庭，并宣读起诉书，请求：（1）确认兴隆镇政府未依法正确履行行政主管单位的监管职责违法；（2）判令兴隆镇政府依法履行监督管理职责，立即采取措施排除危害，恢复环境原状。

兴隆镇政府答辩称其已经召集水利、环保等有关部门对耕耘排水干道内的垃圾进行集中清理，共清理排水干道8公里，各种垃圾5吨。同时要求各村对排水干道进行长期管护，定期组织人员巡查，杜绝再向排水干道内倾倒各种垃圾。但是出庭检察人员出示了7月13日、7月26日、9月19日、9月21日、11月26日双辽市人民检察院工作人员实地踏看兴隆镇耕耘排水干道大有村段的拍摄现场照片及视频，证实在《检察建议书》下发后，兴隆镇政府虽然组织人力对垃圾进行清理，但清理不彻底，同时还有新倒入的垃圾，使得排水干道内仍有大量生活垃圾存在。

庭审后，双辽市人民检察院通过对兴隆镇政府整改的证明材料及对涉案现场进行勘察核查，将诉讼请求变更为：确认兴隆镇政府未完全履行垃圾处理的监管职责违法。

2018年12月20日，双辽市人民法院作出一审判决，确认兴隆镇政府在公益诉讼起诉人提起公益诉讼前对其辖区内生活垃圾不依法履行清运职责的行为违法。

在法院未下达判决前，兴隆镇政府就开始对其辖区内的环境进行集中整顿。在双辽市人民法院公开开庭审理本案的次日，兴隆镇政府即对耕耘排水干道内的全部垃圾进行彻底清理。清理过程中，将耕耘排水干道分为三段进行，每段3公里左右，同时开工，共出动钩机铲车10余辆，四轮车4辆，工人60多人。历时两天，清理排水干道近10公里，清除垃圾10余吨，彻底恢复排水干道原状，垃圾得到全面彻底的清除，群众生产生活环境得到了根本性的改善，受到周边群众的一致好评。

【典型意义】

改善农村人居环境是以习近平同志为核心的党中央作出的重大决策，是实施乡村振兴战略的重要内容。加强农村生活垃圾治理，是改善农村人居环境的重要环节，也是推进乡村生态振兴的关键之举，对于促进乡村治理具有重大意义。

基层人民政府应当对本行政区域的环境质量负责，其在农村环境综合整治中违法行使职权或者不作为，导致环境污染损害社会公共利益的，根据《行政诉讼法》第25条第4款规定之情形，检察机关可以督促其依法履职。兴隆镇政府在收到《检察建议书》后，虽对耕耘排水干道内的部分垃圾进行清理，但并未彻底清理到位，排水干道内仍然有很多垃圾，随着时间的推移垃圾有增无减，可见兴隆镇政府并未积极整改而是敷衍了事。双辽市人民检察院公益诉讼部门经过多次回访踏看，收集固定影像、图片等证据，依法对兴隆镇政府起诉后，兴隆镇政府对辖区的环境卫生开展集中整顿，重点地段重点整改。2019年5月6日，双辽市检察院再次回访，看到耕耘排水干道大有村段环境优良，空气清新，再无半点垃圾。积极服务美丽吉林建设，保护青山绿水。检察公益诉讼用自身职责服务"三农"，着力保障农村环境卫生，加强农村环境整治，用"检察蓝"保护了"生态蓝"。

撰写人：吉林省双辽市人民检察院　李红彪

陕西省渭南市华州区人民检察院诉临渭区桥南镇人民政府怠于履行环境监管职责行政公益诉讼案

【基本案情】

检察机关：陕西省渭南市华州区人民检察院、临渭区人民检察院。

被告单位：陕西省渭南市临渭区桥南镇人民政府。

位于临渭区桥南镇箭峪村附近、桥南镇通往华州区县道南侧的西屎沟，是桥南镇的一处生活垃圾填埋点，其距箭峪村村民住宅不足100米，四周紧挨可耕地，与不远处穿越秦岭北麓的宁西铁路隔沟相望。渭南市临渭区桥南镇人民政府在未办理相关土地审批手续的前提下，将该点用于桥南镇集镇、桥南部队及邻近各村产生的生活垃圾及其他废弃物的收集、堆放、填埋，且采取直接往路边沟内倾倒、堆放的方式处置生活垃圾及其他废弃物，未采取任何技术防范措施，并存在焚烧垃圾现象，严重影响当地岭区的生态环境和周边群众的生产、生活，致使国家和社会公共利益受到侵害。

【诉前程序】

2017年4月，陕西省渭南市临渭区人民检察院在全省检察机关开展的保护秦岭生态环境专项监督活动中发现，位于临渭区桥南镇箭峪村附近的一处生活垃圾填埋点，没有采取任何防范措施，随意倾倒垃圾及其他废弃物，且存在焚烧垃圾现象，致使国家和社会公共利益受到侵害。该院经审查，于2017年6月8日进行立案调查。

2017年6月13日，陕西省渭南市临渭区人民检察院向桥南镇人民政府发出《检察建议书》，建议桥南镇人民政府：（1）充分履行监督管理职责，对未采取防治措施而随意倾倒生活垃圾及其他废弃物、焚烧垃圾的行为依法妥善处置，并制定行之有效的整治方案和措施，消除对生态环境的影响。（2）加大检查力度，对辖区内非法生活垃圾及其他废弃物倾倒点位进行一次认真排查整治，杜绝此类污染生态环境的问题再次发生。

2017年6月19日，桥南镇人民政府进行了回复，回复函称：该镇十分重视，迅速安排相关工作人员就箭峪村垃圾收集、填埋点产生的问题进行整改落实。一是加大禁止秸秆禁烧、不随意倾倒垃圾宣传力度。在垃圾填埋点设置标识牌，并印制禁止焚烧秸秆、禁止倾倒垃圾宣传牌，提醒群众文明、有序地倾倒垃圾。二是扎实开展垃圾填埋点治理工作。镇禁烧办、美丽办对辖区内所有垃圾填埋点进行排查统计，联合村组成立环境卫生督查组，不定期巡查垃圾倾倒及焚烧情况，预防及制止各种违法倾倒及焚烧垃圾、秸秆等不良行为，每一处垃圾填埋点有专人负责，确保责任落实到人。三是建立长效机制。在填埋场储备掩埋用土及石灰，定期对该点进行覆土填埋处理，作业后在表面洒熟石灰，做好杀菌处理，防止臭气外泄，并在该垃圾场南边及周围连片栽植白杨树，用绿色树植围挡垃圾场。今后，该镇将充分履行监督管理职责，加大检查力度，对辖区内非法生活垃圾及其他废弃物倾倒点进行一次认真排查整治，坚决杜绝此类污染生态环境的问题再次发生。

渭南市临渭区人民检察院于 2017 年 11 月 15 日、2018 年 3 月 16 日对整改情况进行现场核实时发现，该垃圾填埋点的垃圾倾倒范围进一步扩大，但渭南市临渭区桥南镇人民政府仍然没有采取任何技术防范措施，且现场有明火燃烧、冒黑烟现象，国家利益和社会公共利益仍处于受侵害状态。

【诉讼过程和结果】

经陕西省渭南市中级人民法院和陕西省渭南市人民检察院联合指定管辖，2018 年 11 月 16 日，渭南市华州区人民检察院向渭南市华州区人民法院提起行政公益诉讼。请求判令：（1）确认被告渭南市临渭区桥南镇人民政府对桥南镇（箭裕）垃圾填埋点不依法履行固体废物污染环境防治、农村生活垃圾治理和大气污染防治监管职责的行为违法。（2）判令被告渭南市临渭区桥南镇人民政府在一定期限内依法履行法定监管职责，对桥南镇箭裕垃圾填埋点依法采取防扬散、防流失、防渗漏、防污染环境等技术规范措施，消除对生态环境的影响。

2019 年 4 月 26 日，渭南市华州区人民法院公开开庭审理了本案。

法庭审理过程中，渭南市临渭区桥南镇人民政府答辩认为：（1）其建立桥南镇箭峪垃圾场的初衷就是保护生态环境，同时在使用过程中进行了标准化改造，并不存在怠于履行法定职责的情形。（2）其已多次对垃圾填埋厂进行整改完善，逐步建设完成了防扬散、防流失、防渗漏等防止环境污染的措施，并不存在国家和社会公共利益受到侵害的情形。

针对镇政府答辩意见，渭南市华州区人民检察院向法院提交了五组证据。渭南市华州区人民检察院认为，根据《环境保护法》第 6 条第 2 款和《陕西省固体废物污染环境防治条例》第 4 条第 2 款、第 25 条第 3 款及《陕西省大气污染防治条例》第 4 条的规定，渭南市临渭区桥南镇人民政府作为辖区内固体废物污染环境防治、农村生活垃圾治理部门和大气污染防治主管部门应依法履行防治和监督管理职责。但桥南镇人民政府怠于履职,致使该垃圾填埋点仍然露天倾倒堆放大量垃圾,且有明火燃烧、冒黑烟现象,国家和社会公共利益受到侵害。检察机关发现桥南镇人民政府不依法履职后,经过诉前程序向其发出检察建议,桥南镇人民政府在收到检察建议后履行了部分职责,但其履职不够全面,整治不彻底,垃圾污染生态环境的现状未得到根本改变,社会公共利益仍然处于持续受侵害状态。综上,渭南市临渭区桥南镇人民政府答辩理由不成立。

2019年7月3日,渭南市华州区人民法院作出一审判决:确认被告桥南镇人民政府的行为违法,责令被告对在桥南镇箭裕垃圾场倾倒垃圾及废弃物的行为,依法继续履行防治和监督管理职责。一审判决送达后,渭南市临渭区桥南镇人民政府提出上诉,请求渭南市中级人民法院依法撤销原判,驳回渭南市华州区人民检察院的诉讼请求,案件进入二审程序。2019年9月23日,中共渭南市委办公室、渭南市人民政府办公室出台了《关于进一步支持检察机关依法开展公益诉讼工作的通知》。2019年11月1日,渭南市临渭区桥南镇人民政府在二审审理过程中向渭南市中级人民法院递交撤诉申请,自愿撤回对本案的上诉。渭南市中级人民法院查明撤回上诉是其真实意思表示,符合法律规定,裁定准许上诉人撤回上诉。

该案判决生效后,渭南市临渭区桥南镇人民政府积极履行职责,对原垃圾填埋场进行清运并进行无害化处理,逐步恢复生态环境。

【典型意义】

习近平总书记反复强调,要把生态环境保护放在更加突出位置,要像保护眼睛一样保护生态环境,像对待生命一样对待生态环境。作为检察机关,应当积极发挥法律监督职能,着力为污染防治攻坚战、乡村振兴战略、美丽乡村建设贡献检察力量。

基层人民政府应当对本行政区域的环境质量负责,其在环境治理中违法行使职权或者不作为,导致环境污染,损害国家利益或者公共利益的,检察机关可以督促其依法履行职责。环境保护法和固体废物污染环境防治法等法律法规规定了基层人民政府应当对本辖区内的环境质量负责。当基层人民政府在履行上述法定职责时,存在违法行使职权或者不作为,造成国家利益或公共利益损害的,符合《行政诉讼法》第25条第4款规定的情形,检察机关可以依法行使职权,向其发出检察建议。检察机关对于已经发出检察建议的案件应当定期跟进监督,对已经回复但尚未整改或者整改不完全的,仍应继续监督。

需要注意的是,检察机关对于行政机关怠于履行职责的行为,符合法律规定条件的,应当发出检察建议,督促全面履行职责。全面履行职责的判断和认定,应当严格以法律为依据,即使行政机关在收到检察建议后履行部分职责,取得了一些成效,但是仍未全面履行职责,致使国家利益和社会公共利益持续受到侵害的,检察机关应依法提起公益诉讼。

承办人:陕西省渭南市华州区人民检察院　雷　磊

撰写人:陕西省渭南市华州区人民检察院　何晶晶　梁韵苗

内蒙古自治区扎兰屯市人民检察院督促市环境保护局、卫生和计划生育局依法履行乡镇医疗垃圾监管职责案

【基本案情】

检察机关：内蒙古自治区扎兰屯市人民检察院。

被建议单位：内蒙古自治区扎兰屯市环境保护局、市卫生和计划生育局。

2018年以来，内蒙古自治区扎兰屯市检察院在履行职责过程中发现，成吉思汗中心卫生院、卧牛河中心卫生院、哈拉苏卫生院等23家乡镇卫生院存在医疗废物安全处置制度制定、落实不充分，医疗废物收集、运送、贮存、处置以及监督管理不规范的情况，极易导致大气、水源、土地以及动植物等的污染，造成疾病感染和传播，严重威胁着人体健康和生态环境安全。

经查的23家乡镇卫生院均不同程度地存在医疗废物管理规章制度、工作流程落实不充分、执行不到位；医疗废物管理、处置不规范，医疗废物专用包装物、容器，无明显的警示说明；医疗废物的暂时贮存设施、设备不规范，未设置明显的警示标识，无防渗漏、防鼠、防蚊蝇、防蟑螂、防盗以及预防儿童接触等安全措施；自行处置医疗废物，所使用焚烧炉等器具不符合相关技术标准等情况，存在威胁人体健康安全隐患并造成环境污染，致使公共利益受到侵害。根据《医疗废物管理条例》第14条、第16条、第17条、第21条和2016年《固体废物污染环境防治法》第53条、第55条及《大气污染防治法》第82条第1款之规定，负有监督管理职责的扎兰屯市环境保护局、卫生和计划生育局对于存在上述问题的23家医疗卫生机构未能尽到监管职责。

【监督过程和结果】

扎兰屯市检察院在履行法律监督职责中发现，成吉思汗中心卫生院、卧牛河中心卫生院、哈拉苏卫生院等23个乡镇卫生院可能存在不规范处置医疗废物的现象。据此，从8月开始，扎兰屯市人民检察院部署开展了为期3个月的医疗废物安全处置专项监督活动，经院党组讨论决定，从全院范围内抽调业务骨干组成专项工作组，逐条线索实地走访调查，与环境保护、卫生和计划生育部门进行多次沟通协调，以零容忍态度坚决打击非法排放、倾倒或者处置有毒有害污染物、非法排放超标污染物等污染环境犯罪。

为维护生态环境安全和人民生活健康，扎兰屯市检察院制发检察建议督促扎兰屯市环境保护局、卫生和计划生育局及时查明各医疗卫生机构医疗废弃物安全处置制度落实情况，并监督相关医疗卫生机构立即整改落实。

收到检察建议后，扎兰屯市环境保护局、卫生和计划生育局立即召集23个医疗卫生机构召开联合会议，就过渡期乡镇卫生院医疗废物管理工作进行座谈交流，下发《关于进一步加强乡镇卫生院医疗废物管理工作的通知》文件。扎兰屯市规划局立项后经呼伦贝尔市发改委批复的"扎兰屯市集中式医疗废物处置中心"即"博华环保科技有限责任公司"主体工程于2018年开工建设，现已完成厂区主车间及相应配套设备建设，具备试运行条件。扎兰屯市检察院就扎兰屯市医疗废物安全处置工作发出诉前检察建议后，扎兰屯市主要领导就此项问题专门听取了汇报，直接推动了扎兰屯市建设首家医疗废物集中处置机构的工作进程。2019年1月1日起，该处置中心开始调试运营，其他配套设施2019年年底前全部建设完成，为医疗废物处理提供了更加规范、科学、环保的硬件支撑。此案的办理取得了良好的政治效果、法律效果和社会效果，为生态环境安全和人民生活健康提供了强有力的司法保障。

【典型意义】

习近平总书记提出，绿水青山就是金山银山，建设美丽中国、美丽乡村不能忽视对垃圾的回收整治，而其中危险性较为突出、环境影响较为严重的就是关于医疗废物的处理。此次专项监督活动不仅敲响了医疗废物安全处置的警钟，同时引发了对于乡村环境治理的思考。公益诉讼制度的核心思想即为保护国家利益和社会公共利益，改善农村生态环境，打造宜居乡村，同样是公益诉讼工作调整范围，全面建成小康社会，离不开生态文明建设，离不开检察机关在打好污染防治攻坚战中发挥的重要作用，检察机关将切实履行公益诉讼职能，用"检察蓝"守护"生态绿"。

一是加强与相关行政机关单位之间针对医疗废物安全处置问题的沟通，畅通问题解决渠道。在此次医疗废物安全处置专项监督活动中，扎兰屯市检察院发现医疗废物安全处置工作涉及环境保护、卫生和计划生育等多个部门，出现了"多龙治水"问题，检察机关以公益诉讼为切入点，及时发现问题，促进相关监管单位履行职责，畅通行政机关沟通渠道，以检察机关公益诉讼为纽带，搭建起扎兰屯市医疗废物安全处置工作多头沟通协调的桥梁。

二是推动在扎兰屯市建设首家医疗废物集中处置机构的工作进程。在扎兰屯市检察院向相关部门发出督促履职的《检察建议书》后，立即引起相关单位对此项工作的重视，扎兰屯市环境保护局、卫生和计划生育局召集23个医疗卫生机构召开联合会议，就过渡期乡镇卫生院医疗废物管理工作进行座谈交流，下发《关于进一步加强乡镇卫生院医疗废物管理工作的通知》，并推进了扎兰屯市规划局立项后经呼伦贝尔市发改委批复的"扎兰屯市集中式医疗废物处置中心"即"博华环保科技有限责任公司"的工程建设进程，促进了扎兰屯市建设首家医疗废物集中处置机构的落成。

三是促进了相关行政机关单位依法强化内部监管执法活动，促使其加强制度建设、工作创新和监管治理，形成污染防治合力。医疗废物安全处置工作涉及多个方面，需要不同部门联合起来，共同为扎兰屯市医疗废物安全处置工作建立整体工作机制，从制度设计上保障医疗废物安全处置有法可依；深化工作创新，针对现有工作漏洞及时修整，在积极推动相关医疗废物源头治理和整体改进，防止因医疗废物外流和管理不当导致的传染病传播和环境污染事件的同时，形成了规范医疗废物处置的长效机制；完善监管治理，对于医疗废物处置存在问题的单位要及时通过行政手段加以规范，从源头上消除安全隐患。

承办人、撰写人：内蒙古自治区扎兰屯市人民检察院　吴晓钰

福建省安溪县人民检察院督促县农业机械管理站依法履行农机购置补贴资金监管职责案

【基本案情】

检察机关：福建省安溪县人民检察院。

被建议单位：福建省安溪县农业机械管理站。

安溪县人民检察院在履行职责中发现，2010年至2013年间，安溪县农业机械管理站（以下简称县农机站）原站长李某水等人在办理农机购置补贴时未按照有关规定审核、验收，致使不符合申请补贴条件的申请人享受补贴资金，造成中央和省级财政的农机购置补贴资金近千万元被套取。李某水等人贪污、渎职行为被追究刑事责任后，大部分被套取的资金被收回，但黄某珠、周某珠等人未将其不符合申请条件套取的补贴资金68.8264万元退还，县农机站也未依法依规采取措施进行追收，国家利益持续处于受侵害的状态。

【监督过程和结果】

安溪县人民检察院在开展刑事案件评查活动时获得李某水等人贪污、受贿、滥用职权、玩忽职守案涉案农机购置补贴资金未全部收回的线索，通过借阅复印安溪县人民法院、泉州市洛江区人民法院刑事审判卷宗和走访安溪县财政局（以下简称县财政局）进行调查发现，2010年、2012年期间，在办理农机购置补贴时，周某珠、黄某平、周某典和廖某福等四人在不符合农机购置补贴条件的情况下，挂靠福清市某灌溉设备公司进行申办，涉及面积共计528亩，县农机站工作人员李某水、陈某芬等人未依法严格履行职责，未认真审核、验收，致使中央和省级财政的农机购置补贴资金被套取共计19.105万元。2011年，在办理塑料大棚农机购置补贴过程中，黄某珠（安溪县某蔬菜专业合作社经理）在不具备申办农机购置补贴资格的情况下，挂靠泉州某农机开发有限公司进行申办，涉及面积72.06亩，李某水、陈某芬等人未依法严格履行职责，未认真审核、验收，致使中央和省级财政的农机购置补贴资金被套取共计49.7214万元。

2016年，李某水、陈某芬等人被追究刑事责任后，安溪县农机站未依照农业部办公厅、财政部办公厅《农业机械购置补贴产品违规经营行为处理办法（试行）》及福建省财政厅、福建省农业厅《省级农业机械购置补贴及示范推广专项资金管理办法》和《福建省农业机械购置补贴专项资金使用管理规定（试行）》等规定责令周某珠、黄某珠等人将被套取的资金归还原有渠道或收回财政，也未按照国务院《财政违法行为处罚处分条例》对周某珠、黄某珠等作出处罚。

2018年7月19日，安溪县人民检察院向县农机站发出检察建议：建议依法将被套取农业机械购置补贴资金追缴收回，并按照国务院《财政违法行为处罚处分条例》等法律法规予以处理。

发出检察建议后，安溪县人民检察院和县农机站举行座谈会，逐笔核实应当追回的被套取补贴准确数额，由县农机站向周某珠、黄某珠等补贴对象下发安溪县农业机械管理站《关于对相关对象套取农机购置补贴资金依法进行追缴收回的通知》，要求退还非法所得，经对照李某水等人刑事判决书确定扣除税收后的损失金额为48.0784万元。县农机站按照检察建议与县财政局协商共同作出处罚决定，在追缴收回被套取补贴的损失资金基础上，依据《财政违法行为处罚处分条例》第14条规定对周某珠、黄某珠等加处15%的罚款，共计72117.6元。至2018年9月，县农机站已将全部被套取补贴资金和罚款收回，国家利益得到有效保护。事后，县农机站和县财政局制定《安溪县农机购置补贴机具核验制度》《安溪县农机购置补贴信息公开》等制度，进一步完善补贴资金的申领和监管程序，建立长效机制。

【典型意义】

农业补贴是国家强农惠农富农，推动农业现代化和实现农民增收，以及助推乡村振兴战略的重要举措。农业补贴涉及部门多、项目多、渠道多、资金大，涉农检察工作应当立足刑事检察和公益诉讼检察等职能，重点关注农业补贴资金的管理和使用，防范补贴资金被套取侵占，避免国家助农政策落空。本案的典型意义：第一，本案的检察建议不仅监督县农机站和县财政局协调联动及时收回被套取农机购置补贴，还促使两个部门共同梳理存在的问题和制度漏洞，建立健全补贴资金验核、App管理、信息公开、投诉处理等一系列机制，彰显检察机关保护国家利益和服务"三农"工作的担当。检察建议既是监督，也是助力，实现行政机关、检察机关、国家利益和农民权益保护等多赢、共赢，推动机制建设，达到推动治理能力和治理体系现代化的效果。第二，本案检察机关在打击侵占国家农业补贴资金犯罪行为的同时，也发挥公益诉讼职能跟踪监督有关行政机关及时收回被套取的补贴资金，体现出综合运用"四大检察"职能形成监督合力和集约化效应的办案新模式和新理念。第三，类似于本案涉案的农机站等事业单位容易脱离监管视野，对农机购置、农田建设等补贴资金申领使用情况介入监督、关注缺乏渠道和有效方式，是出现行政不作为或乱作为侵害国家利益和农民权益的主要原因。检察机关通过办理此类案件将涉农部门和涉农资金全面纳入日常监督，不定期开展专项监督，拓展检察监督的广度。

撰写人：福建省安溪县人民检察院　于琰峻

上海市金山区人民检察院督促区农业农村委员会依法履行对农业机械购置补贴专项资金监管职责案

【基本案情】

检察机关：上海市金山区人民检察院。

被建议单位：上海市金山区农业农村委员会（以下简称区农委）。

2008年至2014年，区农委下属的农业机械化管理站未依法履行职责，致使不符合农机购置补贴条件的周某宝等5人，分别借用本地农户柳某章等9人名义，购置补贴农机，共计骗取补贴资金93万余元。2016年负责此项工作的陈某明因犯玩忽职守罪被判处刑罚，区农委在明知周某宝等人骗取财政补贴的情况下仍未采取措施、严肃查处，致国家财产处于受侵害状态。

【监督过程和结果】

上海市金山区人民检察院刑检部门在办理陈某明玩忽职守案中，发现区农委不依法履行职责，未及时查处骗取农机具补贴行为，致使国有财产长期处于受侵害状态，遂将该线索移送至金山区检察院公益诉讼部门办理，金山区检察院公益诉讼部门依法进行了审查。

金山区检察院成立了以分管检察长为组长的公益诉讼办案组，并积极向上海市检察院请示汇报，在市院指导下进行立案审查。经查明，2008年至2014年期间，区农委下属的农业机械化管理站未依法履行职责，致使不符合农机购置补贴条件的周某宝等5人分别借用本地农户的名义购置补贴农机，共计骗取补贴资金93.015万元。在陈某明因玩忽职守罪被判处刑罚后，区农委仍未采取措施追回财政资金，致使国有财产处于受侵害状态。

根据财政部、原农业部《农业生产发展资金管理办法》规定，农机购置补贴属于农业生产发展资金主要用途之一，由各级财政、农业主管部门负责对该资金分配、使用、管理情况的监督检查。根据《上海市农业机械购置补贴管理暂行办法》① 规定，区县农业主管部门在职责范围内负责对购机材料进行审核，对骗取资金补贴的要依法追究相关责任。区农委对辖区农机具专项补贴

---

① 依据2019年1月1日起试行两年的《上海市农业机械购置补贴管理实施细则（暂行）》而失效。

负有审核和监管责任，应当切实履行管理职责，及时查处骗取财政补贴资金违规行为，追回被骗取的财政资金，保护国有财产安全。

为挽回国有财产损失，保护国家利益和社会公共利益，根据《农业生产发展资金管理办法》第30条、《行政诉讼法》第25条第4款的规定，上海市金山区人民检察院向区农委提出"依法履行职责，严肃查处骗取农机具补贴行为，积极采取措施，追回补贴机具或者补贴资金"的检察建议。收到检察建议后，区农委积极采取措施整改落实，追回部分补贴资金和农机具，并将相关涉案人员列入黑名单，两年内取消其购机资格。另外，区农委加快了"农补"管理体系改革，探索建立新媒体公开渠道，利用微信公众号，对"涉农补贴"项目公开公示，受到老百姓欢迎，取得了良好的政治效果、法律效果和社会效果，达到了办理一案警示一片、教育社会面的效果。

【典型意义】

农业生产发展资金分配、使用是提高农业综合生产能力的关键之举，保障资金分配、使用的规范性、合法性，防止国有财产流失是检察机关义不容辞的责任。检察公益诉讼工作开展以来，金山区检察院公益诉讼部门与刑检部门通力合作，建立涉案线索双向移送制度，针对"涉农"领域逐案排查，对刑事案件线索进行"一案四审"，积极拓展案源。金山区检察院成立了以分管检察长为组长的公益诉讼办案组，积极向上海市检察院业务部门请示汇报，进行线索研判，争取市院的业务指导和支持。主动与区农委沟通、协调，协助其梳理"涉农补贴"管理漏洞，促使其创新管理模式。区农委除了对骗补者进行行政处理外，还进一步创新了行政管理模式，建立了一套更加科学合理、方便群众申请和监督的长效管理机制。运用互联网、手机微信等现代信息科技手段加强管理，让所有"涉农补贴"都在网上公开运行，使骗补者无处遁形，保护国有财产不受侵害，让公平正义看得见。

承办人：上海市金山区人民检察院　王银仙　陈芬红　尚帅帅
撰写人：上海市金山区人民检察院　孙宋龙